Nuova Narrativa Newton

913

Dello stesso autore:

*I Medici. Una dinastia al potere*
*I Medici. Un uomo al potere*
*I Medici. Una regina al potere*
*I Medici. Decadenza di una famiglia*

Prima edizione: novembre 2018


Pubblicato in accordo con MalaTesta Literary Agency Milano

ISBN 978-88-227-2124-2

www.newtoncompton.com

Realizzazione a cura di Il Paragrafo - www.paragrafo.it
Stampato nel novembre 2018 presso Puntoweb s.r.l., Ariccia (Roma)
su carta prodotta con pasta termomeccanica, senza utilizzo di cloro, proveniente
da foreste controllate, nel rispetto delle normative europee vigenti in tema ambientale.

Matteo Strukul

# Inquisizione Michelangelo

Newton Compton editori

*A Silvia*
*che amo da sempre e amerò per sempre*
*e a Roma*
*perché la sua bellezza mi commuove ogni volta.*

*Ad Antonio Forcellino, stimato maestro.*

# AUTUNNO 1542

# 1
# Macel de' Corvi

Si sentiva stanco e debole. Guardò le mani, imbiancate dalla polvere di marmo, le dita forti che per tutto quel tempo avevano assecondato il furore dell'anima, cercando le figure nella pietra, esplorando la materia con una conoscenza allenata dallo studio del corpo, dei muscoli, delle espressioni.

Sospirò. La sua casa era semplice e vuota. Come sempre. Era il suo rifugio, il porto sicuro nel quale trovare conforto. Guardò la fucina. Le braci rosse che lampeggiavano sanguigne sotto la cenere. Alcuni attrezzi gettati alla rinfusa su un tavolo da lavoro.

Si alzò in piedi. Spalancò la porta. Uscì. Di fronte a lui Macel de' Corvi: quel rione popolare, sporco, in cui le case parevano essere cresciute l'una sull'altra, quasi fossero eruzioni sulla pelle grigia di un cadavere.

Roma agonizzava davanti ai suoi occhi, ma quel che vedeva non era che il riflesso di un male più grande, un dolore dell'animo che pareva consumare la città. Giorno dopo giorno, un pezzo alla volta. Piegata al volere dei papi, sovrani temporali di un mondo che aveva smarrito ogni afflato di spiritualità.

Guardò i fiocchi di neve posarsi sugli scheletri dei fori e sui fornici del Colosseo che uscivano dalla terra come volte irregolari di grotte e cave. Gli alberi morti, uccisi da quell'autunno gelido e spietato, erano spruzzati di bianco. Il silenzio che regnava in quel momento diffondeva un'aura irreale sulla scena.

Eppure in quello spettacolo misero e frusto, Michelangelo ritrovava il senso delle cose, l'essenza di una città sconfitta dai suoi stessi demoni, che ancora si ostinava a rimanere in piedi. Roma esibiva i tesori del passato come splendide cicatrici, vestigia dimenticate ma ancora rilucenti nei turbini di neve fischiante. Le colonne del tempio di Saturno s'innalzavano contro il cielo come le dita di un gigante ferito ma non ancora ucciso.

Mentre la neve continuava a cadere sentì la malinconia crescere in lui, allagargli il petto quasi fosse un fuoco liquido, e tuttavia inestinguibile. Sapeva perfettamente di far parte di quella marea crescente, in grado di corrompere ogni cosa in quella città, che prendeva il nome di Chiesa. Ne era, anzi, l'arma più efficace e sottile, capace di accecare gli occhi dei poveri e dei derelitti, così da distrarne lo sguardo, annebbiarne la vista attraverso la magnificenza di quelle sue opere così richieste. La volta della Cappella Sistina, il *Giudizio universale*, la *Pietà vaticana* sapevano incantare e sedurre e, proprio per questo, camuffavano, nello splendore, la vera essenza del potere e del dominio.

Era un illusionista, e nient'altro, prendeva il denaro dei papi e metteva la propria arte al loro servizio. Celebrava il potere e, così facendo, ne amplificava l'eco. Mentre guardava la neve cadere sui tetti sporchi, capì quanto il successo delle sue sculture, dei suoi affreschi, della sua stessa vita, non fossero altro che un crimine, l'ombra nera di un male che alimentava se stesso.

E ne ebbe vergogna.

Pianse.

Perché capì quanto fosse sbagliato quel che stava facendo.

Aveva creduto di poter avvicinarsi a Dio, modellando il marmo, scolpendo le forme più belle, usando pennelli e colori quasi fossero il canto della natura: ma quella speranza era andata in frantumi. Aveva ceduto alle lusinghe del denaro e, ancor peggio, della fama. Quanto si era compiaciuto d'essere portato a esempio di campione assoluto dell'arte? Era corrotto! Lo sapeva bene. E malgrado provasse a convincersi del contrario, dentro il proprio cuore era consapevole di quanto avesse nutrito quella sua smodata ambizione.

Lo aveva fatto fino a rischiare di perdere se stesso.

Strinse i pugni e promise che avrebbe cercato una redenzione. A ogni costo. Poiché ne aveva bisogno più di quell'aria pulita e fredda che ora tagliava la pelle del viso.

Un vento nuovo soffiava dal Nord dell'Europa. Le parole di un monaco tedesco avevano infiammato l'aria come improvvisi focolai d'incendio. Le sue tesi erano state stimmate sul corpo ecclesiastico, chiodi che laceravano la carne del lusso e dei fasti di un clero da troppo tempo devoto al potere materiale, alla depravazione, al sesso e al traffico d'indulgenze. Quel culto di sé che ormai aveva smarrito il significato primo di parole come fede, misericordia, pietà, sacrificio.

E perfino a Roma quel fuoco, pur flebile, aveva alimentato una fede nuova, una riflessione costante, in quel tempo sciagurato, una brezza tepida che chiedeva solo di farsi vento, così da parlare a tutti gli uomini e le donne di buona volontà.

Era a quella forza serena e sincera che avrebbe dedicato gli anni a venire. Avrebbe protetto quel piccolo tesoro, lo avrebbe portato come una fiaccola nella notte, per provare a illuminare quel che restava della vita.

Avrebbe smesso di avere paura.

Si strinse nelle spalle. Cominciava ad avere freddo ma quella neve bianca, soffice, pura gli sembrava ora un messaggio celeste, un segno di pace mandato ad acquietare il cuore degli uomini. Amava quel silenzio, capace di cancellare il frastuono della città.

In quel manto candido, che avvolgeva Macel de' Corvi, gli parve di trovarsi di fronte a Dio, di udirne il respiro grande e regolare, di avvertirne la voce in un mormorio grave eppure pacato, quasi dolce.

Lontano da Castel Sant'Angelo, dall'isola Tiberina, da quella parte di Roma dove Bramante e Raffaello avevano costruito e decorato negli anni palazzi di magnificente bellezza, bianchi e lucenti, ornati di bugnati preziosi e colonne agili, slanciate, Michelangelo giurò a se stesso che mai più avrebbe ciecamente obbedito agli ordini dei papi.

Avrebbe usato il tempo che gli restava per indagare il proprio cuore, così da coglierne i battiti e le preghiere. E ne avrebbe riportato i riflessi sul marmo. Più di quanto avesse mai fatto prima.

Infine, rientrò.

# 2
# L'Inquisizione romana

Vicino alla chiesa di San Rocco, nel palazzo del Sant'Uffizio in via Ripetta, il cardinale Gian Pietro Carafa si tormentava la lunga barba bruna. Le sue dita tozze inanellavano nervosamente le ciocche. Monsignore si lasciò andare a un profondo sospiro. Era nervoso.

Le pietre preziose, incastonate nei molti anelli alle mani, mandarono bagliori cangianti nel momento esatto in cui vi si rifletterono i raggi del sole autunnale. La luce cruda e pallida filtrava tra le pesanti cortine di velluto dei finestroni. Fra rubini e smeraldi, grandi quanto nocciole, forse la pietra meno splendente era proprio quella dell'anello pastorale, quasi a voler denunciare l'opacità che aveva colpito in quei giorni la Chiesa.

Vestito di porpora cardinalizia, con mozzetta e berretta rossa fiammeggiante e una stola anch'essa purpurea, screziata di filo d'oro, Gian Pietro Carafa se ne stava assiso su uno scranno, in attesa che venisse introdotto il suo uomo migliore. Gli inservienti glielo avevano appena annunciato.

Si alzò dunque in piedi e scese dal seggio in legno finemente intagliato, guardandosi attorno. Il salone era ampio, al punto che qualsiasi visitatore si sarebbe sentito perduto. A meno di non essersi abituato a quell'arredo spartano ed essenziale. Sarebbe stato, insomma, come galleggiare nel vuoto. E quella era l'esatta sensazione che il cardinal Carafa voleva trasmettere a ogni suo interlocutore: un senso di smarrimento.

A eccezione di altri cinque scranni e di un ampio camino, infatti, l'unico arredo di quella gran sala erano le librerie, colme di manoscritti e volumi, che correvano lungo l'intero perimetro.

Il cardinale, capo dell'Inquisizione romana, raggiunse uno degli scaffali. Prese un piccolo tomo, rigirandoselo fra le mani. Ne saggiò il dorso e le pagine, sfogliandolo distrattamente. Non aveva nemmeno osservato il frontespizio. Era semplicemente un modo per avere qualcosa da manipolare. Ne sentiva il bisogno. Se, come temeva, avesse rischiato di perdere la pazienza, avrebbe almeno potuto stringere fra le mani il volume.

Considerato il suo temperamento, e quell'irascibilità che faceva davvero fatica a governare, una simile precauzione era tutt'altro che peregrina.

Il segretario annunciò l'ospite.

Dopodiché Vittorio Corsini, Capitano dei birri del Sant'Uffizio, fece il suo ingresso, profondendosi in un inchino. Il cardinale gli porse la mano e Corsini baciò l'anello pastorale con devozione. Poi si rialzò in tutta la sua notevole statura.

«Eminenza», disse, «vi ascolto». Il capitano era un uomo di poche parole, dal fascino magnetico: ben piantato, con spalle larghe, intensi occhi grigi e baffi incerati con le punte all'insù. Si diceva fosse un grande sciupa femmine, ma approfondire quel dettaglio al cardinale non importava affatto. Indossava un giubbone di colore rosso, decorato con una chiave in filo d'oro e una in filo d'argento, calzoni tinta porpora, lunghi stivali scuri, alti fino al ginocchio. Un cappello di feltro a tesa larga e una pesante cappa, bordata di pelliccia, completavano l'abbigliamento. Alla cintura stavano infilate una pistola a ruota e uno spadone dall'elsa a cesto, con la coccia traforata e fregiata in oro e argento.

Il cardinale si schiarì la gola. Strinse le mani attorno al libro e informò Vittorio Corsini di quel che lo tormentava in quei giorni. «Capitano, che ci crediate o meno, questi sono tempi sciagurati. E bene ha fatto il nostro buon pontefice Paolo III a fondare questo Sant'Uffizio al fine di reprimere l'eresia, giacché essa dilaga non solo nel Sacro Impero Germanico ma germoglia come la più velenosa delle piante financo qui, nel cuore dello Stato Pontificio!».

«Davvero, Eminenza?», domandò Vittorio Corsini con una punta di sincera incredulità.

«Certo! Osate dubitare della mia parola?»

«No davvero!».

«Molto bene. E del resto ricorderete bene quel che accadde solo qualche mese fa, mi sbaglio forse?», e così dicendo il cardinale, strinse ancora più forte il volumetto che teneva fra le mani. Se qualcuno lo avesse osservato in quel momento, si sarebbe reso conto che pareva volerlo spezzare fra le dita.

Vittorio Corsini era un interlocutore attento e non mancò di notarlo. Rispose dunque a tono. «Vostra Eminenza, alludete al caso di Bernardino Ochino? Il predicatore?»

«Precisamente!», sibilò secco il cardinale.

«Se la memoria non m'inganna, Vostra Grazia gli ha ordinato di presentarsi presso la sede del Sant'Uffizio e Ochino s'è guardato bene dall'ottemperare al comando, al punto che, giunto a Firenze, è partito per la Svizzera».

«Precisamente. Dopo aver tuonato contro la fede cattolica dal pulpito della chiesa dei Santi Apostoli a Venezia, è andato ad abbracciare quell'eretico di Calvino! Ma non è tutto!».

«Davvero, monsignore? Che cosa vi angustia? Ditemelo e vi porrò rimedio».

Il cardinale si lasciò sfuggire un sorriso crudele.

«Mio buon capitano, la vostra dedizione e fede sono encomiabili. Lo zelo, che sempre avete profuso nei compiti che vi ho assegnato, mi è più prezioso dell'amore di un figlio e, aggiungo, mai così necessario. Dovete infatti sapere, ma di certo lo avrete già intuito, che molte sono le posizioni politiche all'interno della Santa Sede. Ciascuna di esse risponde a un diverso ma preciso orientamento e interesse, sia esso quello dell'imperatore Carlo V, quello filofrancese che risponde alle ambizioni di Francesco I, o infine l'ultimo, ma non certo per importanza e misura, dei maledetti Medici di Firenze. Senza contare che Venezia, da meretrice dei mari qual è, non intende certo rimanersene a guardare. Eppure, tutte queste differenti linee di condotta non sono nulla rispetto a quella che un cardinale fra tanti, e uno solo, ha deciso di tenere in aperto contrasto con la posizione intransigente da me scelta».

«Vostra Grazia, alludete al cardinale Reginald Pole?».

Nell'udire quel nome Gian Pietro Carafa chiuse gli occhi, quasi a voler meglio sottolineare il momento supremo: quello della verità. Quando li riaprì, il suo sguardo parve illuminarsi del rosso ardente delle braci nel camino in fondo alla sala. «Avete ben detto, amico mio. Proprio lui. Giacché è proprio il cardinale Reginald Pole a rappresentare la spina nel fianco, l'infida serpe che, forte del proprio lignaggio e dell'inevitabile temerarietà che gli deriva dall'essere il protetto del re d'Inghilterra, nutre nella propria tana una covata di demoni striscianti!». A quel punto la voce del cardinale inquisitore s'era fatta roca e vibrante di rabbia e, senz'altro aggiungere, Gian Pietro Carafa aveva scagliato il libro per terra.

Vittorio Corsini era rimasto immobile, senza tradire la minima emozione. Era abituato agli scatti d'ira di Sua Eminenza e non aveva alcuna intenzione di contrariarlo più di quanto già non fosse. C'era nel cardinale una rabbia latente che egli pareva nutrire con amorevole cura, quasi il rancore fosse per lui una forma d'arte, un dono divino che non andava smarrito mai e, anzi, doveva essere accudito e sfamato giorno per giorno, e poi affilato e reso letale come la più infallibile delle lame.

«Cosa posso fare, allora, per lenire il vostro tormento, Eminenza?». Corsini sapeva perfettamente di dover essere untuoso e viscido, completamente dedito alla volontà del cardinale inquisitore, a meno di non voler incorrere nella sua ira e dunque nella vendetta che, puntuale e immancabile, ne sarebbe seguita.

«Voi credete che io sia pazzo, Corsini? Che mi diverta a comportarmi in questo modo? Che non veda l'ora di adirarmi?»

«Nient'affatto, Vostra Grazia. Io credo che voi siate l'ultimo baluardo di fronte alla marea travolgente dell'eresia».

Carafa annuì. «Ancora una volta avete detto bene, capitano, di più: non avreste potuto rispondermi meglio. È proprio così! Giacché è un fatto che le tesi di Lutero abbiano avuto un successo straordinario in terra tedesca. E in Olanda, nelle Fiandre, e temo che possano intaccare anche la Francia, anche se per il momento Francesco I di Valois pare riuscire a tenere a freno le spinte centrifughe di quanti criticano la religione cattolica. Ma fino a quando ne sarà capace? Quanto all'Inghilterra, ebbene, sono sempre stati una raccogliticcia banda di mezzi infedeli. Vedete dunque quanto siamo malridotti? E che cosa dovrei fare io? Chinare il capo? Lasciarmi sconfiggere senza nemmeno combattere? Giammai! Per questo, mio buon Corsini, vi ho mandato a chiamare. Poiché vedete, non solo l'eresia di cui vi ho parlato pare germogliare sulle labbra del cardinale Reginald Pole, ma essa sembra fiorire anche sulla bocca di corallo di una donna».

«Una donna?», e questa volta il Capitano dei birri era davvero sorpreso. Dunque era per questo che il cardinale l'aveva convocato? A causa di una donna? La minaccia scolorava nel mistero.

«Precisamente. Vittoria Colonna, mio buon Corsini. Lei è la donna della quale vi parlo».

«La marchesa di Pescara?»

«Proprio lei!».

«E di cosa, se posso chiedere, si sarebbe resa colpevole?»

«Ancora non lo so, di preciso. Ma delatori e spie mi segnalano che ella avrebbe intelligenze con Reginald Pole. Non riesco a capire a quale scopo, certo posso immaginarlo, ma ho bisogno di informazioni, di prove. E dunque il motivo per il quale vi ho mandato a chiamare è questo: fatela pedinare. Voglio che sia guardata giorno e notte. Che una spia dedichi l'intera sua esistenza solo e soltanto a lei. Almeno fino a quando non saprò quel che voglio. Sceglíete con cura la persona che dovrà occuparsene. In modo che ella non sappia di essere tenuta d'occhio e, ancor meno, che possa ricollegare la spia che le metterete alle calcagna a noi».

«Ho capito», disse Corsini.

«Molto bene. So che avete molto a cui pensare ma tenete presente che questa sarà una priorità assoluta. Quindi, vedete di scegliere il vostro uomo migliore. Mi sono spiegato?»

«In modo cristallino».

«Splendido. E allora se è così, vi prego di cominciare subito quest'indagine. Mi aspetto un vostro rapporto al termine della settimana. D'accordo?»

«Così sia». E, così dicendo, il Capitano dei birri tossicchiò. Sperò, in quel modo, di richiamare l'attenzione del cardinale su un dettaglio che pareva sfuggirgli fin troppo spesso. Evidentemente, quella sorta di amnesia era voluta.

«Siete ancora qui?», chiese con malagrazia Carafa che non si capacitava di come Vittorio Corsini non avesse già provveduto a eclissarsi.

«Ci sarebbe invero una faccenda di poco conto ma che va inevitabilmente affrontata, Vostra Grazia...».

Gli occhi del cardinale inquisitore ebbero un lampo improvviso. «Ah! Ma certo! Ho compreso». E, senza aggiungere altro, fece uscire dalla tasca dell'abito un sacchetto di velluto dal suono tintinnante. «Cinquecento ducati. Non sperate di scucirmene uno di più, Corsini».

Dopodiché, Carafa lanciò il sacchetto al capitano. Il capo dei birri lo afferrò, rapido, con un gesto rapace della mano guantata.

«Bene, e ora andate», e chiudendosi in un silenzio che non ammetteva repliche, il cardinale congedò Corsini con un cenno del capo.

Mentre il capitano inforcava la porta, Gian Pietro Carafa tornò verso lo scranno. Vi si accasciò, quasi fosse stato ferito da un'invisibile palla di piombo. Le braccia mollemente adagiate sui braccioli, lo sguardo abbandonato nel vuoto.

La partita era cominciata.

Sapeva, in cuor suo, di non potersi permettere di perderla.

# 3
# L'incontro

Quando la vedeva, Michelangelo rimaneva abbacinato dalla grazia che l'avvolgeva, rendendola irresistibile.

Anche quel giorno, Vittoria Colonna era semplicemente magnifica. I lunghi capelli castani erano raccolti in una candida cuffia. Gli occhi vivi e intrisi di una malinconia indecifrabile scintillavano alla luce delle candele. Il collo era adornato di una collana semplice, con perle che parevano strappate all'alba. Indossava uno splendido abito celeste. La scollatura, per quanto ridotta, non lo era al punto da celare il seno.

Michelangelo era soggiogato da quella bellezza riflessiva e intelligente, che era ancor prima spirituale che fisica. Quando trascorreva il proprio tempo con lei avvertiva una forza interiore travolgente, una fiamma che, avvicinandosi, avrebbe potuto incendiare il cuore di qualsiasi interlocutore.

Da tempo la vedeva con regolare frequenza poiché le conversazioni con lei erano un piacere cui non voleva più rinunciare.

Vittoria sapeva scegliere le parole, e ancor prima di farlo, sapeva già quello che lui pensava, e non per chissà quali intuizioni ma per un comune sentire, un'affinità, quella sì, sovrannaturale.

«Vi vedo stanco, messer Michelangelo», gli disse in un sussurro, «eppure avrei creduto di trovarvi finalmente soddisfatto, appagato per quanto avete realizzato in questa vostra trasferta terrena».

Senza rispondere, Michelangelo scosse la testa. Quanto avrebbe voluto che Vittoria non si fosse accorta di quella rabbia che gli divorava il petto.

«E invece», continuò lei, «avverto un tormento in voi, un rancore che, lungi dal rivolgere agli altri, ripiegate come il ferro d'una spada contro voi stesso, quasi foste l'artefice della vostra sventura. Mi sbaglio, forse?», e nel dire così, gli prese il volto fra le mani, obbligandolo a guardarla.

Lui sentì le sue dita candide e affusolate affondare nella barba lunga una spanna che si era lasciato crescere, e poi stringergli il volto fin quasi a fargli male. Lo stava sorprendendo, ancora una volta, come faceva sempre quando lo incontrava. Andava perfino lì, in quella sua casa vuota, fredda, dove solo la fucina pareva conoscere un fiato di fuoco. Invece, il marmo delle sculture che stava provando a terminare, gli scalpelli, il martello, i ferri, le subbie, i calcagnoli non erano altro che le sbarre gelide di quella gabbia che chiamava ira, nella quale aveva finito per rinchiudersi.

«Lasciatelo uscire, tutto questo dolore. Cosa vi divora? Parlatemene, ve ne prego, perché non posso vedervi così!».

Michelangelo rimase per un istante con gli occhi nei suoi, si lasciò andare alla deriva nell'ambra liquida delle sue iridi: calda, dolce, ammaliante. «Forse, un giorno, riuscirò a dirvelo», rispose, abbassando lo sguardo. «Ma sono talmente impegnato a commiserarmi che quasi dimenticavo di volervi dare una cosa».

«Davvero?», disse Vittoria, sgranando gli occhi.

Michelangelo le prese le mani e, dolcemente, le allontanò dal proprio viso. «Aspettate, qui», e, senza aggiungere altro, raggiunse la stanza che aveva adibito a laboratorio. Oltre a una statua, che s'intuiva imponente, coperta da lenzuola, v'erano alcuni blocchi di marmo bianco e poi un cavalletto, un tavolo da lavoro, mortai per macinare le polveri e approntare colori e smalti, cartoni preparatori, disegni e matite colorate, pestelli, vasi, spatole e pennelli e una teoria d'altri ammennicoli che il suo aiutante, l'Urbino, pigro come non mai, dimenticava sempre di rimettere in ordine.

E lì, in un angolo, quasi nascosto da quella congerie d'oggetti e attrezzi, stava un involto, un piccolo fagotto di stoffa, del quale era difficile indovinare forma e natura.

Michelangelo vi si avvicinò, lo prese in mano e, tenendolo con assoluta delicatezza e cura, lo portò con sé, tornando nella camera dove Vittoria Colonna lo aspettava.

«È quello che penso?», domandò lei, incredula.

«Guardate voi stessa», rispose lui, porgendole l'involto.

Vittoria cominciò a svolgere la stoffa nella quale era celato l'oggetto. Scoprì un foglio da disegno arrotolato e legato con uno spago. Sciolse il nodo e lo spiegò davanti a sé. Quando lo ebbe di fronte agli occhi, trasalì.

Il suo sguardo si posò, adorante, su un'immagine di piccole dimensioni ma di tale indefinibile bellezza che, senza volerlo, lacrime presero a sgorgare. E lei non riuscì a fermarle.

Teneva fra le mani un disegno. Eppure, malgrado le misure ridotte, Vittoria scorse una visione talmente potente da sentire per un attimo le mani tremare. Vide Gesù, inchiodato alla croce: i muscoli perfettamente definiti e tesi allo spasimo, le vene come corde, l'espressione del volto intrisa di tale e tanta sofferenza da spezzare il cuore.

Un teschio stava ai piedi della croce e due piccoli angeli, appena definiti nella figura, guardavano il Cristo nel momento supremo della crocifissione.

Era come se Michelangelo, perché era lui l'autore di quella meraviglia, avesse voluto utilizzare il corpo di Gesù come una mappa del dolore e della pietà, senza per questo smarrire un afflato di speranza. Quell'auspicio affiorava nello sguardo, quasi qualcuno stesse fissando Vittoria da sotto la superficie liquida e mutevole dell'acqua.

Sentì un brivido gelido lungo la schiena. Le parve d'improvviso d'essere presa da una febbre.

Sospirò.

Non riusciva ad abituarsi alla bellezza assoluta. Eppure per Michelangelo la contemplazione del divino pareva essere la norma, il quotidiano. Non vi era però avvezzo, se ne stupiva lui per primo, ma la facilità con cui dipingeva, disegnava e scolpiva la perfezione lasciava i suoi ammiratori completamente senza parole.

Ma quello che più fece ammutolire Vittoria fu la centralità riservata alla figura di Gesù, o meglio il suo essere ridotta a essenza pura, quasi ad astrazione come se Michelangelo avesse voluto spogliarla di ogni possibile omaggio e celebrazione, riducendo tutto a una visione particolarmente umile, semplice e personale.

C'era, in quell'essenzialità, tutto il cordoglio e l'amore e la guerra interiore che il più grande artista del suo tempo stava vivendo.

Ora Vittoria vedeva che cosa lo angustiava, che cosa gli divorava il cuore giorno dopo giorno.

E dato che quel disegno le aveva svelato tutto ciò che c'era da sapere, adesso le parole che prima avrebbe voluto pronunciare s'erano asciugate, quasi si fossero seccate al sole gelido di quel mattino autunnale.

«Grazie», fu tutto quello che disse, non riuscendo a staccare gli occhi da quel disegno. E se da un lato capiva che Dio le aveva fatto il grande dono di comprendere l'animo di Michelangelo, dall'altro si rese conto che lui pareva ispirato da un progetto celeste, poiché era un fatto che quelle sue figure, così spoglie, così nude e sole, godevano di una forza iconografica nuova, che pareva la più adatta all'umile linguaggio parlato dal suo buon amico, il cardinale Reginald Pole.

Perciò, consapevole di quel fatto, prese il coraggio a due mani e provò a parlargliene.

«Messer Michelangelo», disse, «il vostro dono mi è tanto caro perché in esso rivedo non solo il tormento vostro ma anche quello degli uomini e delle donne afflitti in questi tempi da un'epidemia di vizio che sembra voler divorare Roma. So che quello che sto per dirvi forse vi lascerà sorpreso ma, allo stesso tempo, credo che non siate del tutto inconsapevole di quanto, recentemente, alcune persone stiano provando con gran sacrificio personale a combattere per una visione nuova e diversa del mondo: più modesta, più semplice, più essenziale».

«Davvero», le domandò Michelangelo, quasi incredulo, «esistono persone del genere, a parte voi, mia buona Vittoria?».

La marchesa di Pescara annuì. «Certamente», disse, «e se voi non aveste niente in contrario, mi piacerebbe farvele conoscere».

Michelangelo la guardò. Per la prima volta quel giorno, Vittoria scorse una luce serena diffondersi nei suoi occhi, quasi quella notizia gli avesse regalato il primo momento felice, da un po' di tempo a quella parte.

«Non chiedo di meglio», rispose lui.

«Anche se questo potesse rappresentare un pericolo?».

Michelangelo sospirò. «Vittoria», disse, «ho ormai sessantotto anni. Vedete anche voi in quale miseria io viva. E non mi riferisco alla mia condizione economica, della quale certo non posso lamentarmi... ma di tutto il resto. È come se in nome della scultura e della pittura io avessi rinnegato me stesso. E, in un certo senso, è proprio così. L'arte richiede rigore e dedizione assoluta ed è la più gelosa ed esclusiva delle amanti.

Ho donato la mia vita a lei ma ora, alla mia età, solo e stanco, ferito nel corpo e nell'animo, non ho null'altro che il piacere della vostra compagnia che è il miglior conforto contro l'amarezza nella quale amo indulgere da uomo debole quale sono. Perciò, vi rispondo: certo! Anche se le persone che mi presenterete dovessero rappresentare un pericolo, ebbene io vi prego di farmele incontrare, poiché voi, Vittoria, siete l'unica luce che io conosca».

Nell'udire quelle parole, la marchesa di Pescara sentì un morso al cuore. «Va bene, allora. Presto avrete di nuovo mie notizie. Ora devo andare», disse.

# 4
# Rifugio

Faceva freddo.

Aveva camminato a lungo mentre la neve cadeva nel bosco. Gli alberi artigliavano con i rami nudi un cielo indefinibile, quasi fosse una stecca d'argento lucidata, messa lì da un qualche rigattiere distratto.

Michelangelo sentiva il profumo dell'inverno: era difficile da spiegare ma recava un flebile sentore di legno, aromi di fumo e neve, e li restituiva all'olfatto in quella strana miscela che pure riconosceva perfettamente per essere stato già alcune volte in passato fra le pietre e i sentieri di quel luogo, fra le gole scoscese del monte Altissimo, nei pressi di Seravezza. Quelle guglie di roccia erano le Alpi Apuane e gli ricordavano, con la loro china ripida e selvaggia, i giorni di Carrara, quelli in cui raggiungeva le cave per selezionare i conci di marmo che avrebbe poi personalmente sgrezzato e infine scolpito. Erano rilievi aspri di cui aveva visitato ogni angolo, insieme ai cavatori di marmo e ai tagliapietre.

E anche se ora da Carrara era quasi stato bandito, da quando per colpa di Giulio de' Medici aveva dovuto disdire un ordine talmente importante da rischiare di mandare in rovina tutti quegli artigiani straordinari e le loro famiglie insieme, pure non riusciva a rinunciare a visitare il bosco e le pietraie d'inverno. Era una sorta di rituale, di dura consuetudine che, anche ora che le membra e i muscoli erano stanchi, frastornati dai colpi di martello di una vita intera, non intendeva negarsi.

Quelle sue uscite nella natura spoglia e piegata dall'autunno lo riavvicinavano a un senso di sacrificio e rinuncia che, da sempre, lo aiutava a non divenire schiavo dei piaceri terreni.

Così, nel corso degli anni, si era trovato un altro rifugio, un'altra zona da esplorare: dava un marmo puro e compatto come quello di Carrara ed era di ottima qualità e, soprattutto, si trovava in lande altrettanto aspre e desolate da garantirgli quel silenzio e quella quiete che parevano rappresentare l'unico nutrimento possibile per il suo animo spezzato.

Così, senza indugio, si era messo in viaggio.

Montava un grande cavallo nero. Lo aveva chiamato Inchiostro, per via di quel suo manto lucido e scuro.

Percorreva la tortuosa strada carrareccia. Gli zoccoli di Inchiostro echeggiavano nella gola deserta in un cupo ritmo battente. Michelangelo scorse una piccola spianata, un cerchio irregolare che si apriva sulla destra della strada: si stendeva per alcuni passi, sorta di strana cicatrice in quella landa di alberi spogli, rocce nude e grigie, incrostate di neve.

Raggiunto il centro, scese da cavallo. Prese Inchiostro per le redini e lo legò al tronco di un albero.

Poi si mise ad approntare il fuoco per la notte.

Consumò la carne arrostita sullo spiedo. Ne apprezzò la compattezza e il sapore intenso, quasi pungente. Bevve un sorso di vino forte e, alla luce delle fiamme sanguigne, si mise a scrivere.

Più tardi, avvolto nella coperta, volse gli occhi al cielo. La luce delle stelle parve accecarlo. Per un attimo rimase senza fiato nel contemplare la bellezza tagliente di quello spettacolo, la volta buia, trapuntata da centinaia e centinaia di perle.

Sentì l'ululato dei lupi che, in lontananza, parevano volergli ricordare quanto crudele fosse la vita fuori dalle grandi città: Roma, Firenze, Bologna. Le aveva conosciute ferventi di vita, traffico e umori ma, malgrado i tanti successi, le commissioni che lo avevano consegnato alla fama, sognava sempre e comunque di tornare a quelle terre selvagge che parevano dischiudere nella notte i segreti di uno spirito ancestrale e indomito.

Lasciò che la penna vergasse ancora qualche parola.

Righe nere fregiavano la carta, resa quasi rossa alla luce della fiamma. Vicino al fuoco, Michelangelo percepì un tepore così grato e intenso da assopirsi lentamente, fino a quando, stanco e riconoscente a Dio, si addormentò.

Qualcosa però lo risvegliò immediatamente.

Udì un legno scricchiolare, poi, improvviso, un ringhio sommesso corse fra gli alberi nudi e le rocce, riempiendo la piccola spianata.

# 5
# Natura selvaggia

Vide davanti a sé due luci gialle accendersi nel buio. Brillavano come monete d'oro.

Il ringhio crebbe d'intensità, riempì il bosco, aggredì le pietre, la spianata. Parve moltiplicarsi nel tempo e nello spazio.

Poi un nitrito: alto, forte, colmo di terrore.

Inchiostro! Doveva proteggerlo.

Michelangelo si alzò in piedi, afferrò un tizzone e illuminò lo spazio attorno a sé. Le scie infuocate disegnate dalle fiamme parvero catturare altre minuscole luci che scintillarono nella notte.

Senza perdere altro tempo, Michelangelo piantò il tizzone nella neve. Dal falò recuperò altri rami ardenti e li conficcò nella coltre bianca, fino a creare in poco più di un istante una cintura di fuoco attorno al suo bivacco. Ora riusciva a vedere molto meglio. Quello che scoprì non gli piacque affatto. C'erano almeno mezza dozzina di lupi davanti a lui. Non esattamente un branco, ma abbastanza per farlo a brandelli insieme al cavallo, se avessero attaccato tutti insieme.

Frugò nelle sacche da viaggio e recuperò un mazzuolo da lavoro. Gli sarebbe piaciuto avere qualcosa con un manico più lungo per riuscire a tenere a maggior distanza le belve, ma non aveva niente di meglio. Afferrò un tizzone fiammeggiante dal focolare, il più grande che trovò, e si preparò a difendersi.

I lupi si stavano avvicinando. Avanzavano da più parti, accerchiando il perimetro di fuoco che Michelangelo aveva approntato alla bell'e meglio. Erano grandi, avevano manti dal pelo folto. Occhi che penetravano la notte, occhi spietati.

Vide i musi tozzi e le zanne bianche, le gengive violacee sollevate, le bave filanti che colavano dalle bocche affamate.

Uno di loro, più vicino di altri al cerchio di fuoco, scattò in avanti e prese a correre a tutta velocità, puntando la preda.

Michelangelo sentì il sudore gelato bagnargli la fronte. Le membra parvero per un attimo farsi di marmo. Scosse la testa, sentì i lunghi capelli galleggiare nell'aria. Nell'attimo esatto in cui il grande lupo spiccò il balzo per saltare fra le fiamme alte dei tizzoni piantati nella neve, Michelangelo strinse il martello, sollevò la fiaccola che reggeva nell'altra mano e, quando il lupo gli si parò davanti, lo colpì alla testa con tutta la forza che aveva in corpo.

Udì un *crac* netto e inquietante mentre le ossa occipitali si frantumavano sotto il colpo di mazza, portato con una violenza inaudita. La fiera finì in mezzo alla neve con il cranio sfondato. Una scia di sangue arabescò la coltre bianca.

Un altro ululato spaventoso e, mentre il secondo lupo balzava contro di lui, Michelangelo riuscì, con una calibrata torsione del busto, a impalarlo con il tizzone, conficcandoglielo nelle fauci spalancate. Il lupo si ritrovò sbattuto di lato ma, mentre rovinava a terra, riuscì a vibrare una zampata scomposta. Gli artigli lacerarono la tunica di lana di Michelangelo, aprendogli una ferita profonda nella spalla. Solchi sanguinanti gli rigarono la carne.

Sentì il corpo andare a fuoco ma non poteva permettersi certo di distrarsi.

Inchiostro, che nitriva impazzito di terrore con gli occhi enormi, spalancati come lanterne, scalciò, colpendo il lupo ferito e con le fauci squarciate, polverizzandogli la testa e riducendola a una massa di ossa e sangue.

Nel frattempo, Michelangelo afferrò uno dei tizzoni piantati nella neve, agitandolo come una fiaccola.

Le belve rimaste parvero indietreggiare.

I ringhi si fecero più flebili.

Michelangelo recuperò un altro tizzone, gettando quello che reggeva nella mano e che andava rapidamente consumandosi. Riprese ad agitare quella fiaccola improvvisata, disegnando scie luminescenti nell'aria. La spianata, illuminata dalle fiamme del fuoco, pareva bagnata da una pioggia ardente. Michelangelo sperò che in quel modo le belve desistessero.

La ferita pulsava di un dolore insistente, feroce. Ebbe la sensazione che qualcosa dell'animo del lupo gli fosse penetrato nella carne, lasciando la sua fame e il suo istinto nel suo sangue.

Urlò.

Sempre più forte.

Sapeva che nessuno lo avrebbe sentito.

Poi, un po' alla volta, i lupi si ritirarono. Due di loro rimasero immobili nella neve con le ossa fracassate.

Non appena li vide fuggire con la coda fra le gambe, Michelangelo si avvicinò a Inchiostro. Gli accarezzò il collo muscoloso, giocherellò con la criniera, inanellando fra le dita lunghe ciocche brune, gli appoggiò il palmo destro della mano sul muso.

Inchiostro, un po' alla volta, parve calmarsi. Batté con lo zoccolo della zampa anteriore destra sul terreno aspro e spruzzato di neve, abbandonandosi a un nitrito sommesso. Dopo averlo accarezzato ancora, Michelangelo prese una manciata di neve, la fece sciogliere fra le mani, tenendole a coppa e avvicinandole al muso di Inchiostro. Attese che il cavallo bevesse fino all'ultima goccia. Quando sentì la lingua grande e ruvida contro i palmi, gli diede un buffetto sul muso e lo accarezzò un altro po' sui fianchi.

Infine, decise di ravvivare il fuoco.

Dopo quello che era successo non sarebbe certo riuscito a dormire. Doveva allontanare le carcasse dei lupi uccisi e sorvegliare il bivacco in attesa dell'alba. E avrebbe anche dovuto controllare la ferita affinché non gli andasse in cancrena.

Era stanco. E Inchiostro più di lui.

Sperò che si riaddormentasse. Se il giorno dopo fosse stato troppo affaticato avrebbe di certo rischiato di spezzarsi una zampa e il solo pensiero lo terrorizzava.

# 6
# La cava

Mentre si avvicinava alla cava, tenendo Inchiostro per le redini e procedendo con cautela fra i sassi incrostati di ghiaccio della mulattiera, la mente andò a ritroso, ricordando le immagini di un'ossessione. Da sempre, quando si trovava sulle colline, pensava a Giulio II, il papa re, il guerriero che aveva tenuto in pugno Roma come avrebbe fatto un monarca più che un uomo di fede.

Era stato lui, del resto, a riconquistare Bologna alla Chiesa, a mettere in fuga i francesi, costretti a tornarsene oltre le Alpi. Lui aveva chiesto a Firenze la cacciata del gonfaloniere Pier Soderini, reo di avergli negato truppe d'appoggio favorendo in tal modo l'odiato Luigi XII. E così, minacciando l'interdetto, li aveva obbligati a esiliarlo.

Da allora il tempo era passato, ma l'opera alla quale continuava a lavorare, e che gli stava costando quasi quarant'anni di tormenti e tribolazioni, pareva non finire mai: la tomba di Giulio II. Lui era morto ma i suoi eredi, i Della Rovere, e in particolare Guidobaldo II, non avevano rinunciato a quel monumento funebre. Anzi, non passava mese che non chiedessero aggiornamenti sul lavoro e su quanto mancasse al suo completamento. Michelangelo poteva comprenderne le ragioni ma, d'altra parte, dopo quell'infinito lasso di tempo, aveva fatto sempre più fatica a dedicare attenzione ed energie a un progetto che non lo appassionava più e che lo trovava, stanco e disgustato, in uno stato d'animo completamente diverso.

E ora che forse si trovava ad affrontarlo per l'ultima volta in virtù del sesto contratto, il pensiero gli martellava ancora le tempie come un urlo incessante, un grido senza fine che gli toglieva il sonno e la pace.

Proprio per quella ragione, subito dopo aver scelto e sbozzato grossolanamente i blocchi di marmo, avrebbe dovuto salire di nuovo in groppa a Inchiostro e metterlo pancia a terra per raggiungere Rovigo il più velocemente possibile. Lì avrebbe incontrato Guidobaldo II Della Rovere, capitano di ventura e comandante dell'Esercito veneziano di Terraferma, per discutere con lui le ultime clausole e condizioni del contratto.

Era stato, Giulio II, un uomo difficile, di grande temperamento, sempre pronto a infiammarsi e a indulgere all'ira e all'indignazione quasi fossero l'inestinguibile fonte della sua stessa ispirazione di vita. Ricordava i suoi piccoli occhi, pronti ad accendersi di collera e a esplorare e smascherare la più attenta delle dissimulazioni, il volto tagliato da quelle labbra sottili e perennemente disegnate in una smorfia di disgusto.

Certo, la formidabile energia, l'entusiasmo che a tratti lo faceva arrossire in modo benevolo nei confronti di quelli che amava erano ricompense tanto più preziose, perché rare a concedersi, e Michelangelo poteva ben dire di essere appartenuto al novero dei protetti di Giulio II. Almeno per un certo tempo. Ma era anche un uomo volubile, sempre pronto al cambiamento, più che disposto a cedere all'umore e alle voglie. Dimodoché un progetto da lui giudicato improrogabile e commissionato con urgenza poteva essere abbandonato ancor prima che fosse terminato, perché egli ne voleva già un altro completamente diverso e ancora più ardito e folle del precedente.

Michelangelo scosse la testa.

Scese lungo un lieve avvallamento del terreno roccioso.

La ferita gli faceva male. Si era premurato di pulirla con l'aceto affinché non si infiammasse rischiando di giungere all'infezione e alla cancrena. Quindi, dopo averla lavata abbondantemente, aveva fatto in modo di richiudere i lembi della lacerazione usando ago e filo. Per farlo si era aiutato con un piccolo specchio che portava sempre con sé. Infine, aveva proceduto con un bendaggio, utilizzando una pezza di lino fine.

Mosse ancora qualche passo fino a giungere in una sorta di spiazzo pietroso. Fu allora che scorse due amici venirgli incontro.

Si trattava di Piero Menconi e Lorenzo Ceccarelli, il primo cavatore e il secondo tecchiaiolo. Erano uomini di poche parole, forgiati da una vita di sacrificio e silenzi. Il primo aveva occhi azzurri e penetranti, i capelli cortissimi e labbra piegate in una sorta di broncio perenne. Era un uomo franco e prezioso.

Lorenzo era magro come un ragno, asciutto ma agile, allenato da un lavoro che lo vedeva quasi sempre abbarbicato a una parete di roccia splendente, intento a ripulire il marmo bianco da asperità e macigni aguzzi che, se si fossero staccati dall'alto, avrebbero potuto schiacciare e uccidere i cavatori più sotto. Ed era quella una possibilità tutt'altro che remota. Quanti ne erano morti negli anni!

E anche quando la sorte mostrava pietà, erano pur sempre un braccio o una gamba a finire storpiati, lesi, fatti a pezzi.

Michelangelo li salutò come fratelli, abbracciandoli.

Lorenzo prese in custodia Inchiostro. Gli accarezzò il muso con affetto, afferrandolo con ferma dolcezza per il morso e le redini e conducendolo dietro di sé, stando ben attento a che il morello non mettesse uno zoccolo in fallo, spezzandosi una zampa.

Quando entrarono nella cava, Michelangelo rimase senza fiato: il sole pallido dell'inverno si rifletteva sulle pareti ripide e candide, lucenti come specchi naturali. Blocchi di marmo ancora da lavorare stavano incastellati l'uno sull'altro ai piedi della gigantesca voragine. Erano sistemati ai margini di quella gola incredibilmente ampia e profonda che si apriva in una sorta di anfiteatro naturale. Michelangelo ammutoliva ogniqualvolta si trovava di fronte a quel miracolo, osservando il marmo bianco, completamente privo di venature: era liscio, puro e abbagliante.

In cima alla parete a strapiombo, gli operai andavano delimitando con cura un blocco da estrarre. Ne avevano già segnato dimensione e spessore attraverso un solco, lungo il quale avrebbero poi lavorato con gli attrezzi fino a staccarlo.

Ai piedi della cava, attorno ai pezzi più grandi, ancora grezzi eppure magnifici nella loro rude e aspra bellezza, decine di tagliatori si affannavano a ripulire gli angoli, a scheggiare e sagomare il marmo fino a quando quei pezzi cavati dalla parete non sarebbero diventati blocchi perfettamente definiti. Erano uomini magri, asciutti, scolpiti dalla fatica, in grado di lavorare dall'alba al tramonto senza mai opporre un lamento, intenti piuttosto a trovare le linee che avrebbero consentito il miglior disegno possibile.

Michelangelo guardò Piero negli occhi. L'amico annuì.

Nulla gli dava maggior gioia di vedere il marmo traslucido prendere forma sotto i colpi sapienti del mazzuolo e dello scalpello.

Era una nascita primordiale, una genesi che profumava di Bibbia. Michelangelo lasciò che il suo sguardo si posasse sul marmo, su quei blocchi perfetti, immaginandone ed esplorandone le più intime vene e pieghe.

Poi posò una mano sulla spalla di Piero. «Bene», disse, «mettiamoci al lavoro».

# 7
# Scegliere un bravo

Giulia lo aveva guardato con desiderio. Fin dal primo giorno in cui l'aveva incontrato, si era sentita consumare da una passione che le faceva bollire il corpo di un tormento e una voglia così intensi da risultare ingovernabili.

Gliel'aveva detto. E quelle parole, che parevano intinte nell'essenza stessa della lussuria, lo avevano lusingato.

Corsini sapeva di piacere alle donne. Madre natura era stata generosa con lui, donandogli spalle ampie e forti, un corpo muscoloso, colmo di vigore e pulsante di vita. E quella sua sensualità animale, così evidente da risultare sfrontata, non mancava di rapire le attenzioni delle fanciulle di nobile famiglia, così come delle cortigiane o delle dame più avanti negli anni ma, proprio per questo, esperte e desiderose di dargli piacere nei mille modi che la vita aveva loro insegnato.

Per parte sua, quando poteva, amava intrattenersi con i fiori più acerbi, quasi aspri, nella loro giovane età.

E in quel momento, la fanciulla dagli occhi scuri come un bosco d'autunno era quanto di più irresistibile potesse desiderare di avere. La sua pelle bianca, la gran massa di capelli neri, profumati, talmente lucidi da sembrare piume di corvo, erano una promessa di perdizione quasi insostenibile allo sguardo.

Aveva seni piccoli, capezzoli aguzzi e tesi, bramosi, quasi, d'essere toccati da quelle sue dita forti e impietose nel dare piacere.

Indugiò su quel corpo giovane, liscio, ben modellato. Avvicinò le labbra a quelle di Giulia, sfiorandole appena. Poi, fingendo di allontanarsi, tornò con la bocca su quella di lei, quasi ghermendola, mordendola fino a farla sanguinare. Assaporò l'aroma dolce del sangue e la sua lingua guizzò, quasi sferzando quella di lei.

«Prendetemi, amore mio». Giulia era impaziente e quel fatto rendeva il capitano Corsini ancora più appagato. L'eccitazione fluì nel suo corpo, riempiendo petto e addome di una furia fredda che tuttavia divampò come ghiaccio ardente nel momento esatto in cui la penetrò.

Il tesoro umido e voluttuoso di lei lo avvolse in un turbine di emozione.

Giulia lo accolse e quasi si sentì mancare nell'istante esatto in cui percepì la spinta e quel delizioso uncino che bruciava fra le sue gambe come un rostro in fiamme.

Assaporò dolore e piacere insieme in una miscela selvaggia. Allacciò le gambe intorno a lui e con i piccoli talloni premette sulle sue natiche dure come il marmo. Ne voleva ancora. E di più.

Lasciò che il membro la cercasse in ogni più segreto anfratto, prendendo tutto il piacere che poteva. Poi, quando lui parve essere sazio, portò una mano fra le gambe, afferrando il pene grande e pulsante alla sua base e sfilandolo da sé.

Si mise in ginocchio e lo prese, avida, in bocca. Quando sentì il capitano mugolare di piacere, si fermò.

L'obbligò a distendersi sulla schiena per poi montarlo come una giovane amazzone selvaggia. Lui le afferrò con le mani le natiche perfette. Erano piccole e sode come pesche, ardenti del calore di una passione sfrenata.

Lei coprì, con le sue, le mani di lui, voleva che la sua carne aderisse completamente alla sua, voleva unirsi a lui in ogni modo possibile.

Continuò a muoversi sopra di lui, imponendo un ritmo languido, quasi distratto, lento ma spietato. Si morse le labbra, inarcando la schiena, cercando di spremere dal corpo del capitano ogni goccia d'umore, sentendosi infine inondata da una pioggia bollente mentre lui si lasciava sfuggire un rantolo talmente roco e profondo che sembrava fosse sul punto di annegare in una tempesta di seduzione e lussuria.

Era stata una mattinata impegnativa.

La piccola Giulia era davvero affamata di lui. E tuttavia, non aveva certo intenzione di darle nulla più di quel che poteva. Sesso e piacere erano il suo unico obiettivo. Quanto a chiedere la sua mano, nemmeno per idea.

Corsini era uno di quegli uomini che pareva voler vivere solamente per appagare se stesso in ogni appetito. Ne aveva sostanzialmente due: l'arme e le donne. Ma entrambi erano talmente profondi da risultare insondabili. Per questo riservava alla cura del proprio corpo e all'abbigliamento una parte non indifferente del tempo a sua disposizione. Sapeva conversare e aveva episodi di passione e coraggio a bizzeffe, che non mancava di sciorinare nei salotti romani come nelle taverne, aggiustandoli a seconda di quali fossero le sue ascoltatrici.

Da bravo seduttore conosceva i propri punti di forza e li metteva in mostra in ogni modo: il volto dai tratti aristocratici e forti, gli occhi chiari come gocce di pioggia, i baffi perfettamente incerati. E poi la statura notevole e il portamento spavaldo completavano un quadro irresistibile per tutte le donne che, anche solo per un istante, avessero a che fare con lui.

A ogni modo, il Capitano dei birri sapeva già dove dirigersi quel giorno. Conosceva perfettamente chi poteva trovargli la spia perfetta per assolvere l'incarico affidatogli dal cardinale Carafa. Era forse l'unica donna che, a eccezione di tutte le altre, non subisse il suo fascino. E questo la rendeva ai suoi occhi molto pericolosa.

Tornando alla spia: di certo non poteva essere un soldato mercenario, un Lanzo, uno di quelli che gozzovigliavano nelle taverne e attaccavano briga con il primo venuto lungo le strade della città. Far pedinare la marchesa di Pescara da un individuo del genere, o comunque da un bravaccio di qualsivoglia risma, era il modo migliore per ingenerare sospetti. E una volta smascherato, il suo uomo sarebbe stato completamente inservibile. No, c'era una maniera più sottile e intelligente per raggiungere lo scopo.

E tuttavia, la soluzione ai suoi problemi passava sempre e comunque per una taverna. Giunto a Campo de' Fiori, superato il mercato dei cavalli, dove splendidi esemplari dal manto lucido e i garresi robusti venivano venduti a peso d'oro, e lasciatosi alle spalle Palazzo Orsini, il Capitano dei birri procedette verso il Parione fino a fermarsi in una locanda di sua conoscenza.

L'insegna recava la figura di un'oca bianca in campo rosso.

Non appena entrò, Vittorio Corsini si ritrovò proiettato in un mondo che ben conosceva, e che apprezzava infinitamente quando poteva smettere i panni del Capitano dei birri per dedicarsi alle attività che più gli si confacevano: bere vino e deflorare giovanette. Era, insomma, un uomo che non disdegnava il vizio e che però, in quel momento, doveva tenere bene a mente il motivo per il quale si trovava lì.

Osservò quindi con un certo distacco gli avventori che s'ingozzavano di vino rosso e carne arrosto già a quell'ora del mattino: erano mercenari, borseggiatori, contrabbandieri, ladri, pittori, studenti, mendicanti che barattavano le loro vite per l'unica ebbrezza possibile. Come sempre, parlavano del papa e dell'imperatore, di quanto la Chiesa stesse depredando la terra con le tasse e di come le paghe dei loro signori fossero le più infime a memoria d'uomo. Ciascuno di loro, a suo modo, preconizzava che Roma avesse i giorni contati, poiché non v'era dubbio che lo sfacelo al quale i papi l'avevano consegnata in nome di Dio, fosse solo l'anticamera di un inferno che li avrebbe inghiottiti tutti.

Non diede troppo peso a un paio di bravi che lo fissavano in cagnesco, riconoscendo in lui il braccio armato dell'Inquisizione romana. Non che questo li inquietasse particolarmente, giacché se Corsini avesse davvero dovuto arrestare tutti coloro che infrangevano la legge di Dio quotidianamente, forse in quella locanda non sarebbe rimasto nessuno. E però, in quanto Lanzi, avevano in odio particolare tutto ciò che atteneva alla religione cattolica. Portavano capelli lunghi e baffi spioventi, casacche sgargianti e occhi ribaldi ma si guardarono bene dal pronunciare oscenità o minacce come erano soliti fare. I loro modi da spacconi erano perfetti con i deboli ma del tutto fuori luogo con uno come lui.

Giusto per cancellare qualsiasi idea balzana, Corsini scoccò al loro indirizzo un cenno del capo, a intimare di non azzardarsi a toccare le spade dalla gran coccia che tenevano alla cintura. Obbedienti, i due tornarono a guardarsi e a parlare sottovoce in quella lingua bastarda che era il tedesco.

Il capitano si concesse più di uno sguardo alle donne che servivano ai tavoli. Erano in cinque, erano belle e procaci, perché così le voleva la padrona di casa, vestivano abiti dalle profonde scollature e, con tutto quello che mettevano in mostra, sapevano come accecare gli occhi degli avventori: tutto era studiato per spillare più scudi possibili alla marmaglia che mangiava e beveva.

Superando i tavolacci e il bancone, dove l'oste serviva formaggi e prosciutto, Corsini imboccò la scala che portava al piano superiore.

Dopo due brevi rampe si ritrovò su un ballatoio. Si allungava in un corridoio dove si affacciavano una serie di porticine. Lo percorse per intero fino a giungere in fondo. Una tenda di velluto pesante suggeriva l'entrata di quello che, con una certa fantasia, avrebbe potuto definirsi uno studio.

Arrivato davanti alla tenda si schiarì la gola, così da annunciarsi.

Dopo un istante, un uomo dall'aspetto portentoso scostò la tenda. Aveva occhi scuri e lunghi capelli neri. Indossava un farsetto color sangue di bue di buona fattura. Alti stivali gli arrivavano al ginocchio e una spada dall'elsa a cesto dondolava dalla cintura. Se non fosse stato per l'aspetto quasi selvaggio della capigliatura avrebbe potuto essere scambiato per un gentiluomo.

«Capitano», disse con sincera sorpresa, «confesso che non vi aspettavamo», e con quelle parole la voce scivolò su un tono divertito come se, dopo un momento di esitazione, egli avesse riacquistato un perfetto controllo della situazione.

«Gramigna!», esclamò il Capitano dei birri. «Come andiamo? Voglio sperare che non abbiate commesso niente di cui potreste pentirvi».

«Nient'affatto, nient'affatto!», si affrettò a replicare l'altro con una punta di sussiego. «Vedete, sono qui a fare da ancella alla nostra comune amica. Come potrei essere in giro a recar danno?»

«Santi numi, Gramigna! Parlate come un libro stampato! Vi faccio i miei complimenti. Il vostro accento tedesco quasi non si riconosce più. A ogni modo, guardatevi dal prendere iniziative avventate. Perché lo verrei a sapere, potete starne certo», concluse Corsini, ammonendolo.

Gramigna parve soppesare l'affermazione. Non si scompose. «Cercate la bella Imperia?»

«Chi altri?»

«Datemi solo un istante e sarete annunciato», disse Gramigna, «dopotutto parliamo di una signora».

Il Capitano dei birri del Sant'Uffizio si sarebbe ben potuto annunciare da solo ma lasciò correre. Era lui ad aver bisogno di una delle più potenti cortigiane della città perciò, per una volta, tanto valeva stare al gioco. «D'accordo», disse, «attendo».

Con un cenno del capo, Gramigna scomparve dietro la tenda.

Corsini non dovette attendere a lungo.

In breve, il bravaccio riapparve e, producendosi in un inchino, scostò la pesante tenda di velluto, invitandolo a entrare.

# 8
# La cortigiana

Non appena la vide, Vittorio Corsini sorrise. Imperia era ancora una donna piacente. Certo, la sua pelle non poteva dirsi fresca e le rughe del viso si vedevano fin troppo bene, pure non toglievano nulla alla sua bellezza, anzi, vi aggiungevano una nota di vita vissuta che non mancava di catturare l'attenzione dell'interlocutore. Una cascata di boccoli castani le incorniciava un ovale perfetto, occhi color miele scuro lampeggiavano attenti e labbra voluttuose, lucide e desiderabili rendevano giustizia alla sua fama di adescatrice e cortigiana. Indossava un abito semplice, color acquamarina. Sedeva dietro uno scrittoio. Ora che l'aveva visto si era abbandonata contro lo schienale di una poltroncina.

Corsini la guardò senz'alcun pudore: ne ammirò le belle spalle nude e poi il seno generoso che si sollevava nel respiro. Fu Imperia a richiamare la sua attenzione, fingendo un colpo di tosse.

Il capitano riportò gli occhi sul volto della cortigiana. Un tempo donna di piacere, perfetta nell'arte di simular rifiuti fino a concedersi solo dopo aver svuotato opportunamente le scarselle dei molti clienti, attratti dalla sua fama di donna bellissima, era ora imprenditrice di successo che comprava e vendeva osterie, ne incamerava e gestiva i profitti, realizzando utili e acquistando infine poderi e palazzi.

Imperia era diventata così una delle donne più potenti e influenti di Roma. E ciò per due ordini di ragioni: da una parte perché le sue ragazze scambiavano quanto avevano di più prezioso con informazioni di prima mano e non v'era prelato o nobile, ambasciatore o politico che non frequentasse locande e lupanari di proprietà della bella Imperia; dall'altra Imperia utilizzava quelle informazioni per ricattare e corrompere in un mercato della parola che feriva ben più delle lame o degli archibugi dei birri.

V'era in lei una scaltrezza quasi da fiera, abituata dalla vita a dominare perfettamente l'arte del raggiro e dell'intrigo, la prima e più necessaria a renderla ricca e facoltosa e, in una parola, rispettabile.

Ma con la patina di donna perbene, di cortigiana onesta, l'appetito non si era affatto sopito, anzi era rimasto immutato, giacché Imperia era perfettamente consapevole che cedere anche solo di un passo avrebbe significato consegnarsi al fallimento, tornando a vestire i panni frusti di cortigiana da candela e, come tale, incapace di uscire dalle quattro tappe della decadenza: affittacamere, tenutaria, lavandaia e mendicante sui gradini di una chiesa.

Nulla le faceva più paura e proprio per questa ragione stava sempre con gli occhi attenti e le orecchie ben tese e, anche quando si fosse ritenuto che una conversazione non le interessasse affatto, si sarebbe invece dovuto tenere in debito conto ogni sua parola che, mai detta a caso, veniva pronunciata con un fine ben preciso.

Corsini conosceva il temperamento di Imperia e ancor meglio le sue arti e perciò si guardò bene dal sottovalutarla anche per un solo istante.

«Allora, mio bel capitano», disse in modo affabile e sfrontato la bella cortigiana, «a cosa devo il piacere della vostra visita?», e, mentre pronunciava quelle parole, i suoi occhi ebbero un guizzo.

Corsini sorrise. C'era in quella donna qualcosa di magnetico che irretiva chi aveva davanti. Sapeva dunque di dover stare in guardia e però non al punto da farlo percepire. Se fosse caduto in un simile errore, Imperia avrebbe capito immediatamente che c'era qualcosa che andava al di là del compito che chiedeva. A dire il vero probabilmente lo avrebbe capito comunque, considerato chi era lui, ma il Capitano dei birri del Sant'Uffizio voleva cullare la sensazione di sfuggire, almeno per un istante, all'essere poco più di un libro aperto di fronte alla bella cortigiana.

«Mia divina Imperia», esordì con un certo sussiego, «vengo a disturbarvi stamane nella speranza che possiate essermi d'aiuto in una mia piccola impresa che, per quanto semplice, dovrà essere condotta con tutta la discrezione e la cautela del caso».

La cortigiana annuì, inchiodandolo con quello sguardo dolce e malizioso. Con un cenno del capo lo invitò a continuare.

«Vedete, recentemente mi è capitato di mettere gli occhi su una donna di nobili natali, una marchesa di così alto lignaggio da non poter nemmeno sperare di catturarne il cuore...».

«Vi prego, Corsini», disse Imperia, «non insultate la mia intelligenza, disturbandovi a confezionare una bugia di così basso profilo. Raccontatemi i fatti, così come sono».

Il capitano sospirò. Era stato davvero così goffo nel suo tentativo? Imperia ebbe il buon gusto di sorridergli. E quel sorriso riuscì ad addolcire la verità.

«D'accordo», disse lui. «Non vi si può davvero nascondere nulla», constatò impotente. «Ricomincerò daccapo».

«Vi ringrazio».

«La persona per la quale lavoro, inutile che vi dica di chi si tratta giacché lo sapete perfettamente, mi ha ordinato di pedinare una fra le nobildonne più in vista a Roma. Giorno e notte. Con cautela e discrezione, s'intende. Una volta alla settimana, verrò da voi per essere informato circa i progressi fatti. Per il primo mese riceverete la somma che sto per darvi per il vostro disturbo. Non un ducato in più». Così dicendo, Corsini fece comparire da sotto il mantello un sacchetto di velluto. Lo appoggiò sullo scrittoio. La cortigiana lo fece sparire in un istante e, in quell'istante, il Capitano dei birri vide il suo sguardo cambiare, divenire rapace, spietato, freddo. Immediatamente dopo, gli occhi tornarono quieti e scintillanti, come ambra liquida.

«Di chi si tratta?», domandò lei.

«Della marchesa di Pescara».

«Intendete Vittoria Colonna?»

«Precisamente».

Imperia incrociò lo sguardo del capitano. «Deve trattarsi di qualcosa di veramente serio».

«Lo è. A questo proposito vi domando: avete qualcuno di abbastanza in gamba da condurre con successo un'impresa del genere?»

«Eccome. E, credetemi, non fallirà di certo».

«Ne siete sicura? Poiché, vi avverto, in un caso come questo, non possiamo sbagliare».

Imperia mise il broncio: malgrado fosse un po' fuori luogo per una donna della sua età, riusciva ancora a renderla irresistibile. «Vi ho mai deluso, in questi anni?».

Corsini finse di soppesare la domanda ma era pura scena. «In effetti, no», concluse.

«E allora, mio valoroso capitano, lasciate fare a me».

«Siamo d'accordo, dunque?»

«Non avreste potuto essere più chiaro. Ci vediamo fra una settimana da oggi?»

«Precisamente», e nel dire così, temendo di poter cadere in tentazione trattenendosi una volta di più in quel luogo di peccato e perdizione, e sapendo di non poterselo permettere in quel momento, aggiunse: «Ora devo andare. Vedervi è stato un piacere. Come sempre».

«Vi ringrazio della vostra visita, capitano. Vi aspetterò qui fra sette giorni con tutte le novità del caso», lo congedò la cortigiana.

Sollevando la tenda di velluto, Vittorio Corsini abbandonò la stanza.

Mentre se ne andava, ebbe l'irritante sensazione che gli occhi di Gramigna lo canzonassero, quasi il tirapiedi d'Imperia si facesse beffe di lui.

Si ripromise di fargli smarrire quel suo buonumore in un incontro futuro.

Anche se avrebbe dovuto fare attenzione.

Perché malgrado il suo nomignolo, Gramigna era un Lanzo e, dunque, apparteneva alla più sanguinaria e spietata schiatta di combattenti del mondo conosciuto.

# 9
# Malasorte

Quel giorno Imperia l'aveva mandata a chiamare.

C'era il diavolo in quella donna. Ne era certa. Non si diventava quel che era lei se non si era andati a letto con il demonio. E dopo la prima volta, si restava la sua puttana per sempre. Ma a Imperia doveva tutto. Perciò era uscita senza perdere tempo, dirigendosi alla locanda dell'Oca rossa.

Malasorte camminava per le strette vie di Trastevere: un groviglio di stradine tortuose dove a malapena poteva passare un uomo. Malgrado il sole fosse già alto, i vicoli erano deserti anche a quell'ora del mattino, giacché i carri non potevano percorrere vie tanto anguste. Senza contare che il fondo dei viottoli era quanto di più irregolare si potesse immaginare: pochi mattoni di laterizio messi a spina di pesce e recuperati chissà dove erano il modo migliore per sfasciare le ruote dei carri.

A Malasorte non dava certo fastidio. Amava perdersi fra i vicoli, ammirando i palazzi patrizi dalle facciate imponenti per poi scorgere d'improvviso una piazza o una chiesa bizzarra e sorprendente come Santa Maria in Trastevere. Che spettacolo! Malgrado fosse quasi inverno, il sole scintillava nel cielo e una luce accecante avvolgeva la piazza. Rimase ammirata nel vedere il colonnato e poi le figure del mosaico nella parte superiore della facciata: una serie di donne stavano attorno alla Vergine Maria mentre allattava Gesù. Ognuna di loro portava una lampada. Malasorte non sapeva perché, ma quelle figure le rallegravano la giornata ogni volta che le vedeva. Nella sua mente prendevano vita. Si divertiva a immaginarle mentre si muovevano, parlavano, rendevano omaggio al bambino in una sorta di muto cerimoniale.

Era il suo segreto, quello di perdersi in fantasie impossibili. Mentre sognava a occhi aperti, il suo sguardo cadde sui chioschi dei venditori ambulanti, sui banchi di frutta e verdura e le insegne delle taverne. La piazza era affollata. Sul sagrato della chiesa, popolani e mercanti si assiepavano in folti capannelli, rendendo quasi impossibile il passaggio. Le voci salivano in un caldo cicaleccio che pareva sfidare il rigore del mattino. Nubi bianche di vapore riempivano l'aria.

Qualcuno fischiò verso di lei. Malasorte tradì un timido sorriso. Stava crescendo e avvertiva, un po' alla volta, l'effetto che faceva sugli uomini. Non si sarebbe definita una bellezza ma sapeva di avere una pelle fresca e abbronzata, folti riccioli neri e occhi di un verde profondo. Avrebbe voluto un seno più prosperoso, ma le sue gambe lunghe non passavano inosservate e anche con un abitino lacero e uno scialle sulle spalle faceva la sua figura.

E però sapeva anche di portare guai. Sua madre glielo diceva sempre, fin da bambina, fin da quando aveva dovuto badare ai suoi fratelli più piccoli e non ne aveva combinata una giusta, almeno a sentir lei. Perciò era scappata di casa, perché era stanca di ramanzine e nerbate sulla schiena. Meritava di meglio.

Per qualche tempo aveva vissuto alla giornata, commettendo qualche furto ed entrando in una banda di ragazzini. L'avevano ritenuta abbastanza in gamba da poter essere ammessa fra i Sorci di Trastevere. Dormivano dove capitava, si lavavano poco e vivevano di piccoli crimini. Tutto ciò su cui riuscivano a mettere le mani, in un modo o nell'altro, lo dividevano.

Erano passati tre anni. Una mattina di primavera, al mercato di piazza Navona, complice la confusione e la folla, Malasorte aveva cercato di derubare una donna molto bella, vestita in modo appariscente. Era convinta di esserci riuscita, quando si era imbattuta in un uomo grande e grosso che l'aveva obbligata, con il solo sguardo, a restituire quel che aveva sottratto. Aveva capito subito di avere a che fare con un professionista della violenza, una guardia del corpo.

Così aveva conosciuto Imperia. Ma, con sua somma sorpresa, la cortigiana non l'aveva punita o, peggio ancora, consegnata ai birri, piuttosto, si era presa cura di lei. Le aveva dato un tetto sopra la testa e spicci necessari a sopravvivere. E le aveva regalato parole dolci e gentili, perfino per quel suo nome che, aveva ammesso, per quanto sfortunato, era magnifico e inquietante, proprio come il suo viso.

Malasorte gliene era stata infinitamente grata. Le piaceva sapere di avere almeno qualcosa di bello. Imperia aveva ragione: non conosceva nessuno con un nome come il suo, e per quanto tutti si facessero il segno della croce non appena lo sentivano, pure non potevano sostenere che non avesse un suo fascino bizzarro. Tanto più guardando quella ragazzina dal volto fresco e malizioso a un tempo.

Perciò sorrise al fischio di quell'uomo. Il quale la guardò con tanto d'occhi. Malasorte scoppiò a ridere e affrettò il passo.

Lasciata Santa Maria in Trastevere alle spalle, si diresse verso il ponte Sisto. Superò la chiesa di San Lorenzo de Curtis e proseguì dritta lungo vicolo del Cinque fino a giungere in piazza di ponte Sisto.

Procedette ancora e arrivò all'altezza dei birri che pattugliavano l'ingresso del ponte. Stazionavano lì ed erano davvero impressionanti con quei loro spadoni alla cintura, gli elmi lucenti e le casacche sgargianti. Ma Malasorte si trovava spesso a passare di là e ormai conosceva l'intera guarnigione. Non erano mancati coloro che, profittando del fatto che fosse sola, avevano tentato un qualche approccio, a volte anche aggressivo, ma Malasorte era sempre riuscita a metterli al loro posto e nessuno si era più permesso di provocarla. Lavorare in una locanda insegnava a difendersi da subito e la ragazza aveva lingua lunga e coraggio sufficiente per sputare in faccia al diavolo. Così, si era sparsa voce che fosse meglio lasciarla stare. Che aveva qualcosa di folle nella testa e che quel nome, così insolito e bislacco, fosse ben meritato.

Anzi, con uno dei birri, Mercurio, Malasorte aveva perfino stretto una specie di strana amicizia. Magari per lui era qualcosa di diverso. Ma quel che contava era che quando c'era lui, quasi non doveva fermarsi.

Anche quel mattino era lì.

Lui la guardò come se dovesse mangiarsela viva, lei gli scoccò uno sguardo irresistibile e il giovane le fece cenno di passare.

In un istante, la ragazza tirò dritta, filando via. Se si fosse sbrigata, sarebbe potuta arrivare in un baleno a via delle Zoccolette, sulla riva opposta del Tevere.

Le sue pianelle scortecciate grattavano sui sampietrini del ponte quando, d'improvviso, sentì qualcuno alle spalle apostrofarla con una voce d'inferno. Non l'aveva chiamata per nome ma ebbe la netta sensazione che si stesse rivolgendo a lei. Fece finta di niente e continuò a camminare, fino a quando, giunta oltre la metà del ponte, avvertì una mano pesante abbassarsi sulla sua spalla con una tale furia ed energia da obbligarla a voltarsi.

Si sentì tirare all'indietro. Sbilanciata com'era, si spostò di lato, cercando di appoggiarsi al parapetto ma non vi riuscì e finì per franarvi addosso.

Fu allora che lo vide.

# 10
# Guidobaldo II Della Rovere

«Messer Michelangelo, non credo di dovervi ricordare quanto la mia famiglia vi abbia versato nel corso di questi anni per realizzare la sepoltura del mio amato prozio Giuliano. Senza contare che alle somme da voi incamerate dovrebbero aggiungersi, a onore del vero, tutte le committenze che avete da lui ricevuto e che hanno fatto di voi uno degli uomini più ricchi di Roma! Ora, io non pretendo che voi realizziate tutte le statue della tomba! La mia famiglia ha rinunciato a una simile ipotesi tempo addietro. Non credo sia un caso se abbiamo accettato che la *Madonna*, la *Sibilla* e perfino il *Profeta* venissero realizzati da Raffaello da Montelupo. Lo abbiamo fatto al solo scopo di facilitarvi nel vostro lavoro. Ma, proprio per questo e a maggior ragione, lo dovete portare a compimento entro i prossimi due anni! È un'eternità che questo progetto attende di essere terminato!». Guidobaldo II Della Rovere era livido di rabbia. Tratteneva a stento il rancore che aveva covato e nutrito in tutti quegli anni. Si vedeva che odiava di doversi occupare di simili faccende: era un soldato e come tale la persona meno adatta per trattare affari come quello. D'altra parte, era chiaro quanto volesse a tutti i costi che l'impegno preso dall'artista con il suo famoso prozio venisse onorato.

Michelangelo lo guardò dritto negli occhi. Era stanco e sudato. Aveva cavalcato senza posa per tutto il giorno. Avrebbe preferito non incontrare Della Rovere ma sapeva anche che non poteva evitarlo per sempre. Perciò, dopo aver scelto e sbozzato i marmi, si era precipitosamente diretto a Rovigo. Quell'incontro era stato fissato da un pezzo e sapeva di non poter mancare. Non aveva paura di Guidobaldo né intendeva abbassare la testa per il solo fatto di aver ricevuto e trattenuto i pagamenti dovuti. «Capisco quel che dite», rispose, «ma sapete bene che fu proprio vostro zio a chiedermi di cominciare il progetto della tomba per poi commissionarmene uno completamente diverso. Avevamo ideato una sepoltura maestosa, imponente, che avrebbe dovuto trovar posto nella basilica di San Pietro e, nemmeno un anno dopo, proprio lui cambiò idea, abbandonando quel primo progetto, giudicandolo di cattivo auspicio. E tutto questo nonostante fosse stato lui a chiedermelo! E dopo che mi ero recato a Carrara per comprare e scegliere personalmente i marmi, sbozzandoli e facendoli arrivare a Roma!».

«Con il denaro pagatovi dal pontefice!».

«Certo! Con quale altro denaro avrei dovuto farlo?»

«Messer Michelangelo, siete davvero un uomo bizzarro! Anche a voler ammettere che quanto dite sia vero, ciò non giustifica i ribaditi inadempimenti! Vi ricordo che il contratto successivo, il secondo, v'imponeva di portare a termine l'opera entro sette anni dal nuovo incarico. E nemmeno in quel caso foste in grado di onorare l'impegno».

Michelangelo scosse la testa. Non era giusto, pensò. Guidobaldo riduceva tutto a una sua generica inadempienza, ma la situazione era molto più complessa di come la raccontava lui! «Fosse pure come dite voi, e non è affatto così, vi ricordo che i denari previsti non mi consentivano nemmeno di sopravvivere. Fui sciocco ad accettare il vincolo d'esclusività nel contratto, tanto più alla luce del fatto che la somma iniziale si era oltremodo ridotta. Fui costretto a prendere nuovi lavori perché con la tomba non potevo certo sfamare la mia famiglia. E voi lo sapete bene, questo».

«Non capisco», disse Guidobaldo II Della Rovere alzando la voce, «vi lamentate di guadagnar poco eppure negli anni la mia famiglia vi ha versato migliaia di ducati! Un altro uomo con una somma del genere sarebbe un principe. E guardatevi, sembrate un pezzente», aggiunse fissandolo con sdegno. «Vi presentate qui con la barba sporca e i capelli arruffati. E malgrado siate in difetto, covate addirittura un astio inconcepibile. Ve lo leggo negli occhi!».

Quella fu la goccia che fece traboccare il vaso.

«Ho la barba sporca, certo! I capelli arruffati! E sapete perché? Perché mi sono precipitato qui da voi, mettendo il mio cavallo ventre a terra, dopo essere stato sul monte Altissimo a scegliere ancora una volta il marmo con cui realizzare le statue. Ancora una volta! Proprio come quarant'anni fa!».

Guidobaldo lo guardò con sdegno. Quel giorno indossava una magnifica armatura di cuoio, fregiata in oro, sotto la quale s'intravedeva una camicia rossa di seta. Le brachette imbottite, anch'esse scarlatte, completavano quel suo abbigliamento così accurato e magnifico che sembrava appropriato per un uomo più aduso alle parate che alla guerra. Ciononostante, Michelangelo si morse la lingua perché sapeva che non poteva aggredire il Capitano Generale dell'Esercito Veneziano di Terraferma più di quanto non avesse già fatto. Anche il salone nel quale era stato ricevuto denunciava senza mezze misure lo sfarzo nel quale viveva Guidobaldo: mobili in legno di rovere, finemente intagliati, una tavola riccamente imbandita, busti in marmo bianco di Carrara e affreschi alle pareti! E quel fatto lo infastidiva oltremodo: quell'esibire censo e mezzi gli pareva immorale, come sempre, offensivo nei confronti di tutti coloro che non avevano nemmeno di che mangiare. E in Polesine i poveri erano tanti. Ancor più che a Roma, se possibile, popolavano le campagne, affollando piccoli casoni, assiepati in stanze minuscole e maleodoranti, condannati in inferni quotidiani che erano completamente sconosciuti a famiglie come i Della Rovere.

Sbuffò, perché con tutto il cuore avrebbe voluto trovarsi da un'altra parte. Ma non poteva. Quel progetto era divenuto ormai la grande tragedia della sua vita e gli era impossibile sottrarvisi: era una maledizione, una condanna, un compito che pareva avergli assegnato il demonio in persona.

«Stavolta i papi non potranno salvarvi, sono stato chiaro? Avete rischiato più volte di finire sotto processo per le vostre vergognose inadempienze. Mi aspetto pertanto che scolpiate le statue di vostra competenza e che sorvegliate i vostri collaboratori affinché completino per tempo la tomba. Sarò il vostro cane da guardia, mi avete inteso? Non vi perderò di vista, avete la mia parola!».

Michelangelo annuì. Era così stanco. Sentiva le gambe tremare mentre brividi ghiacciati parevano congelargli la schiena. Dovette fare appello a ogni energia rimasta per tenersi in piedi. Una febbre gli saliva agli occhi e la vista gli si faceva via via sfocata. Strinse i denti fin quasi a farli scricchiolare.

«Giuro che avrete quel che chiedete. Ora, se non avete altro da dirmi, vi pregherei di lasciarmi andare».

Guidobaldo parve volerlo incenerire con lo sguardo. Dovette intuire che rimanere lì lo faceva soffrire perché si prese tutto il tempo necessario per autorizzarlo ad andarsene. Michelangelo rimase fermo, immobile. Avrebbe anche potuto voltare le spalle al suo interlocutore e inforcare la porta, ma una scelta del genere sarebbe equivalsa a una dichiarazione di guerra e non voleva peggiorare i rapporti, per lo meno non al punto da rischiare di arrivare alle mani.

Sapeva che, ormai, Guidobaldo sognava solo di poterlo portare in tribunale o, meglio ancora, avere la scusa per potergli infilare due spanne di ferro nel petto.

Era esasperato.

Glielo leggeva in viso.

Alla fine, il capitano dovette avere pietà di lui perché gli fece un cenno con il viso.

Michelangelo si voltò ed era sul punto di guadagnare l'uscita, quando Guidobaldo lo trattenne. «Aspettate», disse, «devo dirvi un'ultima cosa».

Si fermò.

«Il *Mosè*», disse, «lo voglio per la sepoltura di mio zio».

Senza nemmeno pensarci, Michelangelo si lasciò andare a una rabbiosa disperazione: «Ma come potete chiedermelo? E poi lo sapete perfettamente, la statua è troppo grande, non entrerà mai nelle nicchie del cornicione!».

«Avete ragione, naturalmente, proprio per questo la voglio per la nicchia centrale. Qualora non dovesse starci, la adatterete. Come ci riuscirete non è un mio problema a questo punto! Non vi pare? Già avete diminuito enormemente il valore dell'opera, commissionando tre statue a Montelupo! E se è vero che eravamo d'accordo per quattro statue vostre, allora come ultima voglio il *Mosè* e nessun'altra, restiamo intesi? Se vi rifiuterete ancora una volta, sappiate che verrò a cercarvi e lo farò per una ragione sola: uccidervi. Non mi importa sapere cosa accadrà dopo. Mi basta avere la certezza di staccarvi quella testa bastarda dal collo».

Michelangelo guardò Guidobaldo come se dovesse scannarlo. Lo odiava. Senza mezze misure. Se avesse potuto, gli avrebbe cercato la gola con un pugnale e gliel'avrebbe tagliata.

Invece tacque.

La ferita recente gli pulsò come se fosse una creatura viva, pronta a divorarlo dall'interno. Se ne compiacque. Poiché quel dolore così intenso, acuto, gli ricordò una volta di più quale inferno fosse diventata la sua vita. Tenne stretta quella sofferenza, perché era la benvenuta, perché nell'ultimo sguardo che lanciò a Guidobaldo ripose tutto il rancore che quel dolore così fresco, immediato e lacerante gli infliggeva.

Poi gli diede le spalle.

Raggiunse la porta e, mentre usciva, la sbatté talmente forte che fu un miracolo se non cadde a pezzi.

# 11
# Misericordia

Malasorte aveva sentito una mano gigantesca serrarle la spalla. Un attimo dopo si era ritrovata sbattuta contro il parapetto del ponte Sisto. Il Tevere le era rimasto per un istante negli occhi, impresso in una scheggia blu, un nastro scomparso subito dopo, quando il dolore l'aveva raggiunta in ogni punto del corpo.

Non appena aveva picchiato contro la pietra, l'aria le era uscita dalla gola in un fiotto gelido. Aveva sentito un male infinito, lancinante alla schiena, franando a terra. Non aveva avuto nemmeno la forza di pensare.

Si rimise in ginocchio con grande fatica, mentre sopra di lei qualcuno la tempestava di parole pronunciate in una lingua dura e violenta. Non ne comprendeva il significato ma conosceva quel fiato d'inferno: era la lingua dei Lanzi, un idioma che somigliava al latrato di un cane molto più che alle parole d'un uomo.

Sollevò lo sguardo sopra la spalla e vide un soldato vestito in modo sgargiante. La giacca corta in pelle imbottita sfoggiava almeno quattro colori diversi: giallo, azzurro, rosso e verde. Aveva grandi baffi spioventi e lunghi capelli sporchi su cui era calcato un cappello di feltro a tesa larga con quattro piume degli stessi colori della giacca. Occhi chiari e crudeli dardeggiavano su di lei, resi liquidi dall'ebbrezza provocata dal vino.

L'uomo le si avvicinò, toccandosi fra i calzoni di lana aderenti: un'espressione volgare in mezzo al viso diceva esattamente che cosa avesse intenzione di fare.

Con la gola incatenata dal terrore, Malasorte non riuscì nemmeno a gridare. Le uscì un rantolo rauco. La mano andò disperatamente alla tasca interna del corpetto.

Il Lanzo le era ormai addosso. Allungò una mano verso di lei e fu allora che, impugnata la misericordia, Malasorte falciò alla cieca, sperando di tenerlo lontano.

La lama saettò scintillante. Disegnò nel palmo sinistro del Lanzo un profondo arco vermiglio. Sangue schizzò a raggiera, tempestando in una pioggia purpurea la pietra del ponte. Decine e decine di goccioline rosse andarono a punteggiare il parapetto e il volto di Malasorte.

Un urlo squarciò l'aria mentre il Lanzo si allontanava di un passo, stringendo la mano sinistra con la destra: aveva gli occhi increduli, quasi non volesse accettare quel che era appena accaduto. I denti, stretti per il dolore, ricordavano quelli di una fiera. Malasorte si stava rimettendo in piedi, tenendolo a bada. La ragazza aveva il braccio teso in avanti: la lama le baluginava in mano. Magra come un giunco, raccolta su se stessa e pronta a scattare. Ora che aveva colpito il Lanzo, la paura aveva ceduto il passo a un'aggressività inattesa e sorprendente, qualcosa che pareva completamente estraneo alla sua persona e che invece in quel momento esatto sembrava possederla: il viso di Malasorte era completamente trasformato, un ghigno inquieto le tirava il labbro, lo sguardo si era fatto di ghiaccio. L'ira pareva crescerle attorno in un'aura gelida, quasi l'aria fredda del mattino autunnale l'avesse improvvisamente circonfusa, comandata dal volere di una dea guerriera.

Il Lanzo sguainò la pesante *Katzbalger*, con la destra mentre la sinistra continuava a sanguinare. Malasorte indietreggiò. La spada dell'avversario aveva una lama larga e ben più lunga di quella del suo pugnale.

Il Lanzo avanzava, un sorriso si disegnò sul suo volto. Sputò per terra. Sapeva di avere quella maledetta ragazzina alla sua mercé, ora. Fece per gettarsi contro di lei ma quando fu sul punto di vibrare il primo fendente, con il quale aveva tutta l'intenzione di farla a pezzi, qualcuno lo fermò.

«Non azzardatevi a toccarla», urlò una voce. Malasorte sgranò gli occhi e il Lanzo, girandosi, fece altrettanto. Verso di loro correvano due birri. La ragazza riconobbe Mercurio che, poco prima, l'aveva salutata.

Erano a pochi passi dal Lanzo. Gli puntarono contro le spade. Mercurio, per buona misura, spianò anche la bocca di una pistola a ruota: il Lanzo se la vide davanti agli occhi, la canna pareva sul punto di spárargli la palla di piombo dritta in mezzo alla fronte.

«Lasciatela stare, messere», urlò Mercurio, «o giuro su Dio che vi farò pentire di essere nato! Ho visto quel che avete fatto e non c'è modo per voi di uscirne!». L'altro birro avanzò contro di lui, sguainando la spada, la lama della sua striscia che pareva allungarsi verso il suo petto.

Un terzo uomo stava sopraggiungendo dalla parte opposta del ponte Sisto.

Il Lanzo parve pensare a quanto gli aveva urlato contro Mercurio. Per un istante sembrò lasciar perdere, ma proprio quando il birro credeva che si sarebbe arreso, si proiettò in avanti, scartò di lato, mandando a vuoto il fendente tirato dall'avversario e gli piantò la Katzbalger dritta nel petto, passandolo da parte a parte. Con un urlo disumano, appoggiò la mano sinistra sanguinante sulla cassa toracica del birro. L'aveva spaccata in due. Poi spinse. Con la destra estrasse la spada, la lama che scorreva in modo inquietante fra la carne e il giubbone di lana pesante.

Il birro cadde sul selciato di ponte Sisto senza emettere un grido. Nell'istante esatto in cui si accasciava a terra senza vita, Mercurio fece fuoco.

Malasorte vide il lampo arancio dello sparo, udì il rombo di tuono mentre un filo grigio di fumo si arricciava nell'aria, formando una piccola nuvola.

La palla raggiunse il Lanzo alla mandibola, portandogli via mezza faccia, in un'esplosione rossa di carne e bianca d'osso.

Mercurio sfoderò la spada ma si rese presto conto che non ce ne sarebbe stato bisogno. Il suo avversario abbandonò la Katzbalger che finì sui sampietrini con un tintinnio sinistro, poi traballò fino al parapetto. Teneva la mano destra premuta contro la spaventosa ferita, il volto completamente squarciato, l'intera mandibola destra polverizzata.

Il Lanzo guardò Malasorte. Gorgogliò qualcosa fra bolle di sangue e frammenti d'osso, poi le gambe parvero cedergli di schianto. Si aggrappò con le braccia al parapetto e con un ultimo sforzo, si issò. Dondolò per un istante e, infine, si lasciò cadere, precipitando nel Tevere.

Malasorte rimase senza parole. Ferma, immobile sul ponte, guardò Mercurio. «Vai via», le disse lui, «vai via! Lasciatela passare!», urlò immediatamente all'indirizzo degli altri birri, sulla sponda opposta.

Quelli annuirono.

«Vai via!», urlò ancora Mercurio a Malasorte, «non c'è niente di buono per te qui, hai capito? Solo sfortuna e tormento! Proprio come recita il tuo nome!». La voce del giovane birro sembrava ora voler raggiungere il cielo azzurro di Roma.

La ragazza parve riaversi. La luce tornò nei suoi occhi verdi. Rinfoderò la misericordia nel corpetto dell'abito.

Si voltò e si mise a correre con quanto fiato aveva in corpo.

# 12
# Ossessione

L'intonaco ammuffiva.

Non riusciva a comprendere perché, ma era così. Solo a guardarlo si capiva che, in quelle condizioni, non avrebbe più potuto dipingere nemmeno una figura. Eppure aveva scelto con cura la squadra deputata a lavorare con lui: Francesco Granacci e Giuliano Bugiardini, Aristotile da Sangallo e Agnolo di Donnino. Erano fiorentini e conoscevano perfettamente tutte le trappole della pittura a buon fresco. Con alcuni di loro Michelangelo era cresciuto alla bottega del Ghirlandaio a Firenze. Granacci, in particolare, era suo buon amico e aveva fatto proprio ogni segreto della pittura, al punto da diventare uno degli artisti più richiesti alla corte del Magnifico. E anche dopo, malgrado le altalene del potere, aveva trovato stuoli di committenti ed era riuscito a prosperare.

Anche per quella ragione Michelangelo era convinto di poter sconfiggere il demone della pittura. Non l'aveva confessato al papa ma era terrorizzato. Tutto quello che Bramante aveva sussurrato all'orecchio di Giulio II era vero. Con parole di miele, a ricoprire il veleno che instillava da serpente qual era, Bramante aveva cercato di rubargli la commessa, sostenendo che egli fosse uno scultore e non certo un pittore. E aveva ragione. E malgrado il ponteggio, le capriate, i cartoni preparatori, l'arriccio steso sulla volta, Michelangelo ora non sapeva come andare avanti.

L'intonaco ammuffiva.

Vedeva le figure deteriorarsi. Quel *Diluvio* che tanto gli era costato, per il quale si era tolto la vista e si era quasi spezzato le braccia, nel tentativo di trasferire le figure immaginate su quella volta maledetta.

Aveva diviso la scena in trenta parti, l'intonaco in trenta porzioni, stese in altrettante giornate. Ma aveva terminato il *Diluvio universale* ed era evidente che l'intonaco non teneva il colore e che i pigmenti venivano divorati dalla muffa: avanzava come un'ombra maleodorante e ingoiava il suo lavoro.

Michelangelo non capiva perché.

L'intonaco ammuffiva.

E gli mangiava l'anima, il cuore e la mente, e la paura gli cresceva dentro come una marea urlante che gli spaccava i timpani. E avrebbe solo voluto dormire, riposare nella sua casa a Macel de' Corvi. Non aver mai accettato quel lavoro che gli toglieva la vita, che lo consumava tutto, giorno dopo giorno, in una cappella che era solo una prigione, una gabbia nella quale si era confinato, al solo scopo di sconfessare Bramante.

Che idiota che era stato.

L'intonaco ammuffiva.

E sanciva la sua sconfitta, il suo fallimento, la vergogna che l'avrebbe affogato, gridando al mondo che Michelangelo non era in grado di dipingere.

L'impasto era sbagliato.

Era Firenze il problema. Aveva commesso un errore, credendo di poter affrontare Roma con un gruppo di fiorentini.

Ma Roma andava conquistata dall'interno.

L'intonaco ammuffiva.

E il lavoro era fermo. E le mani gli dolevano come mai era accaduto. E le gambe erano molli e stanche. La schiena pareva spezzarsi.

E ora che cosa ne sarebbe stato di lui?

Era disperato.

Si svegliò madido di sudore.

Si guardò attorno. Era a casa. Si era addormentato nella branda del laboratorio. Era ancora nella Sistina. Sognava ancora quei momenti di puro terrore provati anni addietro, quando aveva scoperto a sue spese di aver sbagliato tutto, quando la miscela di pozzolana e calce di travertino per la stesura dell'intonaco aveva rivelato differenze gigantesche in proporzioni e qualità rispetto alla sabbia dell'Arno e alla calce marnosa. Quando aveva dovuto cacciare i fiorentini che aveva chiamato per lavorare alla volta.

E adesso, con gli occhi aperti, fissava la sua nuova ossessione: la statua di Mosè. L'aveva barattata insieme ad altre tre e alla somma di millequattrocento scudi per liberarsi dalla tragedia della tomba.

Era così fiero del suo lavoro: le pieghe della veste, lo sguardo austero del liberatore del popolo d'Israele dall'Egitto, la lunga barba che somigliava così tanto alla sua. Michelangelo guardava quella statua e nel farlo sentiva di voler essere come Mosè: averne la statura morale, la forza interiore, la fiducia di un popolo nelle proprie mani. E invece sapeva di aver tradito i suoi ideali ancor prima degli amici.

E in quei giorni Vittoria Colonna gli offriva la possibilità di redimersi, di salvare la propria anima, mettendo l'arte al servizio di Dio, in un modo che non aveva mai accolto appieno ma che ora, invece, intendeva perseguire con tutto il cuore.

Per quella ragione si era recato a Carrara, per quei motivi aveva perfino affrontato i lupi e, successivamente, aveva sbozzato i blocchi di marmo bianco. E ancora, sempre con il medesimo obiettivo, si era precipitato da Guidobaldo II Della Rovere per siglare quel sesto contratto.

L'ultimo.

Avrebbe lavorato su quelle statue in un modo diverso: più semplice, sincero, puro. Sarebbe stata l'occasione per riavvicinarsi a Dio.

Ne aveva un infinito bisogno.

Dopo l'invidia provata per Leonardo quando aveva visto per la prima volta il cartone preparatorio della *Battaglia di Anghiari*, e si era chiesto se sarebbe mai stato possibile disegnare meglio di così, dopo aver odiato Perugino perché aveva osato criticare i corpi nudi dei suoi soldati nella *Battaglia di Cascina*, dopo che Raffaello era stato celebrato come il campione dell'arte romana, relegando lui in secondo piano, quando ancora si stava macerando fra le pareti della Sistina, Michelangelo promise a se stesso che avrebbe dipinto solo e soltanto per la gloria di Dio e mai, mai più, per dimostrare a se stesso e al mondo di essere il miglior artista del suo tempo.

Solo Dio sarebbe stato il muto testimone del suo amore per l'arte. A lui avrebbe offerto i frutti del suo lavoro. A niente e a nessun altro. A nessun papa, principe, monarca. E nemmeno a se stesso. A quella sua sciocca vanità che come un demone lo guardava negli occhi e gli faceva fare quel che voleva. Rendendolo schiavo dei peggiori istinti e delle più profonde bassezze.

Fissò Mosè negli occhi.

Sorrise, finalmente, perché per la prima volta, da molto tempo, si sentiva pacificato.

# 13
# Concepire l'inganno

Imperia la guardava di sottecchi. Le sue iridi grandi e maliziose scintillavano da sotto le lunghe ciglia nere. Malasorte sapeva che, malgrado fingesse interesse per le carte che aveva sullo scrittoio, la cortigiana desiderava conoscere la sua reazione.

«E allora», disse, «come mai ci avete impiegato tanto?»

«Ho avuto un contrattempo», rispose Malasorte che aveva ancora negli occhi il volto del Lanzo spaccato dal colpo di pistola, la poltiglia rossa di sangue e bianca d'osso che pioveva tutt'attorno. Chiuse gli occhi nel disperato tentativo di scacciare quel pensiero.

«Qualcosa di brutto?», domandò Imperia che doveva aver intuito il turbamento della ragazza fin dal suo ingresso e ora pareva giocare con lei. La cortigiana esercitava in quel modo il suo potere: facendo capire alla propria serva di sapere che qualcosa non andava, ma tenendola sulle spine fino a quando non avrebbe lasciato cadere una domanda diretta come un fendente di spada.

Malasorte decise che non aveva voglia di aspettare e vuotò il sacco. «Mentre venivo da voi, sono stata aggredita!».

«Da chi?»

«Un Lanzo».

Imperia sollevò un sopracciglio. «Nientemeno?».

Malasorte annuì.

«Ma siete viva, vedo».

«Per miracolo».

«Cosa vi ho insegnato in tutti questi anni?»

«Che i miracoli non esistono».

«Molto bene. E quindi?»

«Mi sono difesa».

«Con cosa?»

«Con questo», e mentre diceva così Malasorte estrasse dal corpetto la misericordia.

Imperia sorrise. «Brava bambina mia, avete imparato in fretta. Sapevo che eravate la persona giusta per l'incarico che sto per affidarvi».

Toccò a Malasorte interrogare la bella cortigiana con lo sguardo.

«Ieri mi ha fatto visita il capo dei birri del Sant'Uffizio, il capitano Vittorio Corsini», continuò Imperia.

Malasorte non sapeva chi fosse. «Cosa voleva?», si limitò a chiedere.

«Mi ha domandato di far seguire in modo abile e accorto la marchesa di Pescara. Vuole una persona al di sopra di ogni sospetto, qualcuno che non si faccia scoprire, ineffabile e silenzioso come solo una ladra potrebbe essere. E sappiamo perfettamente qual era la vostra precedente occupazione prima che vi prendessi sotto la mia protezione, non è vero, bambina mia? E non è stata proprio quella vostra professione a garantirvi prontezza di riflessi e presenza di spirito per affrontare stamane il vostro Lanzo?».

«Quella e una buona amicizia con uno dei birri del ponte Sisto».

Imperia rimase senza parole. Poi batté le mani. «Malasorte, vi giuro che siete una sorpresa continua, questa la dovrò raccontare anche a quella vecchia cornacchia di Gramigna! Sono sinceramente stupita... E compiaciuta, lo devo ammettere. Brava due volte! Allora, siete pronta?».

«Per seguire la marchesa di Pescara?»

«Seguirla e riferirmi tutto quello che fa, dove va, chi incontra, quali sono le sue abitudini e attività, tutto quello che la riguarda, insomma».

«Non avete che da comandare, mia signora».

A quelle parole Imperia si alzò in piedi, spostò la poltroncina elegante sulla quale era seduta, girò attorno allo scrittoio.

Si avvicinò a Malasorte. Le accarezzò una guancia. «Siete così bella bambina mia», le disse, «nessuno potrà resistervi, donna o uomo che sia. Ma per rendervi affascinante e agile a un tempo, vi ho fatto preparare due cosucce dal mio sarto personale». Nel dire così, Imperia indicò alla ragazzina una cassapanca in pastiglia. «Girate la chiave e apritela».

Malasorte fece come le era stato detto.

Quando sollevò il coperchio vide stoffe dagli splendidi colori brillarle davanti agli occhi.

«Coraggio», le disse Imperia, «cosa aspettate? Prendetele!».

Malasorte affondò le mani nella cassapanca e recuperò i vestiti che vi erano stati riposti. Erano due abiti meravigliosi, o meglio il primo lo era e si componeva di una camicia di lino, un corpetto e una lunga gonna di raso celeste con scarpe del medesimo colore. Il secondo, Malasorte non riuscì esattamente a capire cosa fosse. Per aiutarla, Imperia lo prese fra le mani e lo spiegò sullo scrittoio.

Quando lo vide, la ragazza si accorse che si trattava di una sorta di completo, nero come la notte: una camicia, una giubba di velluto e un paio di calzoni aderenti con stivali alti al ginocchio, un corpetto anch'esso nero. Infine, Imperia fece comparire una maschera di velluto del medesimo colore.

«Avrete il colore del buio perché è nel buio che agirete. Ma avrete un abito celeste per il giorno, per mostrarvi alla luce del sole ed essere bella senza destare eccessivi sospetti nelle persone che incontrerete. Ma per lei, per Vittoria Colonna, dovrete rimanere un'ombra invisibile».

Malasorte annuì, in silenzio. Dentro di sé, però, cantava con tutto il cuore. Due abiti meravigliosi, e tutti per lei, erano un tesoro che non aveva mai posseduto.

«Ah», proseguì Imperia, «c'è dell'altro ovviamente». Così dicendo, tornò allo scrittoio e, con una doppia chiave che portava al collo, fece scattare un congegno bizzarro che rivelò una serratura. Infilata la seconda chiave, Imperia aprì un piccolo sportello segreto. Un istante dopo, la cortigiana estrasse un fagotto piuttosto voluminoso. Svolta la stoffa che li avvolgeva, Malasorte scoprì due pugnali di lucente bellezza.

«Ecco», disse Imperia, «ora il vostro equipaggiamento è completo. Non crederete che mi fosse sfuggita la vostra abilità guerriera. Prima di farvi entrare al mio servizio vi avevo fatta osservare e sapevo che eravate svelta di lama, anche se non credevo che aveste fegato al punto da affrontare un Lanzo. Coraggio, mostratemi il vostro vecchio coltello!».

Senza rispondere, Malasorte estrasse dalla tasca interna del corpetto la misericordia, facendola balenare improvvisa.

«Però, niente male», esclamò Imperia, rigirandosi la lama fra le mani, «ed è affilata anche!», notò con una punta di soddisfazione. «Non ero sicura che avreste superato la prova ma, come avrete capito, questo è un mondo crudele. Vivere o morire: se non si è capaci di risolvere gli imprevisti della vita, allora si perisce!».

Malasorte spalancò gli occhi. «Avrebbe potuto uccidermi! Ve ne rendete conto?», disse fuori di sé.

Ma la cortigiana non si scompose. «Nient'affatto, gli avevo solo detto di spaventarvi».

«Vi assicuro che non è stato affatto così!».

Imperia liquidò l'osservazione con un battito di ciglia e schiaffeggiando l'aria con la mano disse: «Non fatela tanto lunga».

«E comunque un uomo è finito ammazzato».

«Un Lanzo in meno... sapete che perdita?». La voce d'Imperia suonò canzonatoria. «Dovevo essere sicura che foste in grado di affrontare le difficoltà».

«E anche un birro!».

«Se sarà necessario, metterò a tacere tutto. Non c'è bocca che non possa essere comprata con del denaro».

Malasorte sospirò: Imperia sembrava avere una risposta per tutto.

«Come vi ho detto, uno dei birri mi ha aiutato», insistette.

«E allora? Tanto meglio! Significa che siete in grado di trovare alleati perfino nella legge. Ma scusate, meglio di così? Ora tacete e ascoltatemi!».

Malasorte obbedì. Guardò i pugnali che Imperia le aveva consegnato: erano bellissimi, avevano lame lunghe e affilate, le else erano lavorate e nel pomo avevano incastonato un rubino ciascuna.

«Vi domanderete perché sto facendo tutto questo per voi, non è vero?»

«Dato che me lo chiedete, la risposta è "sì"», si limitò ad affermare la ragazzina. Aveva capito che Imperia considerava la questione del Lanzo chiusa, e quando faceva così era meglio non contraddirla.

«Perché mi piacete, bambina mia. Perché in voi rivedo qualcosa di me da giovane. E scoprirete che commozione e tenerezza sono elementi tipici della vecchiaia. E Dio solo sa quanto io sia vecchia, ormai».

«Non lo siete affatto».

«E invece sì. Con la vita che ho dovuto condurre, gli anni valgono doppio. E credo che capiterà anche a voi ma, per un po' almeno, sarete giovane. E poi, vorrei salvarvi da tutto quello che ho dovuto passare io. Se starete attenta, affidandovi alla vostra abilità e facendo tesoro dei doni che il buon Dio vi ha voluto riconoscere, potrete perfino diventare ricca. Prendete questi», continuò Imperia e, aprendo la mano di Malasorte, vi ripose un sacchetto di pelle tintinnante. «Per farmi perdonare… per il pessimo tiro che vi ho giocato stamattina. Sono cinquanta ducati. Fatene buon uso. Quando li avrete finiti ce ne saranno altri».

«Grazie, mia signora».

«Non ringraziatemi, ve li siete guadagnati. E poi vi serviranno per la missione che vi aspetta».

«D'accordo».

«Ora, mia cara, è tempo per voi di andare. Tornate fra una settimana. Mi aspetto che abbiate notizie. Tutti sono utili ma nessuno è indispensabile, perciò datevi da fare perché, che ci crediate o meno, ho una fila di sicari disposti a lavorare per me per molto meno. Non deludetemi dunque, quella che vi ho dato è una grande opportunità ma se fallirete, non potete nemmeno immaginare quello che vi aspetta».

Malasorte annuì, in silenzio. Non c'era niente da guadagnare a parlare con Imperia in momenti come quelli. Fece una riverenza, poi si diresse verso l'uscita.

Mentre la guardava allontanarsi, la cortigiana vide la misericordia sullo scrittoio. La ragazzina si era dimenticata il suo vecchio pugnale.

Poco male, pensò Imperia, prima o poi glielo avrebbe restituito. Per il momento, lo avrebbe messo in un posto sicuro. Il suo scrittoio pareva perfetto. Chissà, magari un giorno quella misericordia si sarebbe rivelata utile.

# 14
# San Pietro in Vincoli

Le statue del monumento sembravano guardarlo. Ma nei loro occhi, Michelangelo non riusciva a scorgere la vita. Per quanto si fosse impegnato, Montelupo non era riuscito a infondere nemmeno una stilla d'umanità. E l'Urbino, ancor meno di lui.

Invece la statua dedicata al papa guerriero, che Michelangelo era riuscito a completare da poco, manteneva una centralità straniante e nutriva nello sguardo una sorta di dubbio, che rifletteva in modo inequivocabile le domande e le incertezze che in quei giorni lui stesso andava maturando.

Michelangelo si rese conto di aver proiettato nella figura che si accingeva ad alzarsi una tale messe di inquietudini e paure che, nel vederla, Guidobaldo II non avrebbe mancato di rilevare.

O almeno a lui parve così.

Quanto diverso era, in quella rappresentazione, Giulio II!

L'uomo che aveva retto il soglio di Pietro con una determinazione e un'autorevolezza non comuni. Facendo ampio uso di nepotismo e corruzione, però. Aveva abolito la simonia, certo. Ma, al contempo, non si era rifiutato di vendere le cariche di cardinale per diecimila ducati ciascuna, quando aveva dovuto finanziare la propria guerra contro i francesi.

Eppure in quell'incertezza dello sguardo, scolpita nel marmo bianco, Michelangelo sentiva di aver colto l'essenza di Roma e la sua stessa, fragile fede. Poiché era proprio quello a spaventarlo: non riusciva più a trovare Dio, in quei tempi colmi di sangue e follia.

E come avrebbe potuto? Solo qualche giorno prima, rientrato a Roma da Rovigo, aveva incontrato, su richiesta di papa Paolo III, il cardinal Giovanni Maria Ciocchi Del Monte, il quale desiderava parlargli da tempo. Aveva una prece per lui.

Non appena lo aveva visto, Michelangelo si era reso conto di chi fosse davvero l'uomo che aveva davanti. Tutto ciò che collezionava nella propria abitazione denunciava, meglio urlava, la sua lascivia. Tanto più non appena aveva visto il ragazzino dai begli occhi profondi e le labbra carnose che gli girava per casa. Non appena era comparso Innocenzo, tutto gli era diventato chiaro. Lui stesso comprendeva cosa significasse avere un corpo giovane e ben fatto, costantemente sotto gli occhi e a portata di mano. L'Urbino, il suo aiutante, non era certo meno avvenente di quel fanciullo ma, per lo meno, era un giovane uomo. Senza contare che, con sacrificio e rinunzia, Michelangelo sapeva controllarsi. Non aveva mai toccato l'Urbino, malgrado le sue attenzioni e le ampie spalle ben modellate non gli fossero certo indifferenti. E solo per aver formulato quei pensieri, Michelangelo si disprezzava. E consumava la schiena sotto le frange furiose della frusta con la quale si puniva per la propria indecenza.

Perciò, dopotutto, egli non era diverso da quel cardinale.

E tuttavia in molti sostenevano che Innocenzo fosse il figlio avuto da Giovanni Maria con una donna di strada e che, in seguito, egli se lo fosse messo in casa, attribuendone la paternità al fratello Baldovino.

Michelangelo non ne era certo e però non aveva mancato di vedere la verità e, nel momento esatto in cui la consapevolezza si era annidata nel suo cuore, non era riuscito a trattenere il profondo disgusto per quell'uomo.

Perché, quella concupiscenza vergognosa, lucida di saliva e parole flautate, nascosta dietro formule rotonde e allusive, non poteva che ribadirgli il suo essere servo di una Chiesa che aveva smarrito se stessa.

Dunque era vero quel che si diceva di Del Monte? Quasi a voler confermare quei suoi pensieri odiosi e confusi, Michelangelo aveva scorto sulla parete della bella sala nella quale era stato accolto una grande tela. Rappresentava un cardinale, assiso su un seggio in legno, riccamente intagliato e intarsiato d'oro, con due giovani chierichetti ai lati: avevano guance chiare e morbide, imporporate d'un accenno quasi soffuso di verecondia, labbra come boccioli di rosa e corpi agili e belli.

Michelangelo non aveva impiegato molto a notare come il cardinale indulgesse con lo sguardo su quel dipinto. E, peggio ancora, si era reso perfettamente conto di quanto, una volta comparso Innocenzo, Giovanni Maria si fosse prodigato per compiacerlo.

Lo aveva avuto in odio da quel momento in avanti e, quando finalmente aveva potuto andarsene, si era ripromesso di tenere bene a mente quanto aveva visto.

E ora che aveva di fronte a sé la statua di Giulio II si rendeva conto che, quasi per reazione, aveva scolpito una figura che nella sua essenzialità pareva voler tornare alla misura smarrita, alla semplicità negata da quegli anni di vizio e perdizione.

Così, la tiara che aveva concepito, lungi dal risultare adornata delle tante pietre preziose che Giulio II aveva fatto aggiungere al fine di arricchirla ulteriormente, manteneva invece una sua sobria eleganza proprio come appariva nello stemma dei Della Rovere e così l'abito: una tunica leggera che aderiva morbida alle ampie spalle e al torace muscoloso. Il tronco della figura era torto in una posa che aveva come effetto quello di rendere possente allo sguardo una statua che non poteva esserlo nelle dimensioni, a causa della riduzione del monumento voluta dagli eredi di Giulio II. E dunque, negli spazi consentiti, angusti rispetto a come erano stati originariamente ideati, Michelangelo s'era inventato soluzioni ardite.

Ma a dirla tutta, in quei giorni egli non era dispiaciuto di quel ridimensionamento dell'opera e non solo perché, in quel modo, il suo lavoro era stato ridotto, ma anche perché una proporzione meno trionfale, meno imponente, lo avrebbe autorizzato a procedere in quella nuova direzione che sentiva di voler seguire.

Il volto di Giulio II, a ben guardarlo, aveva un'aria grave, assorto com'era in una riflessione, quasi il pontefice intendesse stigmatizzare lo sfacelo e la depravazione in cui la Chiesa era precipitata.

La sua era dunque l'espressione di un uomo pronto all'ammonimento, alla denunzia e quella tiara così semplice, proprio come i sandali ai piedi, non faceva che sottolineare un ritorno all'umiltà, all'essenza stessa della Chiesa. Michelangelo non aveva scolpito il fanone e nemmeno la stola e ciò non già per dimenticanza o pigrizia, ma proprio per amplificare quel senso di modestia e vicinanza allo spirito più che agli splendori terreni.

Era stata, quella, la sua prima promessa di ribellione a quanto stava accadendo nella Città Eterna, all'ondata dilagante di corruzione e malcostume che ne aveva invaso i palazzi e assediato i cuori degli abitanti.

E lo stesso aveva fatto con la barba fluente che incorniciava il volto. Michelangelo l'aveva modellata nel marmo con ciocche lunghe e morbide: voleva ricordare, qualora ce ne fosse stato bisogno, i giorni nel corso dei quali Giulio II si era battuto contro il re di Francia, quando fra l'autunno del 1510 e il marzo 1512 aveva scelto di non tagliarla come voto e simbolo della propria penitenza e mortificazione, in omaggio alla sua lotta consumata contro Luigi XII. L'aveva tolta solo quando aveva compreso, con certezza, che il re di Francia stava abbandonando le terre italiane che, impunemente, aveva occupato.

Così, raffigurandolo come un penitente, spogliato di magnificenze terrene e temporali, come un monaco guerriero nell'atto di alzarsi, Michelangelo era riuscito a catturare l'onore e la dignità di un uomo, consapevole di presentarsi a Dio con tutte le proprie incertezze ma anche con la coscienza di aver rinunziato a tutto quanto fosse effimero e di poter aspirare alla salvezza eterna.

Mentre lo fissava, Michelangelo capì di aver fatto bene. Era quello il suo modo per espiare le colpe che aveva raccolto sulle proprie spalle, giorno dopo giorno.

Voleva liberarsi di quel fardello, di quell'inutile carico di rimpianto e rammarico, ma per riuscirvi avrebbe dovuto dar forma al marmo in un modo diverso rispetto a quello che aveva interpretato fino ad allora.

Guardando la statua di Giulio II capì che era nel giusto.

Quella nuova consapevolezza gli accese negli occhi una scintilla di speranza.

# INVERNO 1542-43

# 15
# Prostrazione

«Vi prego vostra Santità, vi imploro, sollevatemi da quest'impegno che mi consuma come una febbre, intercedete per me e vi giuro che allora potrò dedicarmi soltanto a voi, alle vostre giuste richieste. Finché dovrò prestare la mia opera per soddisfare Guidobaldo II Della Rovere, sapete perfettamente che non riuscirò a fare meglio di adesso. Un lavoro a metà, me ne rendo conto, ma non potrebbe essere altrimenti. Se potessi essere esentato dalla realizzazione delle due ultime statue per la tomba di Giulio II, non dovrei impiegare il mio tempo che per la cappella. Sono vecchio, Santità. E sono stanco».

Michelangelo parlò in maniera accorata. Perché era davvero prostrato dalle continue richieste. Conosceva l'indole del papa. Era un uomo innamorato di se stesso e del potere. Era nepotista al punto da infeudare Novara e consegnarla al figlio Pier Luigi, capitano dell'Esercito pontificio: un giovane pervertito che a Fano, durante una delle sue escursioni armate, aveva rivolto pesanti attenzioni al vescovo locale. Quando quest'ultimo si era rifiutato di giacere con lui, non aveva esitato a farlo legare per poi stuprarlo sotto la minaccia dei pugnali.

Proprio per questa ragione, da tempo Michelangelo tentava di ottenere un intervento dal papa: sapeva che Paolo III avrebbe potuto dispensarlo dall'ultimare personalmente la tomba di Giulio II solo se da quello dipendeva la perfetta riuscita degli affreschi della cappella a lui dedicata. Il papa comprendeva unicamente il linguaggio del prestigio personale e della difesa della propria presunta grandezza. Non solo. Si confidava con Michelangelo ogni volta che poteva e lui, di buon grado, si recava ovunque il pontefice gli ordinasse e lo faceva per ragioni ben più sciocche di quelle esaminate quel giorno.

Odiava doverlo fare, umiliandosi di fronte a un uomo che, pur amante della cultura e dotato di profonda intelligenza, tollerava che il figlio potesse compiere indicibili oscenità, lasciandolo per giunta impunito. Ma era lui stesso, dopotutto, privo di colpe? Fece buon viso a cattivo gioco e tornò a guardarlo, cercando di mostrarsi più convincente e calmo possibile.

Paolo III lo fissò con occhi penetranti. Con una mano si accarezzò la lunga barba candida. In quel momento se non fosse stato per la talare in seta marezzata e i magnifici paramenti, sarebbe potuto sembrare perfino un profeta.

Parve soppesare la richiesta. Alla luce fioca delle candele che immillava i punti luminosi della navata, la sua scelta sembrò ancora più grave, un fardello che avrebbe potuto schiacciarlo da un momento all'altro.

«Amico mio», disse, «capisco le vostre ragioni e, quanto alle difficoltà della vecchiaia, comprendo perfettamente anche quelle, giacché di anni ne ho addirittura più di voi. E tuttavia ciascuno di noi è chiamato a onorare i propri impegni. Siete un uomo di grande ingegno e dall'energia inesauribile. Sicuramente troverete il modo di affrescare la cappella e di ultimare il monumento funebre dei Della Rovere. Certo, vedrò cosa posso fare, se questo può consolarvi, vi prometto che chiederò a mio nipote, il cardinal Farnese, che ben conosce Guidobaldo II, di perorare la vostra causa, ma non posso garantire qualcosa di cui non ho il controllo. Vedete, Michelangelo, anch'io sono chiamato a un arduo compito: difendere la Chiesa cattolica dalle trame fosche dei protestanti. Mentre noi parliamo, in questo momento, a Trento, giusto a metà fra Roma e la Germania, alcuni uomini di fede potrebbero essere sul punto di incontrarsi per discutere appassionatamente e, così facendo, trovare una composizione alla frattura creata da un monaco tedesco che, in maniera del tutto sconsiderata, ha ritenuto di voler dividere i fedeli con tesi del tutto prive di fondamento».

«Lo capisco, vostra Santità, e comprendo perfettamente quanto alti e difficili siano i compiti ai quali siete chiamato ogni giorno. Ed è certo che le mie beghe non siano altro che sciocchezze, bagatelle contrattuali. E tuttavia, vi supplico di appoggiare questa mia richiesta e di riportarla a Guidobaldo II».

«Lo farò. Ma dovete continuare a lavorare, amico mio. Come procede la *Conversione di san Paolo* nella cappella parva?».

Michelangelo trattenne un moto di fastidio. Possibile che i papi pensassero solo a ciò che avrebbe potuto amplificare e celebrare la loro gloria? La cappella parva era la piccola cappella del Palazzo Apostolico. Aveva accettato l'incarico non più tardi di un mese prima, eppure il pontefice gli chiedeva già a che punto fosse. E, nel farlo, si peritava, con tutta l'ipocrisia del caso, di nominare genericamente la cappella come se, dopotutto, l'incarico fosse stato assegnato davvero nell'interesse della Chiesa. Era proprio quell'ipocrisia che incendiava il sangue nelle vene a Michelangelo.

Con il passare degli anni, trovava che quella velenosa commistione di autocelebrazione e falsa modestia papale fosse il vizio più profondamente terreno e volgare che potesse coltivare un uomo. E se aveva accettato di affrescare le due cappelle era stato soltanto perché con le somme ricevute in pagamento aveva potuto mantenere la propria famiglia: suo padre e i numerosi fratelli. E anche quel giovane scapestrato dell'Urbino, che tornava nei suoi pensieri, più sovente di quanto avrebbe voluto. Quel giovane, d'altra parte, gli era tanto più necessario in quei giorni di acciacchi e difficoltà: lo aiutava nelle faccende quotidiane, gli teneva la contabilità e gli dava manforte sul lavoro, macinandogli i colori e riscuotendo i crediti.

Sospirò. Come aveva imparato da tempo, non sarebbe stata una buona idea manifestare aperta ostilità al papa. Quando era accaduto, in passato, ne aveva sempre pagato le conseguenze. E in un momento come quello, gli conveniva adattarsi. A maggior ragione considerato che l'alleanza con Paolo III rappresentava la possibilità di liberarsi degli ultimi obblighi nei confronti dei Della Rovere.

«Vostra Santità, malgrado sia vecchio e stanco mi sento di poter dire che riesco ancora a lavorare con continuità. Mentirei se vi dicessi che non sento i mille dolori del corpo ma l'animo è ancora saldo e la volontà è forte. Ed è a quelle che mi appello quando mi trovo sopra l'impalcatura. Come da vostra richiesta, ho cominciato a dipingere la *Conversione di san Paolo*. Sto usando i miei colori più belli: la polvere di lapislazzuli per gli azzurri e poi l'ocra rossa, e il bianco sangiovanni per i volti e la pelle. Ho suddiviso ciascun affresco in ottanta giornate di lavoro. Ma fino a quando avrò quella maledetta sepoltura da completare per i Della Rovere non potrò garantire il rispetto dei tempi». Quelle ultime parole gli uscirono in un modo che avrebbe sperato meno aspro. Invece erano state pronunciate come un ricatto, malgrado avesse fatto di tutto per non dare quell'impressione.

Se il papa se ne era accorto, ebbe l'eleganza, per una volta, di non darlo a vedere. Sorrise. E prese tutto il buono contenuto in quanto Michelangelo gli aveva appena detto. «Mi conforta sapere che la volontà e lo spirito sono rimasti intatti, amico mio. E mi rallegro di sapere che i colori usati sono gli stessi che avete impiegato per il vostro meraviglioso *Giudizio universale*. Nessuno lo ha apprezzato più di me».

«Ad altri, quelle scene hanno dato fastidio: Biagio da Cesena, Pietro Aretino le hanno giudicate...». Michelangelo non riuscì a trattenere il rancore che, improvviso, gli azzannò l'animo.

«L'ho sentito dire», lo interruppe il papa, «ma come ormai dovreste sapere, amico mio, è uno solo il parere che conta. Almeno fino a quando il buon Dio mi farà la misericordia di tenermi in vita».

«Vi ringrazio, vostra Santità».

Il papa tossicchiò, accarezzandosi la barba bianca. «Sono io che ringrazio voi, messer Michelangelo, giacché infinito è il vostro talento e a nulla secondo, se non, a tratti, a quel vostro carattere, pronto a infiammarsi per un nonnulla».

Michelangelo fece per giustificarsi.

«Non dovete spiegarmi niente», lo anticipò il pontefice, «lo capisco e lo accetto. Ora, però, devo proprio chiedervi di lasciarmi solo. Ho le preghiere e poi un'infinità di incombenze da sbrigare».

Senza aggiungere una parola, Michelangelo si inginocchiò, baciando l'anello del pescatore.

Quindi se ne andò.

# 16
# Sguardi in una navata

Malasorte s'inginocchiò. Guardò il crocifisso con un tale fervore che chiunque avrebbe potuto ritenerla una giovane timorata di Dio. Mormorava le parole, cullandole sottovoce, dondolandole in una cantilena. Si era aggrappata alle preghiere, sussurrandone una dopo l'altra, a mani giunte: erano il modo migliore per rimanere dov'era e guardare di sottecchi la scena che aveva di fronte agli occhi.

A Santa Maria sopra Minerva, la marchesa di Pescara aveva incontrato un uomo, quel giorno. Non appena era entrato, Malasorte aveva colto in lui qualcosa di speciale: era magro, abbastanza alto e forte ma soprattutto, pur vecchio, conservava un vigore talmente evidente da risultare prepotente, sfacciato. E la luce negli occhi! Abbagliava chiunque avesse l'ardire di fissarlo in volto. Qualcuno avrebbe anche potuto riconoscervi una scheggia di follia, ma Malasorte sapeva perfettamente che, per quanto bizzarro, l'uomo appena entrato non era affatto pazzo.

Perfino lei conosceva le meraviglie compiute da Michelangelo Buonarroti a Roma. Imperia gli aveva raccontato dei colori della Cappella Sistina, talmente incredibili da comporre una fantasmagoria, e del marmo che pareva farsi più morbido del velluto sotto il tocco del suo martello, al punto da incresparsi nelle mille pieghe della veste di Maria nella *Pietà*. Quei racconti l'avevano affascinata incredibilmente e, un giorno, mentre camminavano per Trastevere, Imperia gliel'aveva indicato con un cenno del volto, dicendole che quell'uomo con la barba lunga e folta era il più grande artista del suo tempo.

Malasorte ne aveva fissato il viso con un interesse improvviso e inspiegabile e l'aveva trovato affascinante e particolare, al punto da non riuscire a staccargli gli occhi di dosso. Quando Michelangelo era scomparso dalla sua vista, aveva infine compreso cosa l'avesse tanto colpita: la luce negli occhi.

E ora l'aveva scorta di nuovo. Malgrado gli anni fossero passati, imbiancandogli la barba e riempiendogli il viso di rughe, Michelangelo Buonarroti non era cambiato. L'avrebbe riconosciuto ovunque.

Che cosa ci facesse in un luogo come quello, e per giunta a incontrare la marchesa di Pescara, rimaneva un mistero. I due erano rimasti a parlare a lungo. Lui teneva le mani di lei nelle sue e la guardava con occhi rapiti.

Malasorte non capiva perché un uomo come Michelangelo potesse provare attrazione per una donna come quella. Era elegante, certo. Ma nessuno l'avrebbe esattamente definita bella. Aveva un volto troppo duro, anche se a ben vedere non privo di una sorta di fascino autorevole. La figura, indubbiamente alta, non si sarebbe potuta ritenere slanciata. Eppure, qualcosa in lei soggiogava Michelangelo, o meglio, era come se con lui condividesse una passione segreta. Nulla di fisico o tantomeno carnale, piuttosto un'intesa dell'animo. Malasorte lo percepiva in modo netto, indubitabile.

Michelangelo e Vittoria non erano troppo distanti da lei ma parlavano a mezza voce e Malasorte riusciva a carpire solo parti di discorso, parole che però, messe assieme, potevano dare un'idea del tema che pareva stare incredibilmente a cuore a entrambi.

Discutevano di fede e religione. Lei aveva più volte fatto riferimento alla gloria di Dio e a un ritorno alla semplicità. Aveva detto molte altre cose che Malasorte non aveva del tutto compreso ma di una era certa: la marchesa aveva fatto cenno a un incontro che intendeva propiziare di lì a qualche mese a Viterbo.

Un'altra cosa che Malasorte era certa di aver colto era il nome del cardinal Reginald Pole. Non aveva idea di chi fosse, di preciso, ma quel nome particolare non l'avrebbe certo dimenticato. Era lui che insisteva per vedere Michelangelo, ribadì Vittoria.

Fu a quel punto che Malasorte decise di aver ascoltato abbastanza. Non voleva chiedere troppo alla sua buona stella. Con quel meraviglioso vestito celeste era l'incarnazione dell'innocenza e, per quanto non si sentisse a suo agio, dovette ammettere con se stessa che non solo Imperia le aveva fatto un dono meraviglioso ma, da profonda conoscitrice dell'animo umano, aveva escogitato un trucco semplice ma efficacissimo per avere al proprio soldo la spia più insospettabile di tutta Roma. Giacché, pur decorosamente vestita, Malasorte sapeva benissimo di apparire per quello che era, e cioè una popolana, non certo una dama sofisticata né una donnaccia di strada sguaiata e appariscente. No, era la misura a salvarla, quella perfetta miscela di grazia contenuta e discrezione che il vestito e la sua avvenenza semplice e fresca le garantivano.

Ed era proprio quella specie di gioco a farla impazzire. Comprendeva perfettamente i rischi che correva, ciononostante riusciva a vivere quell'incarico con tutto l'entusiasmo e la serenità del caso. Non avrebbe mai immaginato che potesse essere così facile. Fino a quel momento, in effetti, non aveva avuto problemi o sorprese di alcun genere. Nemmeno quando, qualche sera prima, sfruttando la propria proverbiale agilità e destrezza, si era arrampicata sui tetti della città per ritrovarsi, completamente vestita di nero, a spiare la marchesa dall'alto di Roma.

Con quei pensieri nella mente, si fece il segno della croce. E, non appena fu certa che né Vittoria né Michelangelo guardassero nella sua direzione, sgusciò verso la porta della chiesa.

# 17
# Conferme e sospetti

Quello che Imperia gli aveva raccontato andava al di là di ogni aspettativa. Mentre ripensava alle parole della bella cortigiana, il Capitano dei birri si rese conto che la setta di cui il cardinale Carafa gli aveva fatto cenno rivelava molte più ramificazioni di quelle che fosse lecito attendersi.

Aveva perfettamente inteso che Reginald Pole fosse non solo l'avversario politico di Carafa, nel seno della Chiesa, ma anche l'araldo di un nuovo modo di pensare, l'uomo che avrebbe potuto trovare una soluzione di compromesso fra le tesi protestanti e la fede cattolica. Ma le recenti scoperte ne facevano a dir poco il nemico assoluto.

Giacché, attraverso Vittoria Colonna, che ne rappresentava la *longa manus*, egli stava corrompendo l'animo di un uomo che da sempre era stato il campione della Chiesa cattolica per eccellenza: Michelangelo Buonarroti.

Quel fatto era chiaro al capitano Corsini come un raggio del sole invernale che dipingeva luce d'oro sulle cupole di Roma. Se, come sembrava, la setta riuniva attorno a una delle figure di spicco della Chiesa non solo alcuni alti prelati e una delle donne più potenti della città, ma perfino l'artista più in vista di sempre, lo scultore che si era scoperto pittore e che aveva realizzato senz'ombra di dubbio le opere più sconvolgenti e simboliche di Roma, allora era evidente che Carafa non solo aveva ragione ma doveva porre attenzione a che quella malattia non divenisse un'epidemia. Poiché Pole poteva contare sul potere ecclesiastico, su quello secolare della nobiltà e finanche sull'enorme capacità d'influenza dell'arte.

La grandezza di Michelangelo Buonarroti era riconosciuta a Roma e in tutto il mondo. Le sue opere parlavano il linguaggio dello splendore e della bellezza assoluta e nulla era più potente di una visione come quella.

A questo pensava il capitano Vittorio Corsini quando una zaffata di odore immondo gli aggredì le narici. Era appena entrato a palazzo, nella sede del Sant'Uffizio di via Ripetta e, annunciatosi a un inserviente, si era fatto condurre nell'ala orientale, dove erano alloggiate le gabbie e le celle delle prigioni. Proprio lì, infatti, gli aveva dato appuntamento il cardinal Carafa.

Assorto nei suoi pensieri, aveva rimosso dalla mente le condizioni di miseria e orrore in cui versavano i prigionieri: così la puzza disgustosa dei secchi colmi delle deiezioni, della rete fognaria inefficiente, delle condizioni igieniche inesistenti lo colse all'improvviso, strappandogli un moto di disgusto. Non era certo un uomo facile agli imbarazzi o alle delicatezze e agli agi, ma quell'odore agghiacciante penetrava fin nella gola e mozzava il respiro, e a mano a mano che si avvicinava alle celle diveniva talmente intenso da sommergere i sensi.

Per un attimo, Corsini temette di perdere l'equilibrio, stordito com'era. Perché diavolo Carafa gli aveva ordinato di raggiungerlo lì?

L'inserviente lo lasciò nelle mani di un secondino.

Urla deliranti si arrampicavano sui muri dei loculi, grida che non avevano più nulla di umano. Il capitano camminò per uno stretto corridoio sul quale si affacciavano celle anguste e maleodoranti. Mani adunche, dalle unghie spezzate e nere, si aggrappavano alle sbarre. Guizzavano improvvise quasi fossero state partorite dal buio nel quale si trovavano i prigionieri.

Fiaccole a parete diffondevano una luce maligna e dondolante, mentre il cammino pareva scandito dal rumore sinistro del mazzo di chiavi del secondino che sbatteva contro la cintura a ogni passo.

Finalmente, il carceriere si fermò di fronte all'ultima cella del corridoio. La porta era aperta e, come Corsini s'avvide immediatamente, era proprio lì che lo attendeva il cardinal Carafa.

A dispetto di quel che si sarebbe atteso, il capitano vide che la cella era piuttosto profonda tanto che, a qualche tesa da lui, stava un prigioniero con i ceppi alle mani e ai piedi, accasciato contro una sedia. Un carceriere pareva essersi dato un gran daffare per strappargli una confessione, come sembravano denunciare le tenaglie di ferro che reggeva in mano e un paio di denti gialli che sguazzavano in una pozza di sangue raccolta in un catino di ferro.

«Capitano!», lo salutò il cardinale. Nella sua veste purpurea, con la barba lunga e gli anelli di rubino a scintillare sotto la luce delle candele, Carafa aveva qualcosa di inquietante, anche se Corsini si guardò bene dall'accennare a quel dettaglio. Il cardinale stringeva nella mano un *pomander*, lo avvicinava a intervalli regolari al naso e ne respirava gli aromi canforati, risparmiando alle sue narici l'insulto degli odori mefitici che riempivano lo spazio attorno a loro come la più potente delle maledizioni. Corsini avrebbe tanto voluto averne uno: il fatto che fosse un soldato non significava che dovesse avere una passione per la sporcizia e gli olezzi rivoltanti.

«Vi domanderete perché vi ho chiesto di raggiungermi in questo luogo dimenticato da Dio».

Corsini si limitò a guardare Carafa negli occhi, senza accennare a lamentele di sorta.

«Ebbene», riprese il cardinale, «mi compiaccio della vostra resistenza. Vi fa onore. Niente di meno di quanto si addice a un uomo con il vostro ruolo e tutto d'un pezzo quale siete voi. A ogni modo, il prigioniero che vedete su quella sedia altri non è che Henry Wilkinson, uomo di fiducia di quell'eresiarca di Enrico VIII Tudor d'Inghilterra. Dopo aver soggiornato a Venezia e a Padova, da bravo filoprotestante ha avuto intelligenze con il cardinale Reginald Pole e lo ha aiutato a stabilirsi in uno dei palazzi più belli di Viterbo, dove il nostro avversario sta ponendo la base di quel movimento del quale vi avevo parlato. Per questo, dunque, vi ho chiesto di raggiungermi qui. Per mettere insieme le informazioni che stiamo raccogliendo. Che cosa mi rispondete?».

Corsini esitò. Era prudente rivelare quanto aveva appreso da Imperia al cardinale, in presenza del carceriere?

Ma Carafa parve leggergli nel pensiero. «Se temete che mastro Villani possa riferire a chicchessia quanto state per dirmi, vi rassicuro fin d'ora: non lo farà. Ho cieca fiducia in lui. Da sempre è al mio fianco nella lotta contro l'eresia. E quanto a messer Wilkinson, be', come potete vedere non è in grado di nuocere a nessuno».

Rinfrancato da quelle parole, Corsini disse quanto aveva appreso. «Vostra Grazia, reco notizie che potrebbero non farvi piacere: ecco quanto ho scoperto. Come avete appena affermato, Reginald Pole avrebbe intenzione di utilizzare Viterbo come centro della propria chiesa eretica. La sua rete di contatti sembra essere particolarmente ramificata, giacché oltre a estendersi ad alcune importanti personalità della Chiesa cattolica e alla nobile Vittoria Colonna, marchesa di Pescara, ora pare poter giungere anche al mondo dell'arte e alla sua figura più rappresentativa in assoluto».

Carafa sollevò un sopracciglio: «Non parlate per enigmi, capitano, non con me».

«Michelangelo Buonarroti», disse Corsini, «potrebbe essere coinvolto in un disegno contro la Chiesa».

# 18
# L'ombra della paura

«Siete certo di quanto affermate?»

«La mia fonte è sicura».

«E allora, se è così, la situazione è più grave di quanto credessi», esclamò Carafa, sinceramente preoccupato.

«L'ho pensato anch'io».

«Non solo la Chiesa nutre un demone al proprio interno, non solo l'eresia si va diffondendo ai nobili, giacché è abbastanza chiara la capacità d'influenza di un'esponente dei Colonna, fra le famiglie più potenti di Roma, ma se addirittura Michelangelo Buonarroti, l'uomo che dai papi ha ricevuto fama e ricchezza, arriva a rinnegare le proprie posizioni, allora la forza seduttiva di questo pensiero non va assolutamente sottovalutata».

«A quanto ho capito, la marchesa di Pescara sembra essere proprio la principale responsabile di questo inaspettato coinvolgimento dell'artista», osservò Corsini.

«Volete dirmi che Michelangelo è innamorato di lei? Sarebbe una notizia! Fino a oggi ho sempre creduto che quell'uomo non fosse sensibile ad alcun fascino terreno, tantomeno di natura femminile».

«Che intendete dire?»

«Via, capitano, non vorrete farmi credere che non sapete quel che mormorano le male lingue», suggerì il cardinale.

«Alludete a quanti affermano che Buonarroti apprezzerebbe fin troppo le forme di alcuni suoi aiutanti e discepoli?»

«Io non alludo. Mi limito a riferire quel che si dice in giro. E se quello che si afferma ha un fondo di verità, allora sono particolarmente colpito dal fatto che una donna come Vittoria Colonna, nemmeno troppo avvenente, a dire il vero, possa risultare tanto conturbante per un uomo rude e rigido come Michelangelo. A meno che...». Carafa s'interruppe, quasi intendesse riflettere bene, prima di completare quella frase.

«A meno che?», gli fece eco Corsini.

«A meno che l'amore non c'entri nulla. Per lo meno non quello fisico. Potrebbe essere un sentimento spirituale, il che dimostrerebbe una volta di più la forza irresistibile del credo religioso proposto da Pole», e nel dirlo il cardinal Carafa portò l'indice alla fronte. Poi, rivolto al carceriere, ordinò: «Non gli tireremo fuori più niente, mastro Villani. Rimettete in ordine i vostri ferri e tenetevi a disposizione. Nel frattempo, io continuerò la mia conversazione con il capitano in un luogo meno inquietante. Venite», disse rivolto a Corsini, e portando alle narici il pomander, aspirò ancora una volta i forti aromi canforati. Dopodiché uscì dalla cella e prese a percorrere il corridoio dal quale poco prima era giunto il Capitano dei birri.

Gioendo in cuor suo di quell'insperato trasferimento, Corsini fece un cenno al carceriere e si mise a seguire il cardinale.

Superato il corridoio, Carafa raggiunse un'ampia anticamera. Si fermò di fronte a una grande tela che raffigurava una crocifissione e scivolò in una nicchia che rivelò una porticina. Infilò una chiave d'argento nella toppa e aprì l'uscio minuscolo. Invitò Corsini a entrare e si richiuse la porta alle spalle con una doppia mandata. Quindi lo precedette su per la scala. I gradini erano stretti e ripidi e a quella prima rampa ne seguì una seconda, al termine della quale i due sbucarono su un ballatoio abbastanza ampio sul quale si affacciavano due porte.

Senza esitare nemmeno un istante, Carafa estrasse una seconda chiave e aprì la porta di sinistra.

Entrò.

Corsini lo imitò e si ritrovò in quella che gli apparve come la stanza di un monaco.

«Ecco, capitano, questo è il mio rifugio», disse Carafa senza attendere risposta, «il luogo nel quale mi ritiro per cercare di trovare pace. Come potete vedere, non v'è nulla che non sia ispirato al rigore e all'essenza della preghiera». Così dicendo, il cardinale indicò, con un gesto molto teatrale, un inginocchiatoio dal legno consunto, una panca anch'essa liscia e mangiata dal tempo, un paio di sedie impagliate semplici e spoglie, un piccolo dipinto votivo alla parete. «Vedete, quindi, quanto prive di fondamento siano le accuse che Pole e gli altri muovono a me e, ancor prima, al papa e ai tanti altri uomini di Chiesa che meritoriamente, ogni giorno, tentano di riportare alla ragione, e soprattutto alla fede, le perdute pecorelle del gregge di Dio».

Corsini annuì. Che altro avrebbe potuto fare? Dentro di sé sapeva che quella altro non era che una recita perfettamente concepita affinché si diffondesse in giro la convinzione che il Sant'Uffizio e più in generale la Chiesa non fossero, come invece erano, un unico grande covo di peccatori, di uomini dediti ai piaceri terreni e agli agi di una vita raffinata ed elegante.

«Quello che mi avete detto oggi, amico mio, mi ha davvero lasciato senza parole. Michelangelo Buonarroti! L'artista che è diventato quel che è diventato unicamente grazie all'intercessione e alla benevolenza dei papi ora avrebbe intelligenze e rapporti con quella setta di protestanti che fanno capo a Pole? Proprio lui che, più di tutti, ha dato scandalo con i suoi dipinti osceni, i nudi insopportabili di quella rappresentazione pornografica e volgare che è il *Giudizio universale*? Lui che sussulta di piacere ogni qualvolta ritrae un nudo maschile e scolpisce forme nel marmo di tale licenziosa lussuria da meritare già solo per questo la prigione a vita? E un uomo come questo, un fiorentino, protetto da un pontefice dopo l'altro, tutelato e assecondato dalla Chiesa in ogni sua stranezza, no ma che dico, follia... un uomo come questo vorrebbe ora aderire a un pensiero che predica il ritorno alla semplicità, all'essenza, all'esclusivo rapporto dell'uomo con Dio, scagliandosi contro di noi? Accusandoci di aver ceduto ai piaceri della carne e del denaro? Non c'è già rigore e misura nelle nostre vite? E chi gli ha attribuito la patente di giudice? Ma con quale arroganza! Impudente!». E mentre diceva così, il cardinal Carafa aveva preso un tagliacarte d'argento, appoggiato sul ripiano di un piccolo scrittoio, posto nell'angolo più lontano della stanza.

«Vostra Grazia...», sussurrò Corsini.

Ma non fece in tempo a completare la frase che, con la lama, il cardinale si era già inciso il palmo della mano, così a fondo che un taglio rosso si era aperto e aveva preso a stillare sangue. Carafa strinse le dita a pugno fino a quando alcune gocce scure non presero a cadere sullo scalino dell'inginocchiatoio, macchiandolo di decine di punti rotondi color del vino.

«Io capisco perfettamente qual è l'intenzione di Vittoria Colonna e, per sua mano, di Reginald Pole», continuò Carafa. «Vedete, capitano, il motivo per il quale papa Paolo III mi ha attribuito quest'incarico, quello di capo dell'Inquisizione romana, è legato al fatto che Sua Santità sa perfettamente che io riesco a vedere ben al di là di ciò che è evidente. E quel che scorgo, in quanto mi avete detto, è il preciso tentativo di Reginald Pole di proporre una nuova e diversa visione di Dio attraverso l'arte del più influente e straordinario artista del nostro tempo. Una visione che ha un solo nome: eresia!».

Nell'udire il modo in cui Carafa aveva pronunciato quella parola, Corsini sentì un brivido ghiacciato lungo la schiena.

C'era qualcosa di esagerato e profondamente inquietante nel modo in cui il cardinale aveva reagito alle sue recenti scoperte. Se il capitano avesse dovuto scegliere una parola per definire quell'atteggiamento avrebbe scelto l'unica possibile: *fanatismo*.

Invece, pensò bene di assecondare il suo interlocutore: «Cosa volete che faccia? Che lo arresti ora?»

«E con quali prove? Credete davvero che sia questa la soluzione che ho immaginato? Niente affatto, capitano, niente affatto», celiò Carafa. «Piuttosto, dobbiamo continuare a raccogliere informazioni, dettagli, tutto ciò che possa aiutarci a costruire un'istruttoria degna di tale nome. Allora, e solo allora, potremo procedere con l'arresto. Michelangelo è potente e benvoluto dal papa e dal popolo: appartiene a quella particolare, oserei dire unica, categoria d'artisti che beneficia al tempo stesso dell'indulgenza del potere spirituale e temporale da un lato e di quell'approvazione popolare che, in un momento come questo, lo rende intoccabile. Dovremo impiegare ogni cautela. Ma proprio per questo, la vostra spia dovrà recarsi a Viterbo per riferirci quel che potrà apprendere».

«Sarà fatto, Eminenza», promise Corsini, sempre più preoccupato.

«Solo così, credetemi, riusciremo ad aver ragione di questa setta di eretici!», e, in quell'affermazione, Carafa tradì uno sguardo talmente folle da far gelare il sangue nelle vene al Capitano dei birri.

# ESTATE 1543

# 19
# Viterbo

Il sole aveva arroventato la terra tutto il giorno. Michelangelo aveva percorso a cavallo la campagna incendiata dall'estate. Il grano d'oro che pareva sorridere nei campi, i prati color verde brillante e poi gli ulivi dai tronchi nodosi e robusti e le viti che in autunno avrebbero donato uve pregiate: la natura era nel pieno del proprio splendore e accecava il suo sguardo.

Michelangelo aveva i capelli intrisi di sudore e si sentiva stanco e affaticato dalla lunga cavalcata. L'afa gli mozzava il fiato. Sentiva la stoffa della tunica leggera incollarsi al corpo. La palandrana nera che indossava sempre quando cavalcava gli era divenuta insopportabile. Aveva proceduto in fretta perché non voleva arrivare in ritardo e dunque non aveva risparmiato Inchiostro.

Conosceva poco la città, ma Vittoria gli aveva spiegato dove raggiungerla e, a quanto aveva capito, il luogo nel quale l'avrebbe trovata non era poi tanto complicato da individuare.

Era così giunto alla porta San Matteo.

Le mura massicce di Viterbo incombevano sui pellegrini e i viandanti con la loro mole impressionante. Le guardie lo avevano lasciato passare non appena Michelangelo aveva esibito il sigillo papale che portava sempre con sé, su consiglio di Paolo III. Il pontefice, al fine di consentirgli di muoversi liberamente, lo aveva provvisto di un salvacondotto che Michelangelo mostrava alla bisogna, quasi fosse un talismano.

Superata la porta, piegò verso oriente e si ritrovò in poco più di un istante in piazza Dante Alighieri, al centro della quale sorgeva il monastero di Santa Caterina.

Fondato solo pochi anni prima, e costruito rapidamente grazie agli emolumenti dei nobili viterbesi Nicola Bonelli e Giambattista Cordelli, il monastero si presentava con una facciata neoclassica. Il primo piano si elevava su un pregevole porticato con archi a tutto sesto. Sobrie finestre incorniciate sfilavano una accanto all'altra.

Michelangelo scese da cavallo, bussando alla porta. Mentre una monaca apriva il battente di legno, rinforzato in ferro, si presentò.

Non appena seppe chi era, la suora chiamò un garzone. Il ragazzo prese in custodia Inchiostro e lo condusse alla stalla.

La monaca aveva un volto arcigno e uno sguardo d'acciaio ma rivelò modi gentili. «Messere, eravate atteso», disse. «Permettete che mi presenti, sono madre Cristina, e prima di condurvi da madonna Vittoria, vi porterò a rinfrescarvi un istante cosicché possiate lavar via la polvere e il sole del viaggio».

«Vi ringrazio», ebbe appena il tempo di dire Michelangelo. Senza attendere oltre, madre Cristina lo condusse attraverso un chiostro dalle colonne semplici. Giunti a una porta entrarono e, salita una rampa di scale, la monaca indicò a Michelangelo una piccola sala da bagno.

«Accomodatevi», disse, «rinfrescatevi. Troverete degli abiti puliti che la marchesa di Pescara ha scelto per voi. Tornerò fra poco per condurvi da lei. Vi aspetta nella biblioteca insieme a un amico».

Madre Cristina non aggiunse altro e se ne andò, così com'era apparsa.

Michelangelo si guardò attorno. La sala era piccola ma confortevole. Su una poltroncina qualcuno aveva sistemato un abito pulito, di candido lino. Si slacciò la palandrana nera, tolse la tunica sudata e consunta. Si avvicinò a torso nudo al bacile. Vide un bel pezzo di sapone d'Aleppo su un telo chiaro di lino e, dopo aver riempito la bacinella con l'acqua fresca d'una brocca, vi immerse il capo. Sentì un infinito refrigerio. Riemerse con i capelli stillanti. Si asciugò con il telo di lino e, afferrato il pezzo di sapone, lo ammorbidì con l'acqua e sfregò la pelle. Quindi si sciacquò, lavando via tutta la stanchezza della giornata.

Si asciugò velocemente. Prese un flacone di vetro, contenente acqua di talco, e ne spruzzò un po' sul petto. La freschezza della lozione era inebriante. Indossò l'abito di lino. Gli calzava a pennello. Ebbe appena il tempo di piegare i vestiti sporchi che qualcuno bussò alla porta.

Michelangelo aprì e di fronte a sé vide la marchesa di Pescara.

Vittoria indossava una gamurra semplice ma elegante, color salvia. Gli sbuffi bianchi della camicia parevano candide corolle di fiore attorno ai suoi polsi. Nella sinistra teneva un fazzoletto tutto merletti e fiocchi, l'unico gingillo concesso alla vanità femminile insieme a un ventaglio a cupola, dal manico in avorio fregiato in argento, che agitava con la destra.

«Amico mio, finalmente siete giunto», disse abbracciandolo con affetto.

Michelangelo si lasciò andare, per un istante naufragò in lei. Tuttavia, quando lei lo toccava, percepiva, a volte, qualcosa che andava al di là della semplice amicizia. Era una sensazione strana e indefinibile. Gli faceva piacere, certo, ma in fondo all'animo temeva che quel contatto potesse spingersi troppo oltre e, così facendo, rovinare la perfetta intesa che li legava molto più profondamente di qualsiasi abbraccio. Da un lato aspettava con tutto se stesso quel momento, dall'altro, nell'istante esatto in cui avveniva, ne aveva paura, quasi la benedizione di quella loro intesa bellissima potesse essere spezzata da un qualche incantesimo.

Quando Vittoria si sciolse dall'abbraccio, lo guardò negli occhi.

«L'abito è perfetto. Venite, messer Michelangelo, lasciate che vi porti da un amico».

Così, prendendolo per mano lo condusse giù per la rampa di scale, uscendo ancora una volta nel chiostro. Dopo averne percorso due lati, giunse a una porta. Abbassò la maniglia e l'aprì. Si ritrovarono in un breve corridoio. Lo percorsero fino in fondo, arrivando nella biblioteca del monastero.

Nell'ampia sala, Michelangelo scorse un grande tavolo in rovere a forma di ferro di cavallo. Tutt'attorno, lungo le pareti, migliaia di volumi se ne stavano perfettamente allineati in alte librerie di noce. Le ampie finestre erano spalancate su un grande cortile con alberi da frutto.

Al tavolo sedeva una persona: un ecclesiastico, probabilmente un cardinale, a giudicare dal colore purpureo della veste. Aveva un volto dai tratti aristocratici, zigomi alti e occhi blu, mobilissimi, un pizzetto affilato e capelli arruffati sotto la berretta rossa.

Fu Vittoria a presentarli. «Eminenza», disse, «ecco un uomo che potrà fare molto per l'*Ecclesia Viterbiensis*. Conoscete il valore di Michelangelo Buonarroti e so che provate per la sua arte un'ammirazione sconfinata. Proprio come me. D'altra parte, so che lui potrebbe riconoscersi nei princìpi di questa nuova idea di fede che andate propugnando, perciò vedete, non potrei immaginare un incontro più provvido di questo».

Michelangelo si avvicinò mentre Pole si alzava dalla poltroncina in legno sulla quale era seduto. Si trovarono così a stringersi la mano, giacché il cardinale, lungi dal voler ricevere l'omaggio che la sua carica avrebbe naturalmente imposto, intendeva fin da subito confrontarsi con Michelangelo in modo del tutto franco e diretto, senza i formalismi legati a ruoli e titoli. «Maestro», disse, «voi non avete idea di quanto gradita mi sia quest'occasione».

«Vittoria mi ha parlato molto di voi, Eminenza», e mentre diceva così, Michelangelo guardò, non senza sorpresa, quel giovane cardinale, che lo salutava con tanto affetto.

«E ha fatto lo stesso con me a proposito di voi. Amo perdutamente le vostre opere e Vittoria ha un grande merito in questo. Non v'è persona che conosca meglio di lei il vostro lavoro, potete credermi».

«Non ne ho il minimo dubbio».

«Lasciate che vi dica che sono felice di potervi finalmente incontrare. Credo di conoscere a memoria ogni linea del meraviglioso disegno della *Crocifissione* che avete donato a Vittoria. È come se in esso aveste racchiuso tutta la sofferenza della nostra povera Chiesa, mettendo in luce con pochi, essenziali tratti tutto ciò che dovrebbe esserci nel cuore di un buon cristiano: l'umiltà, l'amore, il perdono. Non sono queste, dopotutto, le virtù sulle quali dovrebbe fondarsi la fede? E invece, Michelangelo, oggi la Chiesa si abbandona al potere secolare, ai piaceri della carne, al denaro, alla politica!». Pole pronunciò quell'ultima parola con un disprezzo talmente intenso da farla sembrare un'ingiuria. «E pensare che sono appena stato a Trento, nel disperato tentativo di conciliare una visione cattolica troppo lontana dai valori originari con la rigida e fiera opposizione delle tesi protestanti. Ma vi confesso, temo per uno scisma. Senza contare che, manco a dirlo, per poter avere un Concilio dovremo ancora aspettare».

Nell'udire Pole, il volto di Vittoria si fece di pietra.

Michelangelo, invece, non riuscì a celare perplessità e curiosità insieme. «Il Concilio, naturalmente. O meglio la sua convocazione. Poiché se non ho capito male, al momento siete ancora in una fase preparatoria. E tuttavia, vi chiedo:

perché sento parole dure come il ferro, pronunciate dalle vostre labbra?», domandò.

Il cardinale scosse la testa. «Da poco sono tornato da Trento. Sono stato convocato presso il Concilio in qualità di legato pontificio. Come avete ben detto, Paolo III l'ha rinviato ancora una volta ma non potrà farlo in eterno e, proprio perché intende arrivare preparato, sta raccogliendo tutte le voci dei propri vescovi e cardinali. Sapevo che sarebbe accaduto ma non mi ero certo preparato a combattere. Volevo semplicemente tentare di promuovere una linea di condotta che potesse comporre la frattura creatasi fra la Chiesa di Roma e la nuova confessione protestante. Ed è questa la linea di alcuni amici come il cardinal Morone, per esempio. Ho un enorme debito di gratitudine nei confronti del nostro papa e lo conosco per quello che è: un uomo buono che sta solo cercando di ricondurre nell'alveo della Chiesa cattolica quanti se ne sono allontanati per seguire le comprensibili rivendicazioni di Lutero. Per far questo, però, deve rinnovarne le fondamenta, tentando allo stesso tempo di non aggravare le divisioni. Ma se questo è il suo intento, non si può dire lo stesso di altri cardinali che, pur investiti di compiti importanti proprio da lui, sembrano ora voler perseguire una linea di draconiana rigidità».

«Temo riponiate troppa fiducia in Paolo III», disse laconicamente Vittoria, dando così voce alle stesse perplessità di Michelangelo, che ben conosceva le debolezze del pontefice.

«Capisco quel che dite, Vittoria, e sapete la devozione che nutro per voi, l'affetto e l'attenzione che ho per le vostre parole. Sono quelli di un figlio nei confronti della propria madre. Credo, però, che in questo caso la vostra lucidità sia offuscata dall'ingiusta persecuzione alla quale è stata sottoposta la vostra famiglia. Nei confronti dei Colonna, Paolo III si è comportato in modo inqualificabile...».

«Inqualificabile?», sbottò incredulo Michelangelo. «Volete scherzare? Quello che il pontefice ha fatto contro i Colonna non può essere definito meno che infame! Ascanio Colonna si era giustamente rifiutato di pagare la tassa sul sale: era un espresso privilegio riconosciutogli da Martino V! Eppure il pontefice, forte di quel diniego, non ha esitato a fargli una guerra senza quartiere fino a radere al suolo la rocca di Paliano, obbligandolo a riparare a Napoli...». Michelangelo si era immediatamente schierato a difesa della marchesa di Pescara.

Ma fu proprio Vittoria a calmarlo. «...Amico mio, vi ringrazio per le vostre parole ma ormai è passato. Non ci lasceremo rovinare la giornata da simili miserie. E poi con il pontefice siamo giunti a una riappacificazione».

«Voi avete ragione, Michelangelo, ma credetemi se vi dico che in questo momento non è del papa che dobbiamo avere paura, ma di un pensiero che cresce come una lebbra fra le file dei cardinali, opportunamente amplificato da alcuni fra loro», parve volerlo avvisare Pole.

«Siate più chiaro!».

«So che frequentate sovente le sale del Vaticano. Lo comprendo e credo sia un bene. Ma dovete guardarvi da un uomo».

«Chi?», lo incalzò Michelangelo.

«Gian Pietro Carafa».

Quel nome, pronunciato quasi a bruciapelo, rimase a galleggiare nell'aria come una sentenza di morte.

«L'uomo a capo del Sant'Uffizio?».

Pole annuì con gravità. «Non avete idea di chi abbiamo contro».

«Non riesco a capire».

«Da quando siete divenuto amico di Vittoria, avete firmato la vostra condanna», disse Pole in tono inquieto.

Michelangelo sgranò gli occhi. «Non è possibile!», esclamò. «E anche se fosse, non m'importa».

«Voi non conoscete quell'uomo».

E in quelle ultime parole, Michelangelo riconobbe un pericolo così grande che, per la prima volta, ebbe la certezza di dover prestare la massima attenzione possibile a quel che sarebbe accaduto di lì in avanti.

# 20
# Avventura notturna

Le parole di Reginald Pole gli avevano lasciato addosso un sottile velo d'inquietudine. Era qualcosa di fisico, un malessere fragile che gli era penetrato sotto la pelle, quasi fosse una febbre.

Uscì dal monastero che era notte. Le vie della città erano buie, illuminate flebilmente da torce e bracieri.

Inchiostro trottava lentamente.

Michelangelo aveva promesso a Vittoria e al cardinale che avrebbe fatto loro visita l'indomani. Sentiva che avrebbe trovato le risposte che cercava. Le domande lo tormentavano da tanto, troppo tempo. Aveva però bisogno di coricarsi, di riposare fino al mattino in un buon letto. Così si avviò verso il centro della città, per fermarsi in una locanda.

Giunse alla fonte del Sipale. Per un attimo si fermò, lasciando che Inchiostro si abbeverasse. Udì l'acqua scrosciare nel silenzio notturno. Fu una sensazione talmente bella e insolita che quasi riuscì ad acquietarsi. C'era attorno una calma così profonda che gli tornarono in mente le sue riflessioni al chiaro di luna sulle Alpi Apuane.

Si riebbe. Procedette al piccolo trotto e imboccò via del Macel Maggiore, sulla quale si affacciavano le tante botteghe chiuse dei beccai.

E qualcosa, d'improvviso, attirò la sua attenzione.

Fu come una nota stonata in quella melodia perfetta fatta di silenzio e pace.

Tirò le redini e si fermò in mezzo alla strada.

Per un attimo fu certo di aver udito dei passi.

Ebbe la netta sensazione di essere seguito.

L'aveva vista? Malasorte non ne era sicura, ma a giudicare da come aveva fermato il cavallo qualcosa non tornava. Scivolò nell'ombra, rimanendo immobile. Era riuscita a infilarsi dietro il muro basso di una casa. Qualcuno vi aveva addossato delle botti di legno vuote. Doveva averle abbandonate. L'odore di vino non lasciava dubbi su cosa avevano contenuto in precedenza. Quello e gli scarti di carne lasciati a decomporsi da un macellaio negligente quasi le strapparono un conato. Malasorte resistette come poté. Ne andava della sua vita. Cosa sarebbe accaduto se Michelangelo l'avesse scorta? Di certo avrebbe voluto sapere il motivo per cui lo stava seguendo. E in quel modo, per giunta!

La notte era umida, il caldo insopportabile amplificava quell'odore d'uva fermentata e carne guasta che le riempiva il respiro fin quasi a soffocarla. Sentiva la stoffa della veste aderirle alla pelle, il sudore imperlarle la fronte. Quasi smise di respirare. Pregò dentro di sé che il grande scultore non tornasse sui propri passi. Se non altro, la maschera nera che indossava non gli avrebbe consentito di riconoscerla facilmente.

Uscito dal convento, Michelangelo aveva percorso via del Macel Maggiore per poi dirigersi verso piazza San Pellegrino. In un primo momento, Malasorte aveva avuto buon gioco nel seguirlo ma ora, forse, Michelangelo doveva aver percepito qualcosa. Non le era parso di essersi tradita, di aver messo un piede in fallo. Chissà come mai Michelangelo aveva maturato la convinzione di essere pedinato. Forse qualcuno l'aveva messo in guardia?

Eppure lei si era mossa come un gatto: aveva fatto attenzione a non tradire la sua presenza.

Sentì gli zoccoli del cavallo che tornavano a battere il selciato. Non si azzardò a guardare fino a quando non fu certa che Michelangelo avesse ripreso la sua strada.

Quando però sgusciò fuori dal suo nascondiglio, per tornare a vedere quel che era accaduto, sbarrò gli occhi per la sorpresa.

Michelangelo era sparito. Adesso c'era solo il cavallo, in mezzo alla strada.

Dove diavolo si era cacciato?

Malasorte non ebbe il tempo di capire fino in fondo: qualcosa schioccò al suo fianco. Non seppe mai cosa fosse, ma ebbe la netta sensazione di essere stata scoperta, quasi il suo cuore avesse compreso prima della mente la verità.

Istintivamente si voltò e, senza perdere un solo istante, si mise a correre a rotta di collo. Scomparve sotto un arco di pietra, da lì balzò su un balcone, quindi sul tetto di un palazzo. Nel frattempo sentiva qualcuno che, sotto di lei, stava salendo le scale esterne in pietra.

Non si diede pena di scoprire cosa stesse accadendo, saltò giù dal tetto e rotolò in una capriola. Imboccò un vicolo stretto mentre, dietro di sé, sentiva il rumore dei passi farsi sempre più vicino, a dimostrazione del fatto che il suo inseguitore non doveva essersi affatto arreso.

Corse con quanto fiato aveva in corpo. Prese a destra, là dove si apriva un'altra stradina stretta e tortuosa. La percorse fino in fondo.

Fu a quel punto che le parve di udire i passi farsi più lontani.

Passò sotto un secondo arco in pietra, sul lato destro della viuzza vide una scala esterna. La salì senza indugio. Arrivata sul ballatoio, ridiscese la rampa di scalini che proseguiva sull'altro lato. Giunta di nuovo in un altro vicolo angusto, procedette fino a quando non scorse una porticina in legno. Era aperta. Senza pensarci entrò, finendo ben presto in un cortile. Una torcia illuminava fiocamente lo spazio circostante. Attraversò quello che le parve una sorta di campo incolto. Le sembrò di distinguere sul fondo un muro diroccato.

Aumentò il ritmo delle falcate, correndo come una pazza, alla cieca, nel buio, pensando solo a mettere quanta più strada possibile fra sé e l'inseguitore. Prese lo slancio, spiccò un balzo, allungò le braccia, raggiungendo la sommità del muro. Aiutandosi con le gambe sottili e muscolose, riuscì con uno scatto di reni e un agile volteggio a issarsi sopra.

Prima di lasciarsi cadere sull'altro lato, si lasciò sfuggire uno sguardo sopra la spalla.

Le parve che nessuno l'avesse seguita. Ovviamente non aveva alcuna certezza, considerato il buio che l'avvolgeva. Ma non udiva più lo scalpiccio nervoso deï passi del suo inseguitore. Eppure non si poteva mai sapere. Meglio non correre rischi. Michelangelo sarebbe anche potuto comparire da un momento all'altro, considerato come l'aveva sorpresa scendendo da cavallo per poi scagliarle contro qualcosa, a giudicare dallo schiocco che aveva sentito.

Forte di quella convinzione saltò nel vuoto.

Quando atterrò, ringraziò Dio per essere finita su qualcosa di soffice. Nel buio non capì subito di cosa si trattasse ma poi l'odore di paglia la rassicurò.

Infine sentì il ringhio.

E a quel punto si ricredette.

# 21
# La locanda

Michelangelo era tornato sui suoi passi. Aveva raggiunto Inchiostro. Era rimontato in sella e, lentamente, si era diretto verso piazza San Pellegrino.

I sospetti destati dalle parole di Reginald Pole avevano avuto conferma. Qualcuno lo stava spiando. E chissà da quanto. Probabilmente il Sant'Uffizio sapeva già del suo viaggio a Viterbo e dell'amicizia con Vittoria Colonna.

Ma fino a quel momento lui non ci aveva nemmeno pensato. Poteva ben comprendere che le idee di Vittoria non fossero particolarmente apprezzate dalla Curia, e nemmeno le sue, a dire il vero. Ma che questo comportasse l'effettiva sorveglianza da parte di sgherri e spie del Sant'Uffizio cambiava tutto. Certo, magari si stava sbagliando. Ma quando aveva scagliato la pietra nella direzione in cui aveva udito il rumore, aveva distinto con chiarezza, alla luce sanguigna delle torce e delle fiaccole che illuminavano debolmente il crocicchio di vie, un'ombra scivolare fra le case.

E quel fatto fugava qualsiasi incertezza. Naturalmente poteva non essere un uomo dell'Inquisizione. Ma chi, allora, avrebbe dovuto seguirlo. A che pro?

Non poteva che essere così. E a quel punto la reazione naturale, immediata, fu di provare un odio ancora più intenso per quella Chiesa paurosa, infida, strisciante che si preoccupava di controllare i propri figli, al solo scopo di punirli, piegandoli al proprio volere, invece di guardare dentro se stessa, per provare a cogliere, almeno una volta, le proprie contraddizioni e gli evidenti fallimenti che ne minavano sempre di più le fondamenta.

Se anche avesse nutrito dubbi circa l'opportunità o l'onestà di pensiero dell'*Ecclesia Viterbiensis* di Reginald Pole, quella scoperta li cancellava immantinente e riconfermava Michelangelo non soltanto nella sua visione, ma finanche nella volontà di fare quanto sarebbe stato in suo potere per mettere in discussione le certezze apparentemente incrollabili dei papi.

Mentre Inchiostro procedeva con un'andatura sonnolenta e dondolante, Michelangelo si chiese quali fossero le reali intenzioni dell'Inquisizione. Non era riuscito a vedere in volto la spia. Era appena stato in grado di cogliere l'ombra di chi lo aveva seguito. E nonostante avesse messo in atto uno stratagemma efficace, lasciando il cavallo sulla strada, tentando di cogliere di sorpresa il sicario, l'età e la fatica gli avevano impedito di seguire a lungo quella specie di gatto nero che sgusciava fra un arco in pietra e una scala.

Non se ne crucciò più del necessario. Era praticamente certo che prima o poi sarebbe ricomparso e, allora, sarebbe stato pronto.

Fino a quel momento avrebbe continuato a fare quel che riteneva giusto: era troppo vecchio per preoccuparsi della sua vita. Ma non avrebbe tollerato che un'amica sincera come Vittoria Colonna potesse davvero temere per la propria incolumità. Quella donna così pura, gentile, intelligente aveva già pagato fin troppo e non meritava altre sofferenze. Per quanto gli fosse stato possibile, sarebbe stato lui al suo fianco.

Superato un arco in pietra raggiunse quindi il monastero di San Belardino fino ad arrivare nella piazza che ne prendeva il nome. Da lì, infine, procedette sempre dritto, giungendo in piazza del Mercato Vecchio.

Il buio era ormai fitto, punteggiato appena dalle luci delle torce. Avvicinandosi a un lato della piazza, si avvide dell'insegna di una locanda: "Al gallo nero". Gli parve quello il luogo che faceva al caso suo. Da quanto poteva vedere era un posto non troppo frequentato, e dunque particolarmente indicato per un uomo come lui che non cercava niente di diverso che non fosse un letto pulito e una bottiglia di vino a buon mercato.

Si diresse sul retro dove, dopo aver gridato un paio di volte in cerca di qualcuno, fu accolto da un garzone piuttosto svogliato, il quale prese in consegna Inchiostro. Prima di lasciare il cavallo nelle sue mani, Michelangelo si sincerò che il ragazzino lo trattasse in modo adeguato. «Questo è mezzo ducato», disse, lanciandogli una moneta. «Se quando verrò a riprendere il mio cavallo lo troverò in condizioni migliori di come ve l'ho lasciato, avrete una seconda moneta».

Il garzone annuì. «Naturalmente mio signore, vedrete che non vi deluderò». A dispetto dell'iniziale apatia, dunque, il ragazzo parve promettere bene.

Michelangelo gli fece un cenno con il capo, poi si allontanò, dirigendosi verso l'ingresso della locanda.

Non appena entrò, quello che vide gli piacque non poco. L'ambiente era pulito e non troppo frequentato. Un'ostessa dal seno generoso e i fianchi ampi stava dietro il bancone. Aveva un grembiule candido, uno sguardo franco e diretto, i capelli neri raccolti in una cuffia. Ai tavoli sedevano non più di una mezza dozzina di avventori. Ciascuno guardava il proprio boccale o il piatto che aveva di fronte. Michelangelo si avvicinò al bancone, chiedendo da mangiare e una stanza per la notte.

L'ostessa rispose con modi spicci ma educati. «Mio signore, la camera costa dieci baiocchi. Per la cena posso offrirvi del vino rosso, pane e un pasticcio di cacciagione».

«Andranno bene», rispose Michelangelo.

Mise in fila sul bancone in legno i baiocchi necessari a

pagare la camera. L'ostessa annuì con un lampo di cupidigia nello sguardo. Michelangelo si diresse a un tavolo.

Ben presto venne servito e divorò il pasticcio. Non toccò il pane e bevve il vino. Poi se ne versò un secondo boccale, si alzò e raggiunse la panca di fronte al focolare. Si appoggiò al muro e, un po' alla volta, guardando le fiamme rosse e sanguigne si abbandonò al silenzio, rotto soltanto da qualche scoppio improvviso delle braci. Il tepore e la stanchezza lo vinsero e si addormentò.

Vide grandi cerchi riempire un pavimento. Sembravano girare, lenti ed eterni, in una sorta di moto perpetuo. Ne fu soggiogato, quasi obbedissero alle leggi degli incantesimi.

Non riuscì a staccare lo sguardo fino a quando, con uno sforzo straordinario, gli occhi si posarono su una transenna in marmo con festoni e putti a reggere uno stemma. Quella vista parve soverchiarlo: riconobbe gli affreschi con le storie di Cristo a destra e quelle di Mosè a sinistra. Erano magnifici e così imponenti da intimidirlo. Si sentì debole e accecato da tanto splendore. Non riusciva a sopportarlo: Perugino, Botticelli, Ghirlandaio, Cosimo Rosselli, Biagio d'Antonio, Signorelli. Le gambe tremarono, il fiato si mozzò in gola, il sudore gli imperlò la fronte.

Avrebbe voluto fuggire ma qualcosa glielo impediva e lo spingeva ad avanzare nonostante quella vista, pur magnifica, gli desse un senso d'oppressione indicibile.

Sotto alle Storie correva il finto tendaggio con lo stemma di Sisto IV, mentre sopra sfilavano i pontefici, disposti a coppie entro nicchie ai lati delle finestre. Ebbe l'impressione che intendessero giudicarlo, quasi stessero soppesando, con arroganza, il suo valore.

Sulla parete dell'altare, l'affresco del Perugino dedicato all'Assunzione della Vergine. La volta era coperta con un magnifico cielo di lapislazzuli e oro, realizzato da Pier Matteo D'Amelia.

Fu allora che accadde: la tinta celeste prese a sciogliersi e a gocciolare, e poi a cadere in una pioggia talmente intensa che gli parve di finire annegato nel colore. Si sentì soffocare mentre, come un naufrago, tentava di rimanere in piedi nonostante il livello di quella strana acqua azzurra stesse crescendo rapidamente.

Poi, d'improvviso, scomparve e si ritrovò accasciato, per terra, con le stelle sopra di lui che brillavano ancora nel cielo della volta. Rilucevano quasi fossero vere, strappate alla notte di Roma.

E in quel loro sfavillio, Michelangelo tornò a respirare, e si ricordò di come lo splendore dell'arte potesse imprigionare anche solo una scheggia di divino, facendosi ponte, unico e irripetibile, fra Cristo e gli uomini.

Fissò a lungo quel cielo di Pier Matteo D'Amelia, e rivide Piero Rosselli che spicconava la magnifica volta per prepararla alla disposizione dell'arriccio e quindi dell'intonaco. Lo aveva scelto poiché era stato lui a smentire le odiose insinuazioni di Bramante sulla sua incapacità di affrescare la volta.

Bramante, che gli aveva consigliato un ponteggio aereo sospeso con corde, pur di farlo sbagliare! Gli parve di rivedere il suo volto riflesso nella volta celeste. Ma lui aveva trovato la soluzione: un ponte a struttura fissa che s'innalzava dalle pareti laterali. In quel modo si erano evitati i fori che Bramante intendeva operare sulla volta per ancorare le strutture dell'impalcatura.

Quanto lo odiava!

Si rialzò in piedi. E il cielo stellato sopra di lui si ruppe, andando in frantumi, che vorticarono come schegge di vetro colorato, riflettendo le sue paure: rivide Giulio II che gli domandava di affrescare la volta con le dodici figure degli apostoli divisi da motivi geometrici al centro. Poi rivide se stesso moltiplicare, invece, i corpi, le scene, le sequenze. Aveva diviso la volta in una griglia composta di tre ordini di elementi: le cornici delle vele, i pennacchi e le lunette. E all'interno la genesi dell'uomo e della donna, il Diluvio universale e poi sibille e profeti: coloro che avevano preconizzato l'avvento di Cristo. E poi le generazioni che avevano preceduto la venuta: uomini e donne che, come in un magnifico corteo, ne erano stati gli inconsapevoli araldi. E infine, gli interventi di Dio nel popolo di Israele: come quando David aveva abbattuto il gigante Golia, o Giuditta si era introdotta nel campo babilonese per decapitare il generale Oloferne.

Sorrise.

Era stato un progetto grandioso. Quasi impossibile. Ma la volontà era stata la chiave di tutto. Poiché, ed era davvero il suo unico scopo, quella volta avrebbe glorificato la grandezza di Dio e della Chiesa e, in ultima istanza, di Roma.

Roma: quella città magnifica che, proprio allora, aveva ricominciato a rifulgere nei colori degli affreschi e nel candore del marmo. Roma che, fino a poco tempo prima covo di lupi e pastori, stava tornando a scintillare come un gigantesco tempio di splendore e magnificenza.

Poi, d'improvviso, il cielo stellato tornò a ricomporsi e lui vide quel che aveva fatto...

...Si svegliò di soprassalto.

«Messere è tardi», gli disse l'ostessa preoccupata. «Che cosa vi angustia?», domandò, guardandolo in viso.

Michelangelo si asciugò le lacrime che gli scendevano dagli occhi.

«Lo scempio che abbiamo commesso, credendo di poterci elevare al di sopra di Dio», rispose.

Lei annuì come se avesse compreso il suo tormento.

Ma la donna aveva ragione: era tardi. E l'indomani avrebbe dovuto tornare a parlare con coloro che gli promettevano una speranza.

Si alzò in piedi e, stanco, s'incamminò verso la rampa di scale che conduceva al piano superiore e alle camere.

# 22
# Notte inquieta

Il ringhio non sembrava terminare mai, era un cupo brontolio che faceva accapponare la pelle.

Di fronte a sé, Malasorte scoprì a qualche passo di distanza due punti luminosi, gialli come pezzi d'ambra. La guardavano. Si sentì messa a nudo, quasi potessero scoprirle l'anima. Aveva capito perfettamente di cosa si trattasse. Tanto più alla luce di quel ringhio sommesso che pareva pronto a esplodere da un momento all'altro.

Malasorte non aveva idea di dove si trovasse: il buio le impediva di vedere alcunché. Ma non poteva perdere tempo. E tuttavia, qualcosa non tornava: la belva che aveva di fronte le si sarebbe dovuta gettare addosso per sbranarla già da un pezzo. Ma non lo aveva fatto. Come mai? Qualcosa glielo impediva? Di certo non aveva paura di lei. Tentò di mantenersi fredda e lucida per quanto possibile. Ignorò i brividi ghiacciati che le percorrevano la schiena. Tentò di calmarsi, nonostante le gambe le tremassero perché la paura che provava in quel momento era qualcosa di indescrivibile e talmente intenso da impedirle di pensare. E invece doveva farlo, si ripeté.

Decise di affidarsi alle sensazioni. La paglia sulla quale era caduta era secca. E l'acciarino a pietra focaia che teneva al sicuro nella propria sacca di pelle sarebbe stato perfetto per incendiarla. Con un po' di fortuna, avrebbe potuto fabbricarsi una specie di torcia e alla luce del fuoco capire qualcosa di più. Certo, avrebbe rischiato di svegliare qualcuno e la belva l'avrebbe vista in faccia ma tanto, che importava? Arrivata al punto in cui era, ogni istante in più equivaleva a un regalo di Dio.

Il ringhio non smetteva e la paura continuava a mangiarle l'anima.

Se qualcuno l'avesse trovata lì di certo non le avrebbe dato un premio.

Si fece forza. Frugò nervosamente nella sacca in pelle di coniglio fino a quando non trovò l'acciarino. Lo estrasse. Batté sulla pietra focaia. Provò più volte, insistette e improvvisamente si sprigionò una pioggia di scintille. La paglia che aveva attorno e che si era premurata di raccogliere in una specie di mucchio disordinato prese fuoco. Fiamme divamparono come lingue sanguigne.

E quel che era accaduto cominciò a farsi più chiaro.

Vide davanti a sé una belva enorme. Non si intendeva particolarmente di cani ma aveva tutta l'aria di essere un molosso. Aveva il pelo nero e lucido: era di stazza gigantesca e qualcuno, per ragioni che Malasorte ignorava, lo aveva rinchiuso in una grande gabbia di ferro.

Chiunque fosse stato, senza saperlo le aveva salvato la vita.

L'ambiente nel quale si trovava pareva essere un cortile. Tre lati erano circondati da un muro a secco, il quarto dava direttamente su una sorta di stalla o magazzino dove, dietro le sbarre, si trovava il molosso, impettito sulle zampe muscolose.

Mentre si guardava attorno, Malasorte tentò di scorgere una qualche via d'uscita: non poteva tornare indietro perché il muro, dal quale si era gettata in precedenza, era troppo alto. Ma la paglia andava consumandosi, la fiamma si faceva più fievole. Aggiunse fili gialli per ricomporre il fascio di steli, avanzò verso il magazzino, facendo in modo di tenersi lontana dalla gabbia nella quale il molosso ora pareva essersi acquietato. Malasorte lo guardò: aveva piccoli occhi color nocciola e, anche se di struttura straordinariamente robusta, era spaventosamente magro. Il manto lucido e scuro era coperto di cicatrici: linee bianche e rosee sfregiavano il pelo corto e compatto. Ferite che qualcuno doveva avergli inferto, pensò Malasorte.

Quasi riconoscendo in lei, per la prima volta, un aiuto, il molosso iniziò a uggiolare, graffiando con le unghie il ferro arrugginito della gabbia. Il verso che emetteva ora sembrava appartenere a un'altra creatura, non certo la belva che solo poco prima pareva volerla sbranare da un momento all'altro.

A dispetto di quanto provato in precedenza, Malasorte ne ebbe pena. Sembrava quasi stesse piangendo. Sentì una morsa azzannarle lo stomaco. Ora quel cane le appariva come una creatura dolce, vittima della rabbia e della crudeltà di qualcuno. A conferma di quel suo ultimo pensiero, il molosso iniziò a scodinzolare.

E a quel punto Malasorte si chiese perché il proprietario di un cane come quello lo tenesse in una gabbia invece di lasciarlo libero nel cortile. Tanto più considerato che sarebbe stato perfetto per fare la guardia alla proprietà!

Non aveva alcun senso.

Proprio come quel che stava meditando di fare.

La fiamma andava facendosi più debole. Guardandosi attorno, s'avvide che in un angolo del magazzino v'era una legnaia. Le cataste erano crollate in mucchi disordinati, magari abbandonate in quel modo da chi se n'era andato via. Si avvicinò. Dando una rapida scorsa, vide fra i ceppi alcuni bastoni. Ne afferrò uno. Con uno straccio inzuppato e abbandonato in un secchio, che pareva contenere olio o un altro liquido denso e dall'odore pungente, fabbricò una specie di torcia alla quale, un po' alla volta, diede fuoco con la fiamma della paglia. Ben presto divampò una rossa lingua ardente.

Il molosso prese a grattare con l'unghia contro le sbarre della gabbia. Uggiolava sempre più forte e aveva uno sguardo commovente. A giudicare dalla magrezza e dai segni che portava sul corpo doveva averne passate tante. Proprio come lei.

Quel luogo pareva abbandonato e, se da un lato poteva essere perfetto per rimanersene nascosta, almeno fino a quando Michelangelo si fosse trattenuto a Viterbo, dall'altro non era certo confortevole. Ma, ormai, Malasorte non se la sentiva di lasciare quel povero gigante buono, chiuso in una gabbia di ferro.

Così, con la torcia in mano, provò a capire come fare per aprirla.

Vi girò attorno e scoprì che alla serratura qualcuno aveva messo una catena con lucchetto. Nulla che non potesse essere aperto, se solo avesse avuto un martello o una sbarra di ferro.

Intuendo le sue intenzioni, il molosso si avvicinò alla porta della gabbia.

«Avevi paura», disse Malasorte, «per quello ringhiavi quando sono arrivata al buio. Qualcuno ti deve aver pestato a sangue, a giudicare dai tagli e dalle ferite che hai sulle spalle». Poi guardò il lucchetto. «Ma se qualcuno ti ha chiuso lì dentro», pensò a voce alta, «deve averlo fatto con una chiave».

Senza attendere oltre, si mise a cercare. Era improbabile trovarla perché quasi certamente il proprietario l'aveva portata con sé. D'altra parte, se aveva invece deciso di abbandonare quel luogo come in effetti sembrava, avrebbe anche potuto gettarla da qualche parte dentro a quel guazzabuglio.

Vagò come un'anima in pena alla luce della torcia. Vide secchi arrugginiti, mattoni sbrecciati, qualche vecchio ferro di cavallo. Si rese conto che l'ambiente era molto più ampio di quanto all'inizio aveva creduto. S'imbatté in una forgia, scorse qualche mantice abbandonato per terra, più avanti trovò una vecchia incudine, in un angolo scoprì una quantità di chiodi arrugginiti e finalmente, a una parete, appesi con ganci, una serie di utensili da maniscalco: raspe, scassachiodi e martelli. Scelse uno dei martelli, il più grande e robusto che riuscì a trovare. Fu a quel punto che vide, di fronte a sé, un portone, a qualche tesa di distanza. Si diresse verso quella che doveva essere l'entrata dell'officina. Anzitutto notò che lungo le due grandi ante in legno massiccio correva una pesante sbarra di ferro che andava a infilarsi nei cardini laterali. Poi, su un lato del muro, Malasorte scorse un mazzo di chiavi.

Magari, con un po' di fortuna, fra quelle avrebbe trovato anche la chiave per aprire la gabbia.

# 23
# Verso il monastero

La luce del mattino inondava l'officina.

Fu come una cascata di oro fuso che la destò. Malgrado spirasse una lieve brezza, il caldo non concedeva tregua. Dapprincipio Malasorte non capì dove si trovasse ma poi la lingua violacea e ruvida di Ringhio l'aiutarono a ricordare. Le stava leccando le dita della mano. Vedere il suo muso grande e scuro, le narici umide, gli occhi piccoli e tristi la sorprese comunque.

Ricordò immediatamente le avventure della notte precedente: la fuga, la scoperta di quel molosso nella gabbia e dell'officina abbandonata. Dopo aver trovato il mazzo di chiavi, era finalmente riuscita ad aprire la serratura. Il cane era uscito lentamente, guardingo e, ancora una volta, lei si era domandata se non avesse appena compiuto una follia. Ma lui si era seduto sulle zampe posteriori, inclinando il testone di lato, uggiolante di felicità. Così, facendosi coraggio, Malasorte aveva cominciato ad accarezzarlo dietro le orecchie e a quel punto il cane l'aveva leccata, pieno di gratitudine.

Ormai stremata dal caldo, dalla paura e dalla fame, aveva raccolto un po' di paglia per formare un giaciglio. Il molosso l'aveva seguita e, quando lei si era stesa per provare a dormire un po', lui si era accoccolato ai suoi piedi.

Prima di abbandonarsi al sonno, Malasorte lo aveva guardato e gli aveva detto: «Ti chiamerò Ringhio, perché questa è stata la prima cosa che ho sentito di te», poi con un sorriso, felice di quel suo nuovo amico, si era addormentata sulla paglia mentre lui si era lasciato andare a un brontolio sommesso che somigliava a un saluto della buonanotte.

Adesso che si era svegliata e che Ringhio le aveva dato il buongiorno, Malasorte si rese conto che aveva moltissime cose da fare. Anzitutto, lavarsi il viso e comprare qualcosa da mangiare per sé e per il cane.

Le venne in mente via del Macel Maggiore. Di certo lì avrebbe trovato qualcosa per Ringhio. Si ricordò della grande fonte che si trovava al centro della via, dove avrebbe potuto lavare il viso. Fortunatamente nella sua sacca aveva anche un vestito. Era grigio e semplice ma pulito.

Aveva intenzione di andare al monastero di Santa Caterina e introdursi in qualche modo. Non aveva scoperto nulla di interessante e le monete stavano per finire. Con un po' di fortuna sarebbe riuscita a ottenere delle informazioni e a quel punto, recuperando il cavallo che aveva lasciato in una locanda fuori città, sarebbe anche potuta rientrare a Roma per comunicare le novità a Imperia.

Se avesse scoperto qualcosa di importante, di certo la cortigiana sarebbe stata generosa con lei.

Così si alzò in piedi. L'aria profumata, il silenzio del mattino, il lento brontolio di Ringhio la misero di buon umore. Tratto il vestito dalla sacca, lo indossò. Si sentì come sempre accadeva quando indossava una veste pulita: la stoffa leggera le carezzava la pelle donandole un'ebbrezza che quasi la stordiva. Sorrise. Aveva bisogno di lavarsi il volto, ma non poteva portare con sé Ringhio, anche se avrebbe voluto. Di certo, non sarebbe passata inosservata. Una giovane donna con un cane come quello, che magari qualcuno avrebbe potuto riconoscere. Non era una buona idea.

«Devi rimanere qui!», gli disse. «Tornerò, te lo prometto, e ti porterò anche qualcosa da mangiare».

Il molosso la guardò con quei suoi piccoli occhi color nocciola. Abbaiò. Lei provò a rassicurarlo, accarezzandogli la grande testa. Ringhio si accoccolò in mezzo alla paglia con la lingua di fuori, ansimando per il caldo.

Malasorte interpretò quel comportamento come un modo per ubbidire e si diresse verso il portone. Recuperò le chiavi e, dopo aver tolto la lunga sbarra di legno e armeggiato con la serratura, uscì. Mentre il grande battente si apriva sulla via, udì il sordo mugolio di Ringhio.

«Aspettami», gli disse ancora. «Tornerò fra poco».

# 24
# Il monastero

Si era lavata il viso in una grande fontana e l'acqua le aveva regalato un refrigerio rigenerante. Aveva nutrito Ringhio con della carne comprata presso una bottega dei tanti macellai che si affacciavano sulla via. Quindi aveva aspettato il pomeriggio. A quel punto era uscita da sola, ancora una volta, dirigendosi verso piazza Dante Alighieri e il monastero di Santa Caterina. Non sapeva bene come introdursi, ma con il passare del tempo aveva escogitato una sorta di piano.

Sapeva per certo che, di lì a breve, Michelangelo vi si sarebbe recato per concertare con la marchesa di Pescara. E aveva bisogno di informazioni da vendere. Imperia era stanca di aspettare e lei non voleva deluderla. Oltre al fatto, non trascurabile, che quella vita di quasi libertà non le dispiaceva affatto. Per condurla, però, aveva bisogno di ducati sonanti. Sapeva che quel suo agire da spia comportava non pochi rischi. E che l'attività esercitata non era delle più meritevoli: di fatto non era altro che una ladra al servizio di una cortigiana. Ma, considerato cosa aveva dovuto fare tempo prima per vivere, quel che le era accaduto rappresentava una fortuna insperata.

Mentre era assorta in quei pensieri, Malasorte era giunta al monastero.

Dopo aver bussato, aveva atteso.

Infine, una monaca aveva fatto capolino, guardandola con una certa sorpresa dalla finestrella del portone. Le aveva chiesto che cosa volesse e lei aveva insistito per parlarle. Aveva bisogno di un posto per la notte, aveva detto, perché non sapeva dove andare. Fuggiva dalle grinfie di un uomo che aveva cercato di abusare di lei. In questo i capelli scarmigliati e il viso, pur pulito ma stanco dal viaggio del giorno prima e dalla notte quasi insonne, l'avevano aiutata.

Quando finalmente la sorella aveva aperto la porta, aveva finto di non sentirsi troppo bene e si era lasciata cadere fra le sue braccia, simulando un mancamento.

La monaca, che era giovane quasi quanto Malasorte al punto da essere una novizia, era di buon cuore, e forse aveva rivisto qualcosa di sé in quella ragazza quasi perduta. Per questa ragione aveva chiamato altre sorelle e l'aveva fatta condurre in una piccola cella. L'avevano stesa su una minuscola branda, sopra un materasso imbottito di paglia e tela di sacco. Poi le avevano portato dell'acqua fresca. Secondo le sorelle, il riposo avrebbe fatto il resto. Era quello il modo migliore per rimettere insieme la sua anima a pezzi, avevano detto. Se si fosse sentita meglio, sarebbe stata condotta al refettorio per la cena, subito dopo il vespro e prima di compieta. Non appena fosse stato possibile, la madre superiora avrebbe parlato con lei per ascoltare la sua storia e allora si sarebbe deciso il da farsi.

E così, adesso, Malasorte era all'interno del monastero.

Non c'era tempo da perdere, pensò.

Non appena la lasciarono sola, raccolse i capelli, si svestì per poi indossare la tonaca con scapolare bianca e il velo nero che le avevano lasciato ai piedi del letto. Strinse in vita la cintura di pelle.

Sapeva di correre un grosso rischio ma non aveva alternativa. Confidò nel fatto che l'avrebbero lasciata tranquilla almeno fino al vespro. Senza contare che, con velo e abito monacale, poteva in qualche modo sperare di passare inosservata.

Senza ulteriori indugi, aprì la porta, sgusciando fuori.

Malasorte percorse un lungo corridoio. Era deserto, fresco e cupo. Infine, sbucò in un chiostro magnifico. Piccoli alberi da frutto e fiori dai colori intensi coronavano di una nuvola policroma una piccola fontana al centro. Per un attimo rimase incantata a osservare quella meraviglia. Il cinguettio degli uccelli le regalò un ulteriore brivido di felicità.

Ma non era certo lì per divertirsi.

Fu allora che la fortuna l'aiutò come non avrebbe creduto possibile. Poiché, giusto in quel momento, s'imbatté nella marchesa di Pescara.

La riconobbe immediatamente. Stava camminando lungo il colonnato.

E veniva verso di lei.

Erano sole.

Le si avvicinò. «Sorella», le disse senza preamboli e con cortese sollecitudine, «vi chiederei troppo se vi domandassi di andare nelle cucine a prendere una brocca d'acqua fresca con cinque bicchieri per poi portarla nella biblioteca?». E, così dicendo, le indicò una porta che si apriva sul chiostro.

«Naturalmente», rispose Malasorte con un sorriso gentile. Ciò detto, si diresse verso un uscio dal quale proveniva un delizioso profumo di pane fresco.

Si ritrovò nella cucina del monastero. «Prendo una brocca d'acqua e dei bicchieri per la marchesa di Pescara», disse. Era metà pomeriggio e s'avvide ben presto che non c'era nessuno. La madre cuciniera stava riposando o, più probabilmente, era uscita con l'economa per effettuare acquisti.

Malasorte riempì una brocca d'acqua. In una madia trovò dei bicchieri di terracotta. Sistemò tutto su un vassoio di legno e, premurandosi di non destare troppe attenzioni, si diresse verso il chiostro, ricordando la porta che le aveva indicato la marchesa di Pescara.

# 25
# Il Beneficio di Cristo

Quel giorno, insieme a Vittoria e al cardinal Reginald Pole, c'erano altre persone. Fu la sua bella amica a presentargliele.

Michelangelo strinse la mano ad Alvise Priuli, nobile veneziano che ricambiò il gesto con affetto e partecipazione. «Maestro, vedervi in questa biblioteca, oggi, ha il sapore della benedizione per noi. Non speravamo in una simile fortuna», disse quest'ultimo.

Michelangelo si schermì, limitandosi ad alzare le spalle. «L'onore è mio», rispose.

Poi fu la volta di Marcantonio Flaminio. Aveva profondi occhi neri e una barba scura striata di bianco. I capelli erano spartiti nel mezzo e gli ricadevano ordinati sulle spalle, incorniciandogli un volto magro dagli zigomi pronunciati. Anch'egli ebbe parole colme di gratitudine e deferenza.

Michelangelo non riusciva a comprendere il perché di tanto affetto. Forse per la sua naturale diffidenza, all'inizio gli era parso che tutte quelle persone fossero fin troppo affettate, per lo meno nei suoi confronti ma poi, un po' alla volta, maturò una sensazione diversa. Quel cambiamento avvenne in parte grazie agli sguardi di Vittoria, che gli teneva la mano, in parte per merito di Pole, il quale aveva il dono naturale di saper mettere a proprio agio le persone. Aveva una grazia tutta particolare, che pareva appartenergli fin dalla nascita e che risultava amplificata da quel suo corpo affilato, dal portamento elegante, dai modi sereni e gentili ma mai al punto di scadere nel sussiego.

Fu così che, un po' alla volta, Michelangelo sentì un calore, una sincerità che lo conquistarono.

Era curioso di conoscere il motivo di quella convocazione. Con Vittoria e il cardinal Pole aveva concordato di vedersi nuovamente il giorno appresso fin dalla sera prima, certo, ma quando glielo aveva chiesto, gli era parso che Pole lo volesse lì con loro per potergli annunciare una grande notizia.

Michelangelo non aveva la più pallida idea di cosa si trattasse ma, un po' perché voleva assecondare la gentilezza di Pole, un po' perché Vittoria aveva insistito, aveva accettato quel secondo incontro.

La giornata era meno torrida della precedente, malgrado non potesse definirsi fresca.

Il cardinale ebbe appena il tempo di salutarli e chiedere: «Miei carissimi amici, conoscete *Il Beneficio di Cristo*?», che subito qualcuno bussò alla porta. Il cardinale si interruppe. «Avanti», disse, tradendo una punta d'irritazione.

Un istante più tardi, fece il proprio ingresso una sorella. Recava un vassoio con una caraffa di acqua e cinque bicchieri. «Perdonatemi», disse, «porto qualcosa per rinfrescarvi in questa giornata torrida, come chiesto da madonna Colonna».

Vittoria annuì.

«*Il Beneficio di Cristo*?», domandò Priuli.

Il cardinale confermò con un cenno del capo.

La monaca appoggiò il vassoio sul tavolo, si scusò ancora una volta per l'interruzione e si diresse verso la porta.

Mentre stava per uscire, Michelangelo incrociò il suo sguardo e per un attimo rimase senza parole. Vide degli occhi verdi dal colore talmente intenso e profondo da mozzargli il fiato. Non solo. Gli diedero una sensazione strana che dapprincipio non riuscì a mettere a fuoco.

Tornò ad ascoltare Pole.

Il cardinale attese che la monaca uscisse e poi, invece di parlare, estrasse dalla tasca dell'abito talare, con un gesto alquanto teatrale, un libriccino.

«Ecco qui», disse con un tono quasi trionfante, «ho fra le mani *Il Trattato utilissimo del Beneficio di Giesu Christo, crocifisso verso i christiani*, portatoci con grande coraggio da messer Flaminio».

«Andrea Arrivabene, a Venezia, lo ha stampato per noi».

«Sia lode a Dio per questo miracolo», disse il cardinale. «Vedete, amici miei, questo piccolo testo mi è tanto caro poiché esso ci mostra una via nuova alla fede. Una via fatta della comunione dell'uomo con Cristo che scese fra noi sulla croce e si lasciò uccidere, divenendo mortale per fare noi immortali». Su quel punto il cardinal Pole tradì una pausa, come a voler meglio sottolineare con il silenzio quell'affermazione, poi riprese, «ma allora, vi domando, a cosa servono le opere utilmente ispirate e concepite quali gli atti d'elemosina, le indulgenze, il rispetto dei sacramenti?».

E nel pronunciare quelle parole, Pole piantò i suoi occhi chiari in quelli di Michelangelo.

Fu allora che egli percepì nel cardinale un'energia che non aveva avvertito fino a quel momento. Il suo sguardo sferzante parve per un attimo sfidarlo per poi ripiombare in una vertigine di melanconia.

Pure, Michelangelo aveva perfettamente inteso la domanda. «Non dovrebbe essere nell'amore e nell'umiltà l'essenza stessa della fede?», domandò a sua volta, sconcertato da quanto Pole andava predicando.

«Precisamente, messer Buonarroti! Anzi, avete talmente ragione che io credo che gli atti di culto e le altre opere, così come intesi dall'attuale Chiesa cattolica, altro non siano che un modo per instaurare con Dio un traffico, una sorta di mercatura che lo porrebbe allo stesso livello dell'uomo. E questo, lo sapete, non è affatto possibile».

Priuli e Flaminio annuirono.

E così fece Vittoria, giungendo le mani con un tale fervore che quasi sorprese Michelangelo. Dal canto suo, egli sentiva la forza sconvolgente di quanto appena affermato da Pole! Come poteva l'uomo anche solo pensare di poter essere mondato dai propri peccati davanti a Dio esibendo la carità e le indulgenze, come se quegli atti avessero la capacità di elevare un cuore impuro? Anzi! Se quelle opere provenivano dal cuore impuro dell'uomo, allora non potevano che essere impure a loro volta.

«Ma quindi, Vostra Grazia», domandò con candore Michelangelo, «questo cosa significa? Che le buone opere non servono a nulla?»

«Nient'affatto!», lo rassicurò Pole, sorridendo, «nient'affatto, amico mio. Ma ascoltate quel che posso dirvi: la fede, intesa come comunione dell'anima con Dio non può scindersi di per se stessa dalle buone opere, dimodoché, come dice *Il Beneficio di Cristo*, queste ultime non rappresentano un momento ulteriore rispetto a essa, non sono regolate in un istante successivo, ma piuttosto colui che ha fede in Dio non potrà che ben operare per il fatto stesso di dover essere un buon cristiano. Ecco», disse Pole, «ascoltate», e così dicendo aprì il libriccino che reggeva in mano e lesse con voce melodiosa.

«*Dunque, la fede è come una fiamma, che in quanto tale risplende. La fiamma brucia il legno senza l'aiuto della luce, e tuttavia la luce è inscindibilmente legata alla fiamma. Allo stesso modo la fede per se stessa estingue e brucia i peccati senza l'aiuto delle opere. E però non può essere senza di esse, altrimenti sarebbe come una fiamma dipinta e vana*».

Quelle parole gli scavarono la coscienza. Michelangelo ne percepì la forza dirompente, ne avvertì la carica rifondatrice e allo stesso tempo gli fu chiaro che quel pensiero altro non faceva che riportare la fede in Cristo all'essenzialità del passato. Non riuscì, perciò, a trattenersi dal dire: «Ma, Vostra Grazia, una simile visione non è quella che senz'ombra di dubbio appartiene proprio a san Paolo?»

«Certo! E infatti questo libello che abbiamo la fortuna di poter sfogliare altro non predica che l'amore e la riconciliazione della Chiesa con le parole di san Paolo, e la convinzione che il credente e Dio sono uniti dalla fede e che questa non possa che esprimersi attraverso le buone opere».

Michelangelo annuì, rinfrancato da quelle parole.

Guardò Vittoria che gli sorrise.

Ora capiva perché la sua amica teneva così tanto a che lui la andasse a trovare a Viterbo. Il cardinal Pole era un grand'uomo e poteva davvero curare le ferite della sua anima traversata. D'improvviso i dubbi, le congetture, il timore e quella sua inquietudine legata alle condotte mondane del papa, alla vendita delle indulgenze, all'utilizzo delle sue opere come celebrazione di una forza temporale che nulla aveva a che fare con una pura e semplice fede parvero dissolversi ed egli si sentì finalmente in pace.

Con se stesso e con chi lo circondava.

Fu una liberazione. Michelangelo non si capacitava di come le parole di Pole contenessero in sé tutto quel che serviva per rifondare una condotta di vita: d'ora innanzi avrebbe tenuto a mente quanto gli aveva detto. Era nell'umiltà, nell'amore verso Dio e il prossimo che egli avrebbe trovato la propria redenzione. E non si sarebbe più preoccupato di essere attento a compiere quanto era giusto. Lo avrebbe fatto in modo naturale poiché era quello l'unico modo per poter vivere con Dio.

Capì che la vita era come la scultura: per comprenderne la vera bellezza era necessario sottrarre, non accumulare. Scoprire la meraviglia che si celava nell'essenza proprio come mazzuolo e scalpello, se ben usati, potevano disvelare la perfezione di una forma più alta, modellata attraverso i pieni e i vuoti, indicata dalle linee invisibili che percorrevano come vene misteriose e arcane la materia pura del marmo bianco.

Si sentì rinfrancato e, al tempo stesso, comprese la pochezza del suo operato. Tutto andava collocato in una prospettiva nuova, più grande: avrebbe sposato la severità e la misura come nuove fonti di vita. Si era sempre attenuto a esse e aveva sempre cercato, per quanto poteva, di aiutare gli altri ma ora, decise, avrebbe prestato ancora maggior attenzione.

Non sarebbe stato facile, lo sapeva. Poteva solo tendere a quella perfezione ma, grazie a quei suoi nuovi amici, si sentiva più forte. Di più, si sentiva invincibile. Perché il cardinal Pole e Vittoria gli avevano finalmente dimostrato come la sua arte fosse tale non in quanto celebrata dai papi, ma perché espressione del suo amore per Dio, il modo irrinunciabile che il Signore aveva di parlargli.

Se solo avesse saputo ascoltarlo.

Quasi avesse letto i suoi pensieri, il cardinal Reginald Pole lo guardò. Poi disse: «Abbiate fede in Dio, Michelangelo, e non potrete che essere migliore di quanto già non siete. Tutto vi verrà più semplice».

E tuttavia, quando quelle parole svanirono, qualcosa gli tornò alla mente. Osservò i suoi nuovi amici, poi lasciò galleggiare il suo sguardo in quello di Vittoria. Fu allora che capì ciò che la mente, in un remoto recesso, andava cercando, rodendo come un tarlo quella pace così a lungo inseguita e, forse, scoperta per la prima volta.

Gli occhi della sorella! Lui li aveva già visti!

Non poteva sbagliarsi.

Quella consapevolezza quasi gli tolse il fiato. Si alzò dalla poltrona, nel tentativo di prendere un bicchiere d'acqua.

Barcollò. Afferrò il bracciolo della poltroncina per non cadere.

«Michelangelo!», esclamò Vittoria, allarmata.

«Messer Buonarroti», le fece eco Priuli.

«La donna che è entrata prima...», mormorò lui con un filo di voce.

«Chi?», domandò Pole.

«La monaca... quella che ci ha portato da bere...l'ho già vista», esclamò.

«Dove?»

«Nella chiesa di Santa Maria sopra Minerva», disse, facendosi forza, guardando Vittoria.

«Ne siete certo?», gli chiese Pole.

«Non ho alcun dubbio. Non dimenticherei mai quegli occhi. Inoltre...».

«Una spia?», domandò il cardinale con angoscia crescente.

«Temo di sì», confermò Michelangelo. «Inoltre», riprese, «la notte appena trascorsa, mentre rientravo alla locanda, qualcuno mi ha seguito».

Nell'udire quelle parole, Alvise Priuli si lanciò verso l'uscita.

«Messer Priuli, che fate?», domandò preoccupato Marcantonio Flaminio.

«Provo a fermare quella donna», fu la risposta e già il gentiluomo veneziano aveva spalancato la porta, e si era lanciato a rotta di collo lungo il breve corridoio che conduceva al chiostro.

# 26
# Una fuga rocambolesca

*Il Beneficio di Cristo*! Non aveva idea di cosa si trattasse ma non avrebbe dimenticato quelle parole. E sapeva che da sole valevano il viaggio.

Ora doveva solo recuperare il cavallo, prendere Ringhio e andarsene.

Vestita da monaca aveva raggiunto il portone e, grazie al travestimento e abbassando lo sguardo, era scivolata fuori dal monastero. La monaca portinaia l'aveva lasciata passare senza particolari difficoltà. Aveva lasciato l'abito nella cella, ma con quello che le avrebbe dato Imperia, come ricompensa per quel lavoro, avrebbe comprato almeno tre vestiti nuovi.

Riteneva fosse quasi un miracolo che le monache non avessero scoperto il suo piccolo stratagemma per introdursi nella biblioteca prima che fosse troppo tardi.

Era andato tutto troppo liscio. Ma, per una volta, perché non poteva semplicemente aver avuto fortuna?

Così, con il capo chino, attenta a non incrociare sguardi e sfruttando al meglio il più efficace dei travestimenti, si diresse nuovamente verso l'officina abbandonata dove sapeva di trovare Ringhio.

La sua idea era di aspettare la notte e, con il favore del buio, incamminarsi con il molosso verso Roma. Si sarebbe fermata nella locanda alle porte di Viterbo dove aveva lasciato il cavallo e avrebbe galoppato fino a rientrare in città.

Prese la strada per l'officina.

Quando aveva trovato le chiavi, la notte prima, si era resa conto che erano legate a un laccio di cuoio. Così le aveva messe al collo, come un rosario. Giunta in prossimità del portone, senza dare troppo nell'occhio, girò la massiccia chiave in ferro nella toppa, aprendo il battente.

«Puah», disse una voce che pareva polvere di ruggine, «e così saresti tu ad aver liberato quel cane rognoso? Una suora?».

Dapprincipio, Malasorte non riuscì a capire. Sentiva soltanto il sapore ferroso del sangue, in bocca. Colui che parlava l'aveva tirata all'interno dell'officina per poi spingerla in un angolo, mandandola a sbattere contro qualcosa.

E ora aveva il labbro spaccato.

Sputò rosso.

Se solo fosse riuscita a trovare la sua sacca.

Dove diavolo l'aveva messa?

Malasorte non riusciva a pensare.

E invece doveva farlo... e in fretta.

«Sei tu che ti sei preoccupata di liberare il cane, vero?».

Quasi a conferma di quelle sue parole, Ringhio lasciò andare un brontolio sommesso. Malasorte alzò lo sguardo e vide il molosso in un angolo. Era coperto di piaghe e rimaneva fermo sulle zampe. Qualcuno doveva averlo bastonato a sangue.

Poi, cercando di rimettersi in piedi, rivolse la propria attenzione a quella voce raschiante che sembrava appartenere a un diavolo uscito dalla terra. Vide davanti a sé un uomo alto, robusto, con braccia grandi e nervose, la lunga barba nera e la testa lucida, senza capelli.

«Perdio, quasi mi ammazzava quel bastardo!».

Nell'udire quelle parole, Malasorte si avvide che l'uomo stringeva nella mano un randello. L'altro braccio era coperto da un pezzo di manica strappata e sembrava fosse appena stato macellato. Ringhio doveva averlo attaccato. L'uomo si era protetto alzando il braccio e quello era stato il risultato. Doveva però essere riuscito a colpire il cane con l'enorme bastone più di una volta, a giudicare dai segni insanguinati che incrostavano di rosso il corpo del povero animale. Lo aveva legato con una catena a un anello di ferro.

«Voglio che tu sappia che me la pagherai cara...», tuonò l'uomo, agitando il braccio massacrato.

Un latrato rabbioso spezzò quella minaccia.

«Prova a muoverti, tu!», urlò l'uomo all'indirizzo del cane, «e vedrai se non ti spacco la testa», e mentre diceva così, fece dondolare il randello insanguinato.

Malasorte sapeva di avere una sola possibilità. Doveva avvicinarsi alla legnaia. Perché era lì che aveva nascosto la sacca. Se solo fosse riuscita ad aprirla.

Ma l'uomo si avvicinò e la prese per le gambe, trascinandola verso di sé. Si ritrovò con la faccia schiacciata contro la terra. Lui le strappò il velo di dosso. Poi, Malasorte percepì il gelo di una lama. L'uomo gliela puntò alla gola. Quindi le afferrò un lembo della tonaca e con il coltello tagliò lungo la schiena, aprendola giusto a metà.

Sentì ancora una volta la lama contro la pelle. Provò un brivido ghiacciato.

«E ora vedremo se sei bella come sembri», berciò l'uomo.

Fu come se Ringhio avesse capito, repentinamente, quel che stava per fare.

Balzò all'improvviso, spezzando la catena alla quale era legato, avventandosi come una furia contro l'aggressore.

Malasorte capì che quella era la sua ultima possibilità. Senza perdere altro tempo, si lanciò verso la legnaia.

Sentì un guaito alle spalle. Avrebbe voluto girarsi ma sapeva che sarebbe stata molto più d'aiuto a Ringhio e a se stessa se fosse riuscita a mettere le mani su ciò che aveva in mente.

Spostò i ceppi di legno e afferrò la sacca in pelle di coniglio, infilò una mano dentro e trovò quel che cercava.

Fu in quel momento che l'uomo l'afferrò per una gamba, di nuovo, tirandola indietro.

Ma questa volta le cose erano cambiate. Malasorte fu rapida. Con un calcio si liberò della stretta e un istante dopo si girò, avventandosi contro di lui. Le lame dei pugnali balenarono nell'aria. Piantò la prima nel petto del suo aggressore. Poi la seconda. Sentì una sorta di doppia lacerazione: l'acciaio che dilaniava la carne. L'uomo la guardò con occhi sbarrati, sembrava non credere a quanto era appena avvenuto.

Lasciò cadere il randello che teneva malamente con la mano massacrata. Poi il coltello. Sputò una boccata di sangue.

Malasorte si allontanò, lasciando i pugnali piantati nel petto: le else fuoriuscivano dalla casacca come mostruose appendici in argento e madreperla.

L'uomo lanciò un ultimo grido, alzando il braccio macellato. Ma non riuscì a far altro. Le gambe cedettero quasi fossero d'argilla.

Finì in ginocchio.

Poi, si accasciò su un fianco, con il volto fra terra e fili di paglia.

Malasorte rimase a fissarlo, terrorizzata.

Aveva appena ucciso un uomo.

Restò ferma, in piedi, la gola stretta nella morsa della paura. Si sentì soffocare. Percepì una vertigine salirle alla testa. Poi avvertì la nausea affiorare alle labbra, come una marea crescente. Lo stomaco parve spezzarsi in un conato. Si piegò in avanti e vomitò in un secchio.

Rimase come morta per un po' di tempo.

Fino a quando non sentì Ringhio che le leccava il viso.

Il caldo era insopportabile.

Quando tornò a sedere, vide un nugolo di mosche ronzare sul cadavere dell'uomo che aveva appena ammazzato.

# 27
# La novizia

Le due monache li fissavano con uno sguardo contrito.

«Non potevo immaginare che quella giovane potesse essere una spia. Mi era parsa una fanciulla in difficoltà. Anche le mie sorelle possono testimoniare», disse con una punta di rammarico la novizia.

La badessa la guardò con misurata severità. «Non fatevene una colpa, mia cara», disse, «ora però tentate di ricordare com'era. Provate a descriverla».

«Aveva profondi occhi verdi», cominciò la monaca.

Michelangelo trattenne il fiato. Erano proprio quelle iridi così singolari ad averlo messo in allarme. Se solo si fosse ricordato prima di dove aveva visto quello sguardo.

«I capelli neri incorniciavano un viso fresco e gentile. Era piuttosto alta e non doveva avere più di vent'anni, anzi credo proprio fosse più giovane».

«Vi viene in mente altro?», provò a chiederle Pole.

«Ha detto che stava fuggendo dalla crudeltà di un uomo. Per questo ho ritenuto di farla entrare».

«Quasi certamente vi ha mentito», concluse Flaminio con un cenno del capo.

«Indossava un abito molto modesto», aggiunse la monaca.

«Quello che vi ho mostrato», disse la badessa all'indirizzo di Pole.

Il cardinale annuì.

«E pensare che io l'ho incontrata prima di giungere in biblioteca», confessò tristemente Vittoria.

Michelangelo guardò l'amica con sorpresa: «Davvero?»

«Sì, ho chiesto proprio a lei di portare la brocca d'acqua e i bicchieri».

«Ricordate qualcosa di quella donna? Qualcosa in più di quanto ci ha appena detto la sorella?», domandò Pole.

«Purtroppo no», disse Vittoria con un sospiro. «È stata molto gentile ma indossava l'abito monacale e non sono riuscita a distinguere niente di più di quanto detto finora. Voi avete ragione», aggiunse la marchesa di Pescara all'indirizzo della sorella, «aveva due occhi dal colore molto bello e intenso. Non passava inosservato».

Reginald Pole sospirò. «Purtroppo non possiamo fare nulla, ormai. Ma fossi in voi non mi preoccuperei più di tanto. Abbiamo avuto la conferma, ammesso e non concesso che fosse necessaria, che qualcuno ci sta spiando».

«Chi oserebbe tanto?», domandò la badessa.

«Preferisco non indagare troppo su questo, madre. Quel che conta è che questa spia abbia abbandonato il monastero. D'ora in avanti sarete più prudenti con i pellegrini che chiedono asilo e, quanto a me, ai miei amici e alle nostre innocenti riunioni», proseguì Pole, «faremo in modo che si celebrino presso la rocca dove con grande generosità sono ospitato. Così non vi daremo ulteriore incomodo».

La badessa annuì. Poi aggiunse: «Eminenza, voi non date incomodo alcuno, il nostro monastero è la vostra casa».

Ma il cardinale ebbe l'ultima parola: «Non ne dubito e ve ne ringrazio. Ma è evidente che chi è penetrato oggi nel vostro monastero fosse interessato al nostro incontro, se si è premurato di approntare un travestimento al solo fine di poter entrare in biblioteca».

La badessa non replicò.

«Grazie per le informazioni che ci avete fornito». Con un cenno del capo, Pole manifestò la propria gratitudine anche alla giovane novizia. Infine si alzò e, seguito da Alvise Priuli e Marcantonio Flaminio, guadagnò l'uscita.

Anche Michelangelo si alzò e, insieme a Vittoria, raggiunse la porta.

Quando si ritrovarono nel chiostro, Pole manifestò la propria preoccupazione: «Purtroppo chi è entrato deve aver colto l'accenno al *Beneficio di Cristo*. Di certo, a breve, il Sant'Uffizio verrà informato delle nostre letture. È un male, naturalmente, ma ormai il danno è fatto».

«Eminenza, sono mortificato», disse Priuli. Era stato lui a lasciarsi sfuggire l'innocente domanda che, al momento sbagliato, aveva rivelato più di mille parole.

«Non datevene troppa pena, amico mio», lo rassicurò Pole. «Prima o poi sarebbe accaduto comunque. Piuttosto, d'ora innanzi cercheremo di essere più attenti. Dubito che le buone monache lasceranno entrare qualcuno con la medesima facilità. Il che mi lascia tranquillo per Vittoria», disse Pole, «lo stesso non posso dire per voi, messer Buonarroti».

Michelangelo alzò le spalle: «Eminenza, come vi ho già detto, io non ho niente da temere. I miei anni sono molti, troppi, ormai. Rientrerò a Roma e cercherò di tenere gli occhi aperti».

«Capisco. Siete celebre, maestro. E molto amato. A quanto so il papa vi vuole bene. Lo avete ripagato nel modo migliore. Con il vostro lavoro. Tuttavia non pensate nemmeno per un istante di essere in salvo. Dal momento che frequentate questo nostro cenacolo siete di certo tenuto sotto stretta osservazione».

Con quelle parole, Pole lo salutò. Poi abbracciò Vittoria.

Anche Priuli e Flaminio si accomiatarono. Intendevano rientrare alla rocca.

Di nuovo soli, Michelangelo e Vittoria rimasero nel chiostro per qualche tempo ad ammirare alberi e fiori, incendiati dal rosso del tramonto. L'acqua della piccola e deliziosa fontana di marmo pareva rompere con il proprio zampillo quel silenzio altrimenti perfetto. Tuttavia, era un suono grato e rotondo, di una dolcezza discreta e, nell'udirlo, Michelangelo prese per mano l'amica. Portò le sue dita alle labbra e le baciò.

Vittoria lo guardò rapita, poi il suo volto si rabbuiò un poco: «Michelangelo: ho messo la vostra vita in pericolo. Non me lo perdonerò mai».

«Amica mia», disse lui, «ma che dite?»

«Se non fosse stato per me, ora non vi trovereste in questa situazione. Invece, adesso, qualcuno riferirà della vostra appartenenza al gruppo del cardinale Reginald Pole».

«Voi non potete capire quanto importante siate per me. Io vi sono infinitamente grato per avermi fatto conoscere Sua Eminenza. Le sue parole, così piene d'energia e bontà, sono la miglior cura per questa mia anima senza speranza. Vi prego anzi di procurarmi una copia del *Beneficio di Cristo*, affinché io possa leggerlo al più presto, poiché le tesi in esso riportate mi saranno di grande conforto».

«Ne siete certo?».

Michelangelo annuì.

«Allora, non chiedo niente di meglio», rispose la marchesa di Pescara.

«In cambio», le disse lui, «dipingerò per il cardinale una Pietà. Per sdebitarmi. Sarà bella come non mai, poiché metterò tutto me stesso per realizzarla e lui potrà pregare davanti a essa».

«Davvero? Mi regalereste una gioia tanto grande? Ebbene, questo è ben più di quanto fosse lecito sperare. Poiché ciò che fate per il cardinale, lo fate per me. Vedete, Michelangelo, la sua giovane età, la sua bontà d'animo, il suo coraggio lo rendono ai miei occhi il figlio che non ho mai avuto. Lui stesso ha la dolcezza di definirmi come una madre per lui. Un simile fatto mi ripaga, insieme alla vostra meravigliosa amicizia, di tutte le amarezze che la vita mi ha voluto riservare».

«E me lo domandate? Farei qualsiasi cosa per voi, Vittoria. Queste vostre affermazioni rafforzano semplicemente la mia volontà di realizzare immediatamente il piccolo quadro che ho in mente».

E in quelle parole, lei sentì la solennità e il coraggio di quel suo spirito grande.

Rimase in silenzio. Le parve di planare su quel filo di brezza che si era finalmente alzato. La sensazione di potersi librare con grandi ali fiammeggianti nel cielo rosso la colpì con tutta la forza travolgente di quella confessione che lui aveva appena pronunciato.

Poi, quasi di nascosto, fece comparire d'improvviso un involto. Michelangelo non sapeva dove l'avesse tenuto fino a quel momento.

«Questa volta», disse Vittoria, «sono io ad avere un regalo per voi».

Michelangelo fece per parlare ma Vittoria gli sigillò le labbra con l'indice. «Guardate», e mentre diceva così, svolse la stoffa.

Un istante dopo comparve una splendida lente, montata su un piede d'argento.

«L'ho fatta preparare per voi da un mastro vetraio veneziano», annunciò Vittoria. «So quanta fatica vi comporta riconoscere le figure e i colori che andate applicando alla cappella Paolina per realizzare l'affresco. Senza contare che lo stesso problema, suppongo, ve lo riserveranno le rifiniture sul marmo. La vostra vista non è più quella di una volta, l'avete consumata giorno dopo giorno sulle volte della Sistina e nella parete d'altare del *Giudizio universale*. Vogliate perciò accettare questo mio piccolo dono per consentirvi di combattere, di nuovo ad armi pari, gli ostacoli che le vostre arti v'impongono ogni giorno».

Michelangelo la guardò estasiato. Prese dalle mani dell'amica la lente. La rimirò a lungo e in silenzio. Quanto era bella. Così lucida e perfetta, montata su quello splendido piede in argento che scintillava sotto gli ultimi raggi di sole.

Provò un senso di gratitudine e di affetto indicibile per Vittoria: perché se solo avesse potuto l'avrebbe amata come e meglio di quanto già non faceva. Non osava chiederle se avesse mai desiderato di più, e di certo Vittoria non si sarebbe nemmeno sognata di dirglielo. Percepiva però la forza di quella loro affinità elettiva che riempiva in quel momento il chiostro e sembrava sferzare le colonne e volare fino al cielo.

Ma era così lontano da quella febbre divorante che provava in presenza dell'Urbino e che lo faceva vergognare di se stesso come mai avrebbe creduto. Con lui doveva trattenersi per non commettere atti osceni, atti esecrabili.

E tuttavia vide, ancora una volta, una serenità talmente straordinaria negli occhi di lei che, senza combattere ulteriormente, si piegò a quello che sentiva, si arrese alla dolcezza di quel sentimento e lasciò che si manifestasse nel modo più giusto e sincero, senza pretendere da sé più di quello che poteva dare.

Avere al suo fianco Vittoria era la più grande ricompensa che un uomo come lui potesse sognare.

E, mentre la osservava, lei pianse.

«Vittoria», domandò Michelangelo, «cosa vi succede? Perché quelle lacrime?»

«Non preoccupatevi, amico mio», disse lei, «queste lacrime vi siano grate poiché il mio è un pianto di gioia ed è a voi e solo a voi che devo un momento stupendo come questo».

Lui la prese fra le braccia e rimase a cullarla dolcemente.

# AUTUNNO 1543

# 28
# Il vecchio stampatore

Dunque *Il Beneficio di Cristo* era un libro?

E poteva un oggetto come quello esercitare un tale potere? Malasorte non ne era sicura. Di certo amava le lettere, le parole e le storie che andavano componendosi sotto i suoi occhi quando aveva tempo per leggere. Qualche anno prima, Imperia le aveva insegnato quella sorta di magia e ora lei adorava potersi permettere il lusso magnifico della lettura. Era la sua passione segreta e rappresentava un conforto e un sollievo per l'anima.

Novelle e poemi: non avrebbe saputo dire quale genere preferiva ma un fatto era chiaro, e cioè che, non appena ne aveva l'occasione, amava lasciar naufragare gli occhi fra le pagine di un buon libro. Imperia ne aveva scaffali pieni e le lasciava prendere quelli che preferiva.

Fra tutti, ricordava di aver disperatamente amato *Il Peregrino* di Iacopo Caviceo, poiché in quella storia, più che in ogni altra, aveva trovato la malia dell'avventura, la passione, il sentimento che tumultuava nel cuore dei protagonisti e che pareva consumare le pagine in un'inquietudine che lasciava il lettore senza parole. Il libro narrava di un grande amore fra Ginevra e Peregrino. Pur di parlare con la donna del proprio cuore, quest'ultimo, dopo essere sfuggito a un guaio con la giustizia e avere eluso la vigilanza dei parenti, si travestiva da villano, da spazzacamino, da mendico. E poi seguiva la sua bella per le feste, penetrando nella casa di Polissena, la cugina malata, o celandosi nel buio della cantina di un amico, o perfino sotto un altare in chiesa: tutto pur di vederla e di esprimerle la sua divorante passione. Quanto furore c'era in quel giovane innamorato! E con quanta misurata e gentile armonia, Ginevra tentava di rintuzzare quegli attacchi, pur struggendosi d'amore per lui. E in quella trama, così piena di sorprese e colpi di scena, Malasorte aveva trovato una tale felicità e così tanta beatitudine da voler dedicare tutto il tempo che aveva a disposizione a quella magnifica attività.

E quando non ne aveva, non esitava a sottrarlo alle notti di sonno. E quel suo mondo si era così popolato di storie e personaggi, che a volte riuscivano a distrarla dalla vita tanto pericolosa che era costretta a condurre.

Grazie alla lettura, indugiava con la mente nel ripercorrere la vita di Peregrino e Ginevra, o nell'assistere ai tradimenti consumati dalle donne adultere ai danni dei mariti possessivi e violenti delle novelle di Masuccio Salernitano. Ma era forse la novella di Giulietta e Romeo e del loro amore contrastato a Verona, scritta da Luigi da Porto quella che, più di tutte, le aveva rapito il cuore. V'era in essa un tale struggimento d'amore, un conflitto talmente crudele ed esacerbato ai danni dei due innamorati che Malasorte, nel leggerla, non riusciva a trattenere le lacrime.

Quelli erano i suoi eroi. Era grazie a loro e a quelle avventure che la giovane sentiva più sopportabile il mondo nel quale viveva ogni giorno, fatto di bugie e fughe notturne, di spionaggio e menzogna. Anche se continuava a rassicurare se stessa circa il fatto che, in quel che faceva, non v'era alcun male, percepiva invece, netta, la sensazione di violare l'intimità di un uomo buono e di grande talento, e le pene sincere di una donna elegante e gentile.

E non avrebbe voluto farlo.

Quanto erano lontani i tempi in cui, ancora all'inizio di quelle sue indagini, si era lasciata sedurre dal fascino del proibito. Ora invece aveva in odio se stessa per aver accettato e non essere riuscita a liberarsi dal giogo di quel suo essere spia.

Perciò, in quei giorni si aggrappava alle storie; tuttavia, che si trattasse di duelli e battaglie o d'amori e promesse, mai Malasorte avrebbe creduto che la lettura potesse coincidere con un'arma.

Era rimasta interdetta quando aveva riferito le informazioni raccolte a Imperia. Pure, la sua padrona non aveva avuto esitazioni. Certo! Le parole potevano ferire più della spada, le aveva detto. Specie in un periodo come quello, in cui la Chiesa era consumata da lotte intestine. E se quel piccolo libro – *Il Beneficio di Cristo* – era giunto a Viterbo, a maggior ragione avrebbe dovuto poter essere reperibile anche a Roma.

Questo le aveva confessato Imperia: che *Il Beneficio di Cristo* era in quei giorni uno dei libri più potenti e pericolosi di tutto il creato.

E quel fatto era talmente vero che, per quell'informazione che aveva portato da Viterbo, le aveva riconosciuto la somma più cospicua che lei avesse mai ricevuto.

Dunque, per quanto incredula, Malasorte si era presto resa conto che quel testo doveva risultare di grande interesse per le persone alle quali Imperia aveva promesso aggiornamenti.

Così, senza perdere altro tempo, la cortigiana l'aveva spedita da uno stampatore di sua fiducia, affinché si procurasse due copie del libro in questione.

E ora, Malasorte, si trovava proprio sulla porta della stamperia di Antonio Blado a Campo de' Fiori.

Guardò Ringhio, che l'aveva seguita fino a lì. Il molosso le era rimasto fedele dal giorno del suo ritorno a Roma e lei aveva ben presto scoperto quanto prudenti fossero divenuti gli uomini, anche i più sfacciati, nel momento stesso in cui l'avevano vista passeggiare con quel bestione al fianco.

Gli accarezzò il grosso muso: «Aspettami qui», gli disse, «c'impiegherò meno di quel che pensi».

Ringhio mugolò compiaciuto e, obbediente, si mise in un angolo, seduto sulle zampe posteriori. Malasorte gli sorrise. La fedeltà di quell'animale era talmente commovente da sorprenderla ogni volta.

Dopodiché bussò alla porta ed entrò.

Non appena varcò la soglia, rimase senza parole nel vedere quel che le si parò innanzi. Oltrepassato l'ingresso, un grande bancone in noce separava l'entrata al pubblico dal laboratorio. Dietro di esso ferveva l'attività: Malasorte non s'intendeva certo di stampa, tuttavia non ebbe difficoltà a distinguere le grandi casse tipografiche stipate di caratteri mobili, fabbricati in una preziosa lega di piombo, stagno e antimonio. Vide un gigantesco torchio da stampa e percepì netti i sentori d'inchiostro e di carta che stava ammonticchiata in bianche risme di fogli, simili a candide torri di un'epoca lontana. Giusto nel mezzo di tutto quel dispiego di macchinari e materiale, scorse un torcoliere mentre applicava la carta al timpano, dei battitori che con tamponi di cuoio, imbevuti d'inchiostro, andavano a riempire e strofinare le forme di stampa, mentre un compositore stava estraendo da una cassa i caratteri, gli spazi e i simboli per poi disporli su una sorta di righello.

Malasorte non riuscì a fare a meno di spalancare gli occhi, perdendosi in quella meraviglia.

Quasi sobbalzò quando, avvicinandosi, il vecchio stampatore Antonio Blado la apostrofò con una voce sottile e sgradevole. «Ma che bella ragazzina! E che cosa fate oggi, qui, nella bottega di uno stampatore, voi che forse nemmeno sapete leggere?».

Riavendosi d'improvviso, Malasorte rispose d'istinto al vecchio stampatore: «So leggere, invece, e amo le storie di Jacopo Caviceo e Luigi da Porto!». Mise in quelle parole una convinzione e un'intensità che sorpresero non poco messer Blado.

Quest'ultimo, anzi, nell'udire tali affermazioni strinse gli occhi penetranti riducendoli a fessure, quasi fosse un rapace, teso a distinguere la preda nel cielo. Ma poi, dopo quell'istante di diffidenza, parve acquietarsi, accettando di buon grado di aver capito così poco della sua interlocutrice.

Messer Blado indossava camicia e grembiule. Aveva mani sporche d'inchiostro con unghie talmente nere da sembrare listate a lutto. Una sottile barba candida gli faceva il mento aguzzo e una massa di capelli arruffati conferiva al suo volto un'aria bislacca, proprio come doveva essere il suo umore. Ciononostante, egli era un uomo di buon cuore e vedere una giovane donna nella sua bottega, dopo l'iniziale diffidenza, lo aveva ammansito, abbastanza da farlo diventare gentile.

«Mi scuso se ho dubitato delle vostre qualità, mia signora, non sono molte le donne capaci di leggere di questi tempi. E, tuttavia, mi domando cosa vi abbia condotto oggi nella mia modesta tipografia. Se c'è qualcosa che posso fare per voi...».

«Mi manda donna Imperia», disse Malasorte senza perder tempo. «Mi ha indicato il vostro nome poiché era certa che avreste potuto senza alcun indugio soddisfare le mie preci, tanta è la conoscenza che avete nel campo della tipografia. Ed eccomi qui!», concluse la ragazza.

Toccò a messer Blado spalancare gli occhi per la sorpresa. Fu un attimo, naturalmente, ma conosceva il nome della famigerata cortigiana che, un po' alla volta, si era arrampicata così in alto nella scala sociale da diventare una delle sue clienti abituali. Dunque quella fanciulla veniva da lui per conto di una padrona tanto potente? Avrebbe fatto bene a tenere gli occhi aperti, allora, giacché sapeva bene che, dove c'era il nome di Imperia, quello di Gramigna, il formidabile Lanzichenecco al suo servizio, non poteva essere lontano.

Intuendo la preoccupazione dello stampatore, Malasorte non esitò a rasserenarlo: «Sono sola».

Visibilmente sollevato, Blado la guardò con fare interrogativo: «Cosa posso fare per voi?»

«Tanto per cominciare, smetterla di fissarmi in quel modo», disse Malasorte che non aveva digerito il sospetto che il vecchio stampatore le aveva riservato non appena entrata, «in secondo luogo, procurarmi due copie di un libriccino che la mia padrona va cercando per conto di un suo amico».

«E l'amico sarebbe?», domandò Blado che non era certo in grado di tenere per sé la propria curiosità.

«Questo non è affare vostro».

Lo stampatore annuì accondiscendente. «Certo», disse con un tono improvvisamente accomodante. «Posso almeno chiedervi di quale libro stiamo parlando?».

Malasorte annuì. Parve pensarci su, poi disse: «*Il Beneficio di Cristo*».

Per un attimo messer Blado sembrò non credere alle proprie orecchie.

Poi si riebbe. «Alludete al testo religioso scritto dal monaco Benedetto Fontanini e recentemente rivisto e ampliato da Marcantonio Flaminio?»

«Proprio quello».

«Ne siete sicura? Sapete di cosa parla?».

Malasorte non aveva alcuna intenzione di farsi coinvolgere in una discussione religiosa che, di certo, non sarebbe stata in grado di sostenere. Desiderava quel maledetto libro perché così le aveva ordinato la sua padrona. Non aveva in animo di leggerlo! Era talmente lontana da quel tipo di argomenti. «Madonna Imperia me ne ha accennato...».

«Ve ne ha accennato, dite?», messer Blado scosse la testa, incredulo. «Non mi pare proprio, visto con quanta imprudenza pronunciate quel titolo. Così, a voce alta! Cosicché chiunque possa sentirlo».

«Lo avete o no?», lo incalzò Malasorte che cominciava a sentirsi a disagio.

Blado sollevò il sopracciglio. Poi, sospirò. «Il testo è stato stampato a Venezia».

Nell'udire quelle parole gli occhi di Malasorte parvero coprirsi d'ombra e irritazione.

«Ma», proseguì Blado, che sembrava provare un segreto piacere nel tormentarla con l'incertezza, «me ne è giusto arrivata qualche copia dalla Serenissima Repubblica. A ragione o a torto, quel libello sta ottenendo un successo inatteso: tutti lo vogliono e Dio solo sa se questa non sarà la fine di Roma, del papa e della Chiesa per come la conosciamo». Sospirò, come se in quelle sue parole respirasse tutto il presagio di cui erano intrise.

Malasorte abbassò lo sguardo: dunque lo stampatore aveva con sé le copie necessarie... Sorrise.

Lo guardò di nuovo. Tacque.

Blado intuì il senso di quel silenzio. E, mentre i suoi operai procedevano nel lavoro al torchio e ai caratteri, si congedò un istante. «Se potete attendermi qui», disse, «tornerò con quanto mi chiedete».

Malasorte annuì.

Mentre aspettava, riportò lo sguardo sui frontespizi dei libri appoggiati sul bancone: rimase affascinata dalle curve dei caratteri, l'eleganza delle scritte, la grana della carta. Inspirò a fondo quel profumo così pungente e intenso a un tempo.

Quando messer Blado fu di ritorno, portava con sé due libriccini.

«Ecco qui», disse il vecchio stampatore. «Sono dieci baiocchi, cinque per ciascuna copia».

Malasorte allineò le monete sul bancone.

Blado le afferrò con mano rapace, facendole scomparire nella scarsella. «E ora», disse, «se volete il mio consiglio più sincero, vi suggerisco di scomparire all'istante e di disfarvi prima possibile di quelle copie del libro o, parola mia, non scommetterei nemmeno un ducato sulla vostra testa».

Senza farselo ripetere due volte, Malasorte guadagnò la porta.

# 29
# Il collegio riunito

Gian Pietro Carafa sapeva che non sarebbe stato semplice. Malgrado fosse un uomo innamorato del potere, il pontefice aveva cercato di bilanciare le diverse posizioni che si affrontavano in quel momento nella Chiesa.

Dimodoché non tutti i cardinali che componevano il Collegio del Sant'Uffizio erano favorevoli alla linea di condotta più intransigente. Sapeva per certo di poter contare su Bartolomeo Guidiccioni, radicale come e più di lui nella lotta alla Riforma protestante, tanto da aver stilato in tempi recenti una lista di venti punti a confutazione delle tesi luterane. Filofrancese per orientamento politico, oltre ad avere competenze giuridiche e teologiche di prim'ordine, e a coltivare una passione per le lettere egli era, dunque, un importante alleato che quasi pareva pregustare, in quel suo ghigno beffardo, e nel temperamento sanguinario, la mattanza che si sarebbe scatenata di lì a poco.

Tommaso Badia, maestro del Sacro Palazzo, teologo ufficiale della corte papale, era invece uomo di tutt'altra pasta. Misurato, riflessivo, aperto, sottoscrittore del *Consilium de emendanda ecclesia* ed estensore del *Consilium quattuor delectorum a Paulo* III *super reformatione S. R. Ecclesiae*, documenti alla base dell'immaginata riforma voluta dal papa, quell'uomo era tutto proteso a gettar ponti fra la Chiesa cattolica e i protestanti, come suggerivano i suoi recenti viaggi a Worms e Ratisbona. Carafa mal lo sopportava, ma c'era poco da fare. Per sua fortuna, se non altro, era venuto a mancare, giusto l'anno prima, il cardinale Dionisio Laurerio, vicario generale dei Serviti, e anch'egli appartenente a quella maledetta corrente irenica che sembrava voler trovare a tutti i costi una composizione della frattura voluta dai protestanti.

Quanto all'uomo che aveva davanti in quel momento, non avrebbe saputo dire come si sarebbe comportato. Juan Álvarez de Toledo, fratello del viceré di Napoli Pedro de Toledo. Certo, era un uomo di Carlo V, non poteva certo dirsi filofrancese ma, in ultima istanza, Carafa sapeva di doversi attendere se non aperto conflitto, per lo meno ostruzionismo. Ma de Toledo era un uomo dall'umor balzano che aveva quasi sempre sposato tesi intransigenti. E, soprattutto, aveva in odio Reginald Pole.

Carafa avrebbe toccato quel tasto, dunque, personalizzando oltremodo l'*Ecclesia Viterbiensis* così da garantirsi l'appoggio di de Toledo e Guidiccioni. Se anche l'ultimo dei componenti del collegio, Pietro Paolo Parisio, avesse dovuto sposare la linea di minor rigore, avrebbe comunque avuto un voto in più.

A ogni modo, la situazione non era delle più semplici. L'ultima rivelazione che aveva appreso dal capitano Vittorio Corsini, infatti, era a dir poco sconvolgente.

Non appena aveva scoperto l'esistenza della nuova edizione del *Beneficio di Cristo*, il cardinal Carafa aveva fatto in modo di averne una copia. Il Capitano dei birri aveva immediatamente esaudito il suo desiderio, recuperandogliene una.

Si era premurato di leggerla immediatamente. E quello che aveva appreso lo aveva preoccupato al punto da convocare il collegio.

E ora davanti a lui c'erano tutti.

«Carissimi», esordì Carafa, «vi ho qui convocato oggi poiché una sciagura si sta abbattendo su di noi e lo sta facendo in modo ancor più pericoloso perché surrettizio, occulto. Mentre noi siamo impegnati a trovare il modo di proteggerci e comporre, ove possibile, la rottura con la nostra Chiesa propugnata dai protestanti, serpeggia incontrastata in seno al popolo e fra i nobili, da Milano a Napoli, da Venezia a Genova, una nuova terrificante epidemia: più letale della peste, più spietata del tifo petecchiale».

Nell'udire quelle parole Guidiccioni spalancò gli occhi. De Toledo si limitò a socchiuderli, in attesa.

«Cosa vi angustia, amico mio?», domandò con franchezza Pietro Paolo Parisio che era, fra tutti, il cardinale di temperamento più mite e sempre pronto ad accogliere le tesi altrui, cercando in ogni modo di accomodare le posizioni così da evitare i conflitti che, a suo dire, non facevano che indebolire la Chiesa già fin troppo divisa e stanca.

«Il potere della stampa», rispose enigmatico Carafa. Poi, dopo una pausa a effetto, proseguì: «Immagino voi sappiate quali idee alimentino i cardinali Giovanni Morone e Reginald Pole! Del resto, foste legato pontificio insieme a loro solo pochi mesi fa, in occasione delle riunioni preparatorie all'imminente Concilio di Trento che, malgrado gli encomiabili sforzi del nostro pontefice, stenta a iniziare».

«Le difficoltà sono enormi, cardinale. Quanto a Morone e Pole, vi confermo il nostro viaggio comune anche se non capisco dove vogliate arrivare».

«Siete consapevole, dunque, che il cardinale Reginald Pole si trova in questi giorni a Viterbo?»

«Certo! Proprio dove dovrebbe essere, dal momento che è stato nominato amministratore del Patrimonio di San Pietro e dunque in quella provincia dello Stato ecclesiastico che ricomprende Viterbo e Civitavecchia».

«Vi prego, risparmiatemi questa pedanteria inutile, cardinale!», esclamò stizzito Carafa, sottolineando le parole con un gesto della mano.

Pietro Paolo Parisio rimase interdetto.

Ma Carafa non si fermò. Sapeva di essere solo all'inizio della sua reprimenda, e se voleva sperare di trionfare dopo aver seminato mistero e sorpresa doveva, improvvisamente, affondare il coltello.

«Già!», disse, con un ghigno sottile, pensando a quel che stava per dire, «ma dovreste sapere che, oltre a ricoprire quella carica, Pole in gran segreto sta alimentando un'*Ecclesia Viterbiensis* che raccoglie attorno a sé i seguaci di Juan de Valdés, un circolo di intellettuali, nobili, cardinali, alti prelati e infine artisti che, forgiati da una nuova impronunciabile eresia, si prepara a diffondere come lebbra il proprio pensiero!».

Nell'udire quelle parole, Parisio reagì con fredda determinazione: «Potete essere più chiaro e dirci per filo e per segno di cosa state parlando?».

Le altre reazioni furono meno composte.

«Lo sapevo», tuonò Guidiccioni, alzandosi in piedi, «quell'inglese non mi è mai piaciuto».

«Che altro vi aspettavate dal figlio del cugino di quell'eresiarca di Enrico VIII?», gli fece eco De Toledo.

«Calma, amici miei, calma», provò a blandirli Tommaso Badia. Ma non fu semplice. Guidiccioni pareva posseduto: gli occhi sbarrati, le labbra sottili, rosse e tirate, simili a ferite di coltello. De Toledo, dal canto suo, non accennava a voler desistere e continuò: «Pole è un irresponsabile, del tutto inadeguato per il ruolo che ricopre».

«Lui e il suo compagno di avventure, il cardinal Morone, condanneranno questa nostra Santa Chiesa a farsi ancella dei protestanti!», rincarò la dose Guidiccioni il quale, dopo l'indignazione incontenibile, aveva di nuovo trovato le parole per esprimere tutto il proprio disgusto.

«Sia come sia», annunciò Carafa, «sono i fatti a parlare la lingua più giusta», e, con mossa plateale, gettò sul grande tavolo in rovere una copia del *Beneficio di Cristo*.

# 30
# Rabbia e rancore

Michelangelo era infastidito. Di più, era arrabbiato. Guidobaldo II Della Rovere era piombato in casa sua senza preavviso, come un temporale. Era lì davanti a lui con la corazza infangata per il lungo viaggio, gli stivali alti e quello sguardo colmo di alterigia che pareva dar del pezzente a chiunque avesse davanti. Lo accompagnava un suo secondo, un uomo d'arme tanto silenzioso quanto minaccioso nello sguardo.

Aveva pretese Guidobaldo, e non aveva mancato di sputar sentenze dal primo istante in cui lo aveva fatto entrare. Al punto che quei suoi strepiti avevano richiamato financo l'Urbino che, riposando nelle camere che aveva terminato di costruire a fianco alle sue, allargando in quell'ultimo anno l'abitazione, si era alzato per capire chi stesse facendo tutto quel chiasso.

«Non capisco, messer Buonarroti, come voi possiate abitare in un simile tugurio, in un quartiere tanto popolare e male in arnese da sembrare un ricovero per miseri e derelitti. Ma non sono qui per questo: dove volete vivere, sia pure in mezzo a ratti e mendichi, è affar vostro. Quel che mi preme dirvi in questo momento è che ho appena visto la statua che avete dedicato al mio venerato prozio ed è inutile che vi dica che mi ha lasciato a dir poco deluso!».

Era troppo! Ora il condottiero s'intendeva d'arte?

«Ma davvero?», disse Michelangelo con freddezza. «E

dunque ora voi sapete discettar d'arte? Avete idea di cosa significhi scolpire il marmo? Ma con quale arroganza credete di poter venire a casa mia a dirmi come avrei dovuto scolpire la statua del vostro prozio! Sarebbe come se io pretendessi di volervi insegnare a schierar le truppe!».

«Non è questo il punto!».

Fu in quel momento che entrò Francesco Amadori, detto l'Urbino. Aveva i bei capelli biondi sciolti. Le spalle larghe, ben modellate e il torace ampio e forte tendevano la tunica di lino fino allo spasimo. Sembrava un dio guerriero.

«E voi chi sareste?», domandò, sinceramente stupito, Guidobaldo II.

«Chi sono io? Chi siete voi, signore! Che giungete qui indesiderato, e non avete di meglio da fare che insultare il lavoro del maestro e il mio. Da quanto tempo stiamo dedicando sudore e fatica al progetto del vostro prozio! Ma a voi tutto questo non importa. Non importa se, nonostante gli anni, il mio maestro è ancora costretto a consumarsi la vista e le mani nel piegare il marmo e modellarlo per rendervi felice. Perché voi avete altro a cui pensare...».

«Come osate rivolgervi a me in questo modo!», lo interruppe Della Rovere. «E voi messer Buonarroti», disse rivolto a Michelangelo, «permettete a questo vostro garzone di dire a me quel che devo o non devo fare. Vi fate difendere da lui, vedo! Ah, ecco dunque spiegato il dilemma...».

«...Voi pensate solo al vostro personale tornaconto, a vedere ultimata la sepoltura, senza sapere nulla di quanto è accaduto in passato. Voi giudicate il lavoro di un maestro con una leggerezza talmente vergognosa che al solo percepirla mi viene il voltastomaco!», continuò imperterrito l'Urbino, come se Della Rovere non avesse nemmeno parlato.

A Michelangelo, tuttavia, non era sfuggito l'ultimo accenno fatto dal capitano dell'Esercito veneziano di Terraferma. E lo aveva trovato particolarmente offensivo. «Basta, Francesco!», disse. Apprezzava la foga con la quale quel giovane uomo, a lui fedele ormai da tredici anni, fosse intervenuto per prendere le sue difese, ma non era arrivato a essere il più importante artista del tempo lasciando ad altri il compito di proteggerlo. «Quanto a voi, messer Della Rovere», e il tono non ammetteva repliche, «non ho alcun interesse a conoscere la vostra opinione circa il mio operato, perché non avete le capacità per poter giudicarlo. Avete chiesto quattro statue e quattro ne avrete. La prima è completata. È stata realizzata in quel modo perché, come avrete visto, le geometrie e gli spazi del monumento sono completamente cambiate e, dovendo tener conto delle nicchie e dei perimetri, ho ritenuto opportuno porre la statua raffigurante il papa al centro, mantenendo una proporzione con le altre statue. Non mi aspetto che capiate e nemmeno m'importa. Anzi, a essere sincero, rivedo in voi quell'umor balzano che fu proprio di Giulio II. Quel suo continuo cambiare idea sui propri piani, quell'amore cieco per la guerra, il costante bisogno di avere una nuova impresa alla quale chiamarmi al solo scopo di farmela abbandonare: la sua tomba, e poi la rifondazione della basilica di San Pietro, tutti progetti irrealizzati e irrealizzabili perché se ne stancava subito!».

«Siete un tale ingrato!», tuonò Della Rovere con gli occhi iniettati di sangue, «dimenticate facilmente che è stato il mio prozio a darvi fama imperitura, affidandovi gli affreschi della Sistina!», e così dicendo, sputò per terra.

Francesco non ci vide più dalla rabbia. Dalla cintura sfilò un coltello. La lama baluginò alla luce delle candele.

«Dite a quel vostro concubino di ringuainare la lama o finirà per mozzarsi un orecchio. Mi sono spiegato?».

«Provate anche solo a toccarmi e vedremo cosa accadrà! Non un'altra parola all'indirizzo del mio maestro o, quant'è vero Iddio, messere, questo pugnale berrà il vostro sangue».

Ora, anche l'uomo che accompagnava Della Rovere stava sguainando la spada che teneva alla cintura. Michelangelo non poteva rischiare.

«Fermi! Nessuno metta mano alle lame. Come ho detto: non ho alcuna intenzione di discutere con voi riguardo al modo in cui ho realizzato la statua, senza contare che il contratto parla chiaro. Mi impegno a fornirvi quattro statue, formate in modo tale da completare armoniosamente e coerentemente il monumento dedicato alla memoria del vostro prozio. La prima è già collocata, le altre seguiranno. Quanto alla fama legata alla committenza di Giulio II, ebbene io credo che sia ben meritata non già perché mi venne affidato l'incarico ma perché, messer Della Rovere, l'affresco della volta della Sistina venne realizzato in un modo che lasciò tutti soddisfatti. Infine questo vostro affermare con arroganza e protervia il fatto che Francesco sarebbe mio amante non deve riguardarvi in modo alcuno. Trovo vergognosa la vostra affermazione, specie dopo essere giunto qui senza alcun invito da parte mia».

Michelangelo si fermò, fece un cenno all'Urbino di ringuainare il pugnale. Quando vide che così aveva fatto, riprese: «Non ho alcun bisogno di giustificarmi di fronte a un uomo più giovane di me, che ha ancora molto da dimostrare, che sputa nella mia casa e che mi accusa di quei comportamenti che, a essere sinceri, appartenevano più al vostro prozio che a me!».

Nell'udire quelle parole, Francesco Amadori non riuscì a trattenere un sorriso.

Guidobaldo II spalancò gli occhi incredulo. «Voi osate sostenere che Giuliano Della Rovere, il pontefice, fu un sodomita? Vi rendete conto dell'oltraggio che state arrecando non solo a me ma a Roma tutta? Non sapete con chi avete a che fare, maledetto insolente! Voi credete di potervi comportare come vi pare e piace per il solo fatto che avete ricevuto un po' di credito per i vostri dipinti osceni e per sculture ugualmente volgari?»

«Dite quello che volete», affermò Michelangelo, «ma quella è la porta».

«E sia! Me ne vado perché non sopporto più questa conversazione triviale. Ma non crediate di essere intoccabile, messer Buonarroti. Malgrado le vostre convinzioni la mia stella è destinata a brillare sempre più fulgida. Mentre voi non siete altro che un vecchio decrepito. Non è lontano il giorno nel quale il papa mi nominerà capitano dell'Esercito pontificio e allora, amico mio, nemmeno voi sarete abbastanza protetto da sfuggire alla mia vendetta!».

«Andatevene via! Ora!», tuonò Michelangelo, al colmo della propria ira.

Senza aggiungere altro, ma con un sorriso diabolico in volto, Guidobaldo II Della Rovere e il suo accompagnatore guadagnarono l'uscita.

# 31
# Il potere delle idee

«*Il Beneficio di Cristo*?», mormorò, non senza sorpresa il cardinal Badia.

Carafa annuì con condiscendenza. «Stampato in Venezia».

«Venezia la laica», soggiunse de Toledo.

«Venezia l'eretica», sottolineò con una punta di gravità Guidiccioni. «Una città che da sempre si sottrae alla nostra autorità, come se fosse qualcosa di diverso, di alieno alle leggi di Dio».

«Sia come sia», tagliò corto Carafa, «questo piccolo libro sta avendo una formidabile quanto improvvida diffusione: da Milano a Venezia, da Padova a Firenze a Napoli, fra i nobili e i plebei, fra i ricchi e la povera gente, le parole di Benedetto Fontanini riecheggiano in modo sibillino le tesi di Martin Lutero».

«Ne siete certo?», domandò con una punta di preoccupazione il cardinal Badia.

Per tutta risposta, Carafa prese il libriccino fra le mani, lo aprì e lesse la prima pagina che gli venne sotto gli occhi: «*Questa è quella santa fede senza la quale è impossibile che alcuno possa piacere a Dio e per la quale tutti i Santi del Nuovo e del Vecchio Testamento si sono salvati come testimonia san Paolo di Abramo del quale la scrittura dice: "Abramo credette a Dio e gli fu imputato a giustizia". E perciò dice, poco innanzi: "Crediamo dunque l'uomo giustificarsi per la fede senza le opere della legge"*».

Udite quelle parole, attorno al tavolo si fece un gran silenzio. Poiché ciascuno riconobbe quanto quel piccolo testo fosse gravido di una forza potenzialmente devastatrice ed eversiva. Perché, certo, quelle erano le parole di san Paolo, eppure messe in mano a chiunque, ed era questo il potere della diffusione di un libello come *Il Beneficio di Cristo*: permetteva al fedele di costruire un proprio rapporto con Dio, escludendo in pieno le "opere della legge" e dunque il compito della Chiesa, relegandola a un ruolo che non poteva nemmeno definirsi subalterno.

Fu il cardinal Badia a rompere per primo la cortina pesante che s'era creata. Lo fece più per amor di verità. Carafa sapeva che sarebbe stato il più difficile da convincere. E comprese anche il senso delle sue parole: «Amici, capisco perfettamente quanto frasi come queste possano spezzare il precario equilibrio che, con fatica, stiamo cercando di ricomporre, alla luce della frattura determinata dalle tesi protestanti. D'altra parte mi chiedo se il passaggio appena letto sia l'unico e il solo o se – e confesso che, conoscendo le tesi di Benedetto Fontanini, è quello che temo – ve ne siano altri che possano, nelle mani sbagliate, incitare a una ribellione la quale, inutile dirlo, equivarrebbe alla fine della nostra amata Chiesa».

Guidiccioni fu sul punto di parlare ma Carafa lo fermò prima e lesse un altro passo: «*...Affermando che san Paolo voglia che la fede sola sia bastante alla giustizia, dimodoché l'uomo solamente per credere diventa giusto, anche se non abbia fatto alcuna opera, con ciò sia cosa che il ladrone fosse giustificato senza le opere della legge, perciocché il Signore non cercò quello che per l'addietro avesse operato né aspettò che operasse alcuna cosa dopo che avesse creduto ma, avendolo giustificato per la confessione sola, l'accettò per compagno dovendo entrare in Paradiso*».

Un silenzio ancor più profondo e sconsolato parve ammantare la sala. Carafa seppe che era quello il momento di agire. Doveva sfruttare l'affanno e la paura che quelle poche parole erano riuscite a creare per il fatto solo di essere state pronunciate.

«Io credo che questo testo sia talmente pericoloso da dover essere proibito. Non ho idea ancora di come si possa fare, ci penserò, ma ora non è questo il problema più grave. Mi permetto di ricordare a tutti noi che un Concilio è alle porte, che il pontefice proverà con i suoi uomini migliori a raggiungere una pacificazione con i protestanti, a ricondurli nell'alveo della Chiesa cattolica e me ne rallegro. Ma è anche nostro dovere, per il compito che ci è stato affidato, vigilare. E non v'è, fra noi, chi non veda quanto dannoso e pregiudizievole sia per la Chiesa un testo come questo».

Carafa si versò dell'acqua. Sapeva di dover convincere i suoi interlocutori, almeno una parte di loro, e nel farlo doveva procedere con cautela, al punto che gli pareva di marciare nel deserto. Bevve, mentre nessuno osava interromperlo. L'acqua non lo dissetò. Ne voleva ancora ma non poteva attendere troppo prima di riprendere. Li aveva quasi in pugno, perciò ricominciò.

«Ma la situazione è ancora più grave di così. Poiché, vedete, se è vero che Benedetto Fontanini è l'autore di un simile scempio teologico, è altrettanto innegabile che Marcantonio Flaminio ne è il curatore e, recentemente, lo ha arricchito di esempi e riflessioni che rimandano senza dubbio alle tesi di Lutero e che in verità recepiscono l'approccio spavaldo del cardinale Reginald Pole, perché è proprio con quest'ultimo che Flaminio ha intelligenze. Mentre io vi parlo, il cardinale tiene letture di quest'opera presso Viterbo, raccoglie attorno a sé alcune delle personalità più influenti di questo tempo, dimodoché l'*Ecclesia Viterbiensis* sta diventando una chiesa nella Chiesa e, da qualunque parte si voglia esaminare questa faccenda, è evidente che si tratta di un fatto non tollerabile».

«Personalità più influenti?», domandò il cardinale Pietro Paolo Parisio, evidentemente scosso da quanto Carafa aveva appena letto.

«Volete qualche nome?», chiese quest'ultimo.

Parisio annuì.

«Vittoria Colonna, anzitutto».

«La marchesa di Pescara?», domandò Badia.

«È poetessa, intellettuale, seguace di Juan de Valdés e di Bernardino Ochino, sorella di Ascanio Colonna, colui che solo due anni fa si ribellò al papa, fomentando una rivolta contro di lui».

«È terribile», commentò de Toledo.

«Vi sono altre personalità?»

«Il cardinal Giovanni Morone».

«Davvero?»

«La sua amicizia con Reginald Pole è un dato acquisito, mi pare», disse Carafa, «senza contare che le sue nomine come nunzio a Gand, le sue partecipazioni alle diete di Hagenau, Worms, Ratisbona e Spira l'hanno sempre visto teso a cercare un compromesso con i protestanti».

Il cardinal Badia sospirò.

Carafa lo ignorò. «Ma soprattutto, da precise indagini, risulta senza ombra di dubbio che a un simile circolo abbia recentemente aderito anche uno dei massimi artisti di questo tempo, un uomo la cui fama e popolarità sono di tale vastità che se solo la notizia si diffondesse, sarebbe per noi come l'ottava piaga d'Egitto». Carafa si fermò. Si versò altra acqua. Bevve. Lasciò i cinque cardinali in attesa.

Infine pronunciò il nome che avrebbe cambiato quella giornata: «Michelangelo Buonarroti».

# 32
# Incontro nella Sistina

Entrare nella Cappella Sistina gli faceva sempre uno strano effetto. Nonostante la sentisse sua, rimaneva per lui una sorta di mistero, una specie di vaso alchemico, un luogo mistico che pareva vivere e respirare.

Ogni volta restava incantato nell'osservarne la forma irregolare giacché, certo, la pianta era un quadrilatero, ma i due lati lunghi, tutt'altro che paralleli, convergevano verso il fondo e, come se non bastasse, quest'ultimo risultava inclinato.

La ragione di una simile bizzarria era legata al fatto che l'artefice, l'architetto Baccio Pontelli, l'aveva progettata ed eretta sopra la preesistente, e ormai in rovina, cappella magna. Nell'edificarla, aveva voluto prendere a modello il Tempio di Salomone a Gerusalemme e così ne aveva replicato le misure con una lunghezza pari a settanta braccia, esattamente doppia della larghezza e tripla dell'altezza che raggiungeva le ventitré. D'altra parte, Baccio Pontelli aveva anche dovuto soddisfare le esigenze di Sisto IV, dimodoché le pareti erano quanto mai spesse, cinque braccia e mezzo, e, sopra la volta, erano stati ricavati alloggi e camminamenti per le sentinelle, feritoie per gli arcieri, in una teoria di opere difensive che ne facevano una vera e propria fortezza militare.

All'interno però, la grazia e la bellezza degli affreschi, di Perugino e Botticelli soprattutto, lo lasciavano senza parole. Quando si era spezzato la schiena giorno e notte, nel tentativo di portare a termine l'impresa della volta, le splendide figure di Botticelli gli avevano dato infinito conforto. E il fatto di non poterle vedere, quando se ne stava sui ponteggi, e dunque per la maggior parte del tempo, aveva rappresentato per lui un autentico tormento.

Perciò ora, mentre entrava per recarsi al cospetto del papa che lo stava aspettando al centro della cappella, lo sguardo gli cadde ancora una volta su quei colori abbaglianti e quel volto di donna che Botticelli aveva saputo rappresentare con tanta grazia nell'affresco dedicato alle prove di Cristo. La figura femminile recava le fascine di legna sulla spalla, il suo volto era splendido, la pelle nivea, la veste in bianco e azzurro: era la Primavera e, ogni volta che la guardava, a Michelangelo tornava in mente Vittoria.

Ma quell'incanto era destinato a rompersi poiché il papa aspettava e, a giudicare da come andava tormentandosi le mani, non doveva aver niente di buono da dirgli.

A malincuore, Michelangelo lo raggiunse al centro della cappella, si inginocchiò, gli baciò la veste e poi l'anello. Quindi, tornò in piedi. E quello che vide non gli piacque per niente.

Paolo III scuoteva il capo e un sorriso amaro gli tagliava il viso. «Michelangelo, amico mio, non avete idea di quanto io sia dispiaciuto: per voi e per me». Sembrava davvero affranto. «Non vi nego che ho pensato a lungo a cosa fare e mi sono risolto, naturalmente, per essere dalla vostra parte. Pure, confesso che voi fate di tutto per attirarvi gli strali di quanti più nemici possibili, nemici talmente potenti che, nel continuare con questa folle condotta, finiranno per cagionare la vostra stessa rovina. Eppure, guardate, non siete voi l'artefice di una simile meraviglia?», e mentre diceva così, il papa gli indicò la parete dell'altare di fronte a loro.

Michelangelo la conosceva bene. Aveva terminato il *Giudizio universale* da poco più di un anno e sapeva quanto lavoro e quanti timori gli fosse costato. Eppure tacque perché intuiva che il papa non aveva finito. Lo conosceva da troppo tempo per potersi sbagliare. Quello era solo l'inizio.

«Voi siete l'uomo capace di creare tutto questo», riprese il pontefice, «gli angeli che sollevano la croce di Cristo e tengono la corona di spine, indicando i beati, mentre essi recano con sé la colonna alla quale Cristo è stato legato e flagellato e la canna con la spugna imbevuta d'aceto. Ma il centro, il fulcro, il cuore dell'intera meraviglia sono Gesù e Maria, avvolti nel nembo di luce. Ogni volta che li guardo, sento gli occhi sanguinare, perché nemmeno dopo averli visti mille e ancora mille volte posso essere preparato a una simile bellezza», e su quelle parole il papa sospirò. Era come se per la prima volta stesse dicendo a Michelangelo ciò che davvero pensava della sua opera dal più profondo del cuore. Ma quel suo spendersi in lodi e ammirazione sembrava celare anche qualcosa di sgradevole e strisciante che, presto o tardi, sarebbe fiorito sulle sue labbra.

Michelangelo sperava che non fosse così ma percepiva in modo chiaro e ineluttabile quella sensazione. Anzi, ascoltare Paolo III e sentire le sue parole non faceva che confermare le sue peggiori attese e così si ritrovava a essere ancor più inquieto e in guardia che se fosse stato accusato apertamente.

«Non parlate, amico mio?», provò a incoraggiarlo il pontefice.

«Vi ascolto», rispose laconicamente Michelangelo.

«Capisco. Ma dovete credermi, non potete immaginare quanto io ami questo vostro capolavoro. Fra tutte le meraviglie che questa cappella contiene il *Giudizio universale* è quella che più mi è cara. I miei occhi non sanno dove guardare tanto è lo splendore: la mano destra di Cristo sollevata sopra il capo, gli occhi verso il basso, dove dalle bocche dell'inferno si affannano i dannati mentre con la sinistra, piegata delicatamente sulla stessa linea dello sguardo di Maria, pare voler rassicurare i beati. C'è così tanto amore in questo affresco, un tale trionfo che quasi non si riesce a sostenerne la grandezza. E però...».

E quell'ultima parola parve scricchiolare sulle labbra del papa, poiché, era chiaro, quel che stava per dire doveva costargli molto. Perfino a un uomo come lui.

«E però?», lo incalzò Michelangelo. Se il pontefice voleva dichiarargli guerra, tanto valeva che lo facesse immediatamente. Che senso aveva aspettare?

«E però non perdete occasione per farmi preoccupare. È vero quel che ho sentito dire riguardo a certe vostre frequentazioni?»

«Vostra Santità allude?».

Paolo III, che gli dava le spalle, con gli occhi ancora sul *Giudizio universale*, si voltò d'improvviso, incendiandolo con lo sguardo.

«Io non alludo. Io affermo. So delle vostre intelligenze con Vittoria Colonna. E con Reginald Pole, Marcantonio Flaminio, Sebastiano Priuli... e chi altri? Ma vi rendete conto di quello che state facendo? Devo mettervi in guardia, Michelangelo, perché in questo modo voi vi contrapponete alla Chiesa, quella che sto cercando di proteggere dalla deriva protestante, che come una marea rischia di abbattersi su Roma. Quasi fosse la peggiore delle Apocalissi. E voi, voi Michelangelo, che siete il nostro campione, ci abbandonate così?»

«Ma se siete stato proprio voi a individuare in Reginald Pole il vostro legato per l'indizione del Concilio di Trento!».

«Non giocate con me! Sappiamo perfettamente che il cardinale è un uomo di grande ingegno e che, nei limiti del possibile, si è prodigato per tentare di promuovere un dialogo con Lutero. Ma da questo a creare un'*ecclesia* che pare riflettere le tesi del nostro più formidabile nemico ce ne passa, non vi pare? Ed è esattamente quello che sta facendo Pole».

«Dunque mi avete fatto seguire?»

«Non io. Ma chiunque abbia così deciso ha avuto ragione, a quel che vedo». Paolo III sospirò di nuovo. C'era in lui, innegabile e sincera, una delusione e un'amarezza che non riusciva a mascherare.

«Che cosa dovrei fare, secondo voi?»

«Tanto per cominciare, smettere di vederli. Non può venirne niente di buono».

«Mi state minacciando?»

«Minacciarvi? Come potete anche solo pensarlo? Siete voi la causa del vostro male! Io mi preoccupo per il vostro benessere da quando sono divenuto pontefice. Chi vi ha nominato Supremo Pittore e Scultore dei Sacri Palazzi Vaticani, facendovi avere uno stipendio di cento ducati al mese? Chi vi sta proteggendo oggi, nonostante facciate di tutto per porvi dalla parte dei nemici della chiesa?»

«Sapete perfettamente che non è il denaro che cerco!», e Michelangelo pronunciò quelle parole come se fossero un'ingiuria.

«Ne sono certo. Pure, il discorso non cambia, lo capite? Non potete pensare di frequentare certe persone ed essere il nostro campione, l'araldo della Chiesa cristiana di Roma».

«Perché? Perché?», proruppe Michelangelo, esasperato. «Perché non vi vado più bene? Perché non celebro in modo abbastanza fastoso e magnifico la gloria terrena?»

«La gloria di Dio, Michelangelo».

«Davvero, Santità? O non è piuttosto che questa vostra Chiesa si è dimenticata nel tempo di essere l'ancella di nostro Signore? Poiché vedete, sono talmente tanti gli uomini di Dio che commettono ogni giorno i delitti più atroci, che faccio davvero fatica ad accettarne il sedicente primato morale. Simonia, vendita delle indulgenze, sodomia, stupro, corruzione, pedofilia!».

«Come osate?». Paolo III si era appoggiato ai braccioli del proprio trono. Vacillava, quasi, tanto quelle parole lo avevano ferito, giunte com'erano senza preavviso: nude, spietate, terribili.

«Come oso? Vostra Santità, io non oso affatto, io affermo fatti certi. Potete forse negare che vostro figlio, Pier Luigi Farnese, non solo partecipò, insieme ai Lanzichenecchi, al Sacco di Roma ma, dopo aver difeso il palazzo di famiglia perpetrò, all'indomani del massacro, furti, profanazioni e omicidi nella campagna romana, al punto da meritarsi scomunica e anatema da papa Clemente VII? E che dire dello scempio che fece a Fano, stuprando il vescovo sotto la minaccia dei coltelli solo qualche anno fa? E cosa faceste voi per ammonirlo? Gli donaste il feudo del ducato di Castro!». Michelangelo era al colmo della propria rabbia. Sapeva di aver osato troppo ma era stanco di essere ostaggio di uomini che lo minacciavano, proclamandosi servitori di Dio quando nulla del genere era vero.

Paolo III, affranto per il peso di quelle parole affilate come punte di freccia, si sedette, esausto, sul proprio scranno in legno.

Chinò il capo, poiché non poteva negare la verità. «Voi non avete alcun rispetto, messer Buonarroti».

Ma Michelangelo non aveva intenzione di cedere. Era furente. «Non m'importa quel che pensate di me. Sono stanco di avere paura, sono stanco di assecondare la follia che divora questa città!».

Paolo III alzò la mano. «Voi non capite. Per questo sto pensando di nominare capitano generale dell'Esercito pontificio Guidobaldo II Della Rovere. Mio figlio non conosce la misura. E, forse, nemmeno la disciplina. Avete ragione. Ma cosa fate voi? Litigate anche con Della Rovere. Solo l'altro giorno mi sono state riferite le sue lamentele in ordine al fatto che lo avreste aggredito…».

«Questa poi! Santità, non sono stato io ad aggredire Della Rovere, ma lui! Lui che è piombato nella mia casa, giudicando inadeguato il mio lavoro, denigrando la mia opera, ritenendo la statua dedicata a Giulio II non confacente alla gloria e alla grandezza del suo prozio!».

«Basta, Michelangelo, ve ne prego, mi ferite le orecchie», disse il papa ormai stremato.

«D'accordo! Sappiate solo che confidavo in voi per vedermi sollevato da questo incarico. E io vorrei solo potermi dedicare agli affreschi della cappella parva per poter celebrare la gloria di Dio. E invece il mio tempo va alla scultura delle statue per il monumento funebre di Giulio II!».

«Sono stanco, Michelangelo. Andatevene. La vostra presenza mi ha talmente prostrato oggi», disse il pontefice, «che vi chiedo di andarvene ora, prima che mi tornino le forze e decida di punirvi come la vostra insolenza meriterebbe! Pensate piuttosto a terminare gli affreschi della cappella». Senza aggiungere altro, il pontefice tacque. Il suo volto divenne una maschera di sofferenza e rancore.

Roso dall'ira, che lampeggiava nel suo sguardo, Michelangelo posò un ginocchio a terra. «Sarà fatto come Vostra Santità comanda». Baciò la veste del papa, poi l'anello. Infine si alzò in piedi e, senza pronunciare una sola altra parola, uscì dalla Cappella Sistina in un silenzio pesante e cupo.

Sapeva che, dopo quello che aveva detto, il papa si sarebbe guardato bene dal prendere le sue difese.

Con la sua condotta sconsiderata aveva messo in pericolo Vittoria più di quanto già non fosse.

Se le fosse accaduto qualcosa non se lo sarebbe mai perdonato.

# 33
# L'ira

No, non li avrebbe mai perdonati!

Avevano seguito lui e Vittoria che non avevano fatto niente di male. Non lo avevano protetto dalle pretese di Della Rovere, che non solo gli imponeva la conclusione di quella maledetta tomba ma osava mettere in discussione la bontà del suo lavoro, come se mai avesse compreso qualcosa d'arte! Proteggevano i propri vizi e privilegi e spacciavano quella depravazione per volontà di Dio.

Era stanco!

Era disgustato.

Non lo era mai stato, forse, a tal punto.

L'amarezza lo sommergeva: era come un'onda gigantesca e nera che s'innalzava sopra di lui per poi precipitare in una cascata d'acqua e lasciarlo infine affranto e spezzato sulla riva della vita, senza più nulla da dire o sperare. Era un relitto, uno scafo frantumato, legno e fasciame fatto a pezzi, ridotto in uno stato prossimo alla rovina più completa.

Pianse perché si sentiva tradito. Pianse perché sapeva di aver confidato nell'onestà delle persone, nella loro sincerità e invece, ovunque volgesse lo sguardo, tutto era corruzione, calcolo, mercimonio. E Roma, Roma che lui aveva sperato di rendere bella come una regina, Roma che scintillava di candide colonne e del policromo fulgore degli affreschi, Roma che rinasceva sul Tevere con ponti di marmo, Roma che era un miraggio, uno scrigno di bellezza, la sua Roma! Ora era soltanto un'amante oltraggiata, ferita, dal respiro spezzato, preda degli appetiti e dell'avidità di traditori e ladri, assassini e bugiardi.

Aveva sperato che quel papa fosse diverso dagli altri ma non era vero affatto. Anche lui non faceva che pensare solo e soltanto alla propria famiglia, a infeudare nuove terre per quei figli bastardi che aveva avuto con una cortigiana e che non erano altro che stupratori, ladri, sodomiti, individui sacrileghi. E rinfacciava a lui di avere un pessimo carattere, di non comprendere la volontà di Dio, di frequentare eretici. Ma erano loro i Filistei, i traditori della vera fede. Erano loro a adorare il vitello d'oro. Non lui. Lui che viveva in una casa misera e semplice, che aiutava la propria famiglia con il lavoro e le opere che realizzava in nome di Dio. E quel denaro non bastava mai! E lo condannava a scolpire e scolpire ancora il marmo e ad affrescare le cappelle nonostante la vista gli mancasse e non riuscisse più a scorgere bene i bordi delle figure.

E invece loro perseguitavano Pole, perseguitavano Vittoria, che gli aveva regalato quel bel vetro veneziano con il quale riacquistava la vista per poter lavorare! E riempivano la città di bugie, divoravano Roma un pezzo alla volta e non facevano che ripetere di dover estirpare il peccato.

E Paolo III aveva anche fondato un istituto che si occupava di simili persecuzioni: il Sant'Uffizio. Guidato da un uomo che Michelangelo non conosceva ma che Pole non aveva esitato a definire un demone assetato di sangue: il cardinal Carafa.

Odiava sentirsi in quel modo. Perché non poteva avere anche lui, per una volta, un istante di quiete? Scosse la testa.

Guardò la statua del Mosè. Alta, gigantesca davanti a lui. Mosè che aveva condotto il proprio popolo nella Terra Promessa. Mosè che recava con sé le tavole della legge sulle quali erano scritti i Dieci Comandamenti. Mosè che aveva colpito la roccia con il bastone facendo sgorgare l'acqua. Mosè che aveva scalato le pendici del Sinai, rimanendovi quaranta giorni e quaranta notti.

Quanto aveva sacrificato di sé per il suo popolo, sostenuto dalla fede in Cristo? Al solo pensiero, Michelangelo si sentì meschino e debole. Non faceva che preoccuparsi per se stesso: si offendeva per le ingiurie rivolte alla sua arte, perché la Chiesa lo stava spiando. Come poteva anche solo pensare di perdere tempo in simili, sciocche questioni? Non aveva, Mosè, superato ben altre prove? E non aveva sempre avuto fiducia nel suo Signore? E il Signore lo aveva forse mai tradito? Non era stato Dio ad aprire le acque del Mar Rosso per salvare il suo popolo? E non le aveva poi richiuse, inghiottendo il faraone e i suoi carri da guerra? Forse Dio non aveva fatto scendere la manna dal cielo quando il popolo di Israele non aveva più avuto nulla da mangiare?

Nella fede stava la risposta a tutte le sue domande. L'ira che lo consumava come un fuoco doveva tramutarsi in ghiaccio e farsi quieta energia al servizio dell'arte. Avrebbe reso lode a Dio con il proprio lavoro e ne avrebbe celebrato la grandezza.

Guardò negli occhi Mosè e sentì che doveva fare qualcosa.

Qualcuno bussava alla porta. Michelangelo non aveva idea di chi potesse essere.

Andò ad aprire e si ritrovò davanti Tommaso de' Cavalieri.

Dapprincipio rimase colpito. Non si vedevano da un po'. Per lungo tempo Michelangelo aveva nutrito per lui sentimenti indicibili, al punto che era stato Tommaso l'unica vera ragione per la quale se n'era andato da Firenze, tornando a Roma dieci anni prima.

Anche quel giorno era più bello che mai: i lunghi capelli color del rame, il volto dagli zigomi alti e forti, gli occhi chiari, tersi come spicchi di cielo.

Lo abbracciò e gli parve d'annegare: le sue spalle forti, le sue braccia muscolose. E com'era vestito! In velluto nero con monete d'oro ricamate.

«Venite dentro, Tommaso», disse Michelangelo, «o gelerete».

Il nobile de' Cavalieri non se lo fece ripetere due volte.

Davanti al camino, Tommaso allungò le mani per scaldarle un po', dando le spalle al maestro. Michelangelo lo guardava rapito.

«Come state, messer Buonarroti?», chiese il giovane, rivelando una voce dolce e ben modulata.

«Come un vecchio, quale sono, Tommaso. Confesso che mi siete mancato. Sono giorni complicati».

«Davvero?».

Michelangelo sospirò. Quando vedeva Tommaso faceva fatica a trovare le parole. Era talmente elegante, regale, irraggiungibile per lui. Provava un senso di smarrimento. Si fece coraggio. «Mi avete trovato in un momento difficile».

«E perché mai?», chiese Tommaso voltandosi. Aveva il sorriso di un bambino sul volto.

«Perché sento che la statua del Mosè, quella che voi avete già visto in passato, non è come dovrebbe essere».

«Ossia?»

«Non lo so. È come se fosse nella posizione errata».

Tommaso sgranò gli occhi. Non capiva. «Non mi è chiaro: non l'avete forse scolpita voi?».

A Michelangelo sembrò di aver sbagliato tutto. Non vedeva Tommaso da un po' e la prima cosa di cui gli parlava erano i suoi dubbi sul Mosè. Non avrebbe potuto essere un ospite peggiore, nemmeno volendo. «Gradite qualcosa? Del vino? Una scodella di brodo per riprendervi dal freddo?»

«No, grazie», rispose Tommaso, «sto bene così. Non rispondete dunque alla mia domanda?»

«Certo. È solo che non vi vedo da un po'. E trovavo scortese e sciocco gettarvi addosso i miei dubbi».

«Non preoccupatevi per questo. Ero di strada e mi è parso giusto passare a salutarvi. Piuttosto, perché non vediamo insieme questo Mosè? Se vi cruccia così tanto magari insieme potremo trovare una soluzione».

Michelangelo sorrise. In cuor suo ringraziò Tommaso per quella sua dolcezza. «Certo», gli disse alzandosi in piedi, «venite con me», e così dicendo, lo condusse nel laboratorio.

Al centro, magnifica, traslucida nel marmo perfettamente levigato, stava la statua di Mosè.

Quando la vide, Tommaso si spese in lodi. «Quale stupefacente miracolo avete creato», disse rivolto al maestro. «Riesce difficile credere che una simile meraviglia non vi soddisfi ancora».

«È ben riuscita certo, ma mi pare che nella posizione in cui è non catturi la lucc».

«La luce?».

Michelangelo scosse la testa. «Avete ragione Tommaso, devo prima spiegarvi. Vedete, a San Pietro in Vincoli, dove si trova la tomba di Giulio II, due finestre si guardano simmetricamente da destra e sinistra. Esse lasciano fluire una luce meravigliosa. La statua verrà posta nel registro basso della sepoltura. Per com'è in questo momento, con lo sguardo dritto davanti a sé, guarderebbe l'altare ma, così facendo, non potrebbe intercettare il cono di luce che giunge dalla finestra di sinistra rispetto alla quale potrebbe girarsi quasi naturalmente».

«Credo di capire», disse Tommaso, «e vi confesso che, quando l'ho visto, ho pensato anch'io che, se Mosè guardasse di lato, mi parrebbe che la statua sarebbe ancor più bella di quanto già non sia. Ma, arrivati a questo punto, non credo sia possibile cambiare».

Michelangelo lo guardò. Fu in quel momento che capì cosa doveva fare, ma decise di tacere a Tommaso ciò che aveva in mente. Quanto sarebbe stato bello sorprenderlo realizzando qualcosa di straordinario? E dunque rimase in silenzio. Poi gli disse: «Vi farebbe piacere tornare a farmi visita fra due giorni?»

«Certo. Anzi, ora che ci penso, dovrei proprio andare. Come vi avevo detto ero di fretta. Mi fermerei volentieri di più ma...».

«Non preoccupatevi. Capisco perfettamente. Ci vedremo dopodomani, dunque e allora avremo più tempo».

Così dicendo, lo accompagnò alla porta.

# 34
# Scolpire in nome della luce

Prese lo scalpello.

Picchiò il martello. Il colpo fu di tale potenza che il braccio intero parve vibrare e l'energia liberata risalì fino alla spalla e poi al collo e poi ancora più su, fino alla testa.

Amava la statua del Mosè, l'aveva scolpita sperando che almeno un po' gli assomigliasse. Ma ora aveva deciso che così com'era non andava più bene.

Guardando avanti, gli occhi del profeta si sarebbero soffermati sull'emblema stesso della superstizione cattolica, quell'altare delle catene che avrebbe rappresentato la pietra angolare di un potere temporale che la Chiesa era ben lungi dal voler abbandonare. E lui non voleva contribuire alla perpetuazione di una simile vergogna.

Sapeva invece che proprio alla sinistra della statua, per come sarebbe stata collocata, una finestra avrebbe fornito la luce necessaria per illuminare lo sguardo del profeta: una luce pulita, pura, mondata da qualsiasi imperfezione temporale e terrena.

Per questo doveva fare in modo che Mosè volgesse lo sguardo: dall'altare verso la fonte luminosa.

Ed ecco il motivo per cui lavorare ancora una volta il marmo.

Il primo colpo di martello lo aveva risvegliato dal torpore nel quale quell'immensa rete di bugie lo aveva imprigionato. Prese a lavorare con lena: sapeva di dover sfruttare la massa di marmo della gamba sinistra, doveva ripiegarla all'indietro, in modo da poter avere spazio sufficiente per il piede. Non c'era altra possibilità.

Mentre colpiva e schegge di marmo si alzavano in un candido frullo di polvere, pensò a come risolvere il problema del ginocchio sinistro che si sarebbe di gran lunga rimpicciolito rispetto a quello destro. Lavorò la pietra, fino a coprire il ginocchio con la tunica di Mosè. Creò una piega, increspando la veste. Così facendo, riuscì a camuffare la sproporzione, ingannando gli occhi dell'osservatore.

Mentre lo scalpello aggrediva il marmo e le sue braccia ancora forti vibravano per i colpi del martello, il sudore prese a colargli sulla fronte.

Eppure, più andava cambiando la postura della statua più sentiva di aver ragione e un canto pareva aprirglisi in petto, una liberazione da tutte quelle imposizioni e costrizioni, dettate da una Chiesa ipocrita e impartite negli anni addietro quando, invece, avrebbe dovuto rifiutarle nel modo più reciso.

Non sapeva da dove arrivasse quella musica sconosciuta, forse da un angolo zingaro dell'anima. Forse stava impazzendo o forse quel disperato tentativo di ridare dignità ai simboli, alla figura del profeta che reggeva le tavole della legge, che quasi parevano sfuggire alla sua presa, scivolando di lato, era ormai l'unica cosa che davvero contava.

Si decise a modellare la barba, spostandone le ciocche in un lungo lambire di marmo da sinistra a destra, lasciando che la mano destra quasi vi s'impigliasse. Si mantenne leggero ma preciso, procedendo per successivi aggiustamenti, accarezzando il marmo meraviglioso e lucido, colpendo quando necessario ma avendo cura di assecondare la materia, quasi fosse una cosa viva e vibrante di passione.

Non si rese conto di quanto tempo impiegò, ma a un tratto, decise di fermarsi, stremato dalla fatica.

Sapeva però che ormai era troppo tardi per lasciare quella trasformazione incompiuta. Avrebbe continuato fino a quando il lavoro non fosse finito. Barcollò lasciando cadere il mazzuolo. Esausto, quasi zoppicò, fino a entrare nell'altra stanza della casa. Si accasciò su una sedia. Il respiro affannato, gli occhi che gli bruciavano, le braccia in fiamme. Sul tavolo c'era una brocca con dell'acqua. Recuperò un bicchiere e se ne versò un po'. Bevve. L'acqua gli diede ristoro e lo rinfrancò. Rimase con il bicchiere in mano a fissare la superficie liquida e mutevole nella quale si specchiava il suo sguardo.

Attese ancora qualche istante.

Si alzò: doveva riprendere a lavorare fino a quando non avesse terminato.

Osservò quel che aveva fatto.

Ora Mosè guardava alla sua sinistra. Lontano da un altare dove venivano venerate le catene di san Pietro e concesse le indulgenze. Lontano da una Chiesa che aveva smarrito se stessa.

Gli parve di aver scolpito un'immagine di sé, un riflesso lucente di quel che avrebbe potuto diventare o, meglio, una proiezione di ciò che davvero avrebbe voluto essere. Avrebbe voluto conoscere quali fossero i pensieri di Mosè, quel Mosè che tanto gli somigliava e che pure era migliore di lui perché aveva saputo allontanare lo sguardo da idoli e miraggi.

Michelangelo si sarebbe tolto un braccio pur di ascoltare quel che aveva da dire. E invece non poteva. Non poteva, e quel fatto, per quanto ovvio, gli dava un'assurda, bizzarra delusione che andava propagandosi in lui, si diffondeva come una febbre e lo faceva ammutolire nel silenzio intriso di sudore e fatica della sua casa.

Lo guardò, cercando di catturarne gli occhi che ora parevano fuggire verso sinistra.

Gli si avvicinò, stringendo il martello. Sentì il manico caldo, bollente per via dei colpi vibrati fino a un istante prima.

Poi, improvvisamente, quasi senza nemmeno rendersi conto di quel che stava facendo, alzò il martello sopra la testa e lo calò in un ultimo colpo disperato sul ginocchio di marmo della statua.

«Perché non parli?», domandò.

# 35
# Il Mosè

Michelangelo lo aspettava.

Tommaso de' Cavalieri sapeva che, quando gli aveva chiesto di passare di nuovo a salutarlo, il grande artista aveva qualcosa in mente.

Non ne conosceva il motivo o meglio, all'inizio aveva creduto di averlo intuito: per molto tempo Michelangelo aveva nutrito una sorta di passione, quasi di infatuazione per lui. I disegni che gli aveva offerto in dono, dieci anni prima, erano quanto di più ardito e, per certi aspetti, sconcertante avesse mai visto. In particolare, quando lo aveva ricevuto, *Il rapimento di Ganimede* lo aveva lasciato ammutolito. Il disegno era magnifico ma per certi aspetti sconvolgente: esprimeva una tale potenza erotica da rendere abbastanza ambigui i sentimenti di Michelangelo per lui e, se in un primo tempo Tommaso aveva creduto che il maestro lo considerasse nulla più che un compagno di conversazioni, si era ben presto reso conto che il desiderio che provava doveva essere qualcosa di molto più intenso e ardente.

L'aquila che portava Ganimede in alto, verso il cielo, intrecciava le proprie ali alle braccia del giovane ragazzo e gli appoggiava il collo robusto e forte sul petto, in una maniera che non avrebbe esitato a definire lasciva. Tommaso era rimasto a lungo a osservare il modo in cui la grande testa del rapace e il becco forte e adunco parevano voler stuzzicare i capezzoli del giovane uomo, il coppiere degli dèi.

Il mito voleva che di quel fanciullo dalla bellezza irresistibile si fosse innamorato il re degli dèi, Zeus. E che lo avesse rapito e stuprato per farne il proprio servitore.

Aveva ammirato lo splendido disegno per giorni interi, al punto che aveva sentito crescere dentro di sé un desiderio divorante, incontrollabile. La bellezza del tratto, la pienezza del segno e delle forme, l'energia delle figure erano quasi stordenti. Tommaso non riusciva a staccare i propri occhi da quel che vedeva, soggiogato, irretito da un sortilegio inspiegabile ma che lo aggrediva come una pulsione, un irrinunciabile istinto di voler cedere a quel che in quel momento sentiva. Percepiva un violento desiderio di abbandonarsi alle sensazioni selvagge che rifluivano nel suo corpo, accese da quella fantasia sorprendente e maledetta insieme: covava nell'animo un bisogno talmente profondo di essere violato da renderlo quasi pazzo.

Aveva creduto di perdere se stesso. Al punto che non si era più separato da quel disegno e lo aveva conservato fra le cose più care che aveva. Ne erano poi seguiti altri tre. Altrettanto splendidi e del medesimo tenore: pareva quasi che Michelangelo sfogasse il proprio desiderio per lui con una tale sfrenata perversione da fargli male e così, dopo averli guardati, Tommaso s'era sentito sfinito e sommerso da una tale prorompente forza espressiva.

E tuttavia, dopo quei mesi tormentati, intrisi d'una passione strana, bizzarra e potentissima a un tempo, nei quali aveva visto il maestro quasi mettersi ai suoi piedi, in attesa di un suo cenno di affetto, di un incoraggiamento a continuare, si era reso conto che quella pulsione ingovernabile in lui era scemata e Michelangelo, che saggiamente aveva tenuto per sé ogni ulteriore profferta, non ne aveva mai più fatto menzione.

Ora, non aveva la sensazione che qualcosa del genere stesse per ripetersi, ma aveva comunque avvertito nel suo sguardo il desiderio profondamente sincero di stupirlo, di volerlo lasciare senza parole proprio come era accaduto dieci anni prima.

E infatti, quando era entrato, Michelangelo lo aveva accolto e, senza dire nulla, senza nemmeno salutarlo, si era limitato a condurlo nel laboratorio. Giunto lì, Tommaso si era ritrovato la colossale statua del Mosè completamente diversa da come l'aveva lasciata solo due giorni prima.

«Avete visto?», gli aveva detto Michelangelo, «il Mosè si è girato». Nessuna presunzione in quelle sue parole, nessuna arroganza. Anzi, una sorta di estasi mistica come se davvero Mosè avesse potuto voltarsi.

Non era plausibile che Michelangelo fosse riuscito a far compiere alla statua una tale perfetta torsione del capo e del busto in un tempo così breve.

Eppure, nonostante stentasse a crederlo, Tommaso dovette concludere che era proprio così.

Ora il profeta non guardava più davanti a sé. I suoi occhi cercavano la luce alla propria sinistra. Ma non era solo il volto e la testa intera a risultare completamente girata rispetto a due giorni prima, poiché ora, per esempio, la gamba sinistra era piegata all'indietro in una flessione che pareva condurre allo spasimo. Il panneggio sul ginocchio era completamente diverso e le lunghe e magnifiche ciocche della barba scivolavano come onde del mare sulla destra, impigliandosi deliziosamente fra l'indice e il medio.

Come tutto ciò fosse potuto accadere nell'arco di due giorni restava un mistero.

Cercò conferme negli occhi del maestro ma non vi trovò che lo specchio quieto della sua espressione vagamente compiaciuta.

Ne fu turbato. Ma allo stesso tempo irrimediabilmente attratto. Sapeva che, anche domandando, non sarebbe riuscito ad avere più informazioni di quante già ne aveva avute, così non domandò.

«Avete ragione, Mosè si è girato. E ora è davvero nella posizione che più gli aggrada».

Michelangelo annuì.

Entrambi rimasero a fissare la statua.

Ma in quel silenzio e nel mutamento repentino della figura, Tommaso avvertiva qualcosa di sovrumano e minaccioso, al punto che, ben presto, sentì il bisogno di uscire. Lì soffocava. Perché troppa era la grandezza di quell'uomo. Il talento di Michelangelo gli toglieva il fiato.

«Ho bisogno di aria», disse.

«Uscite pure», gli rispose Michelangelo, «io vi aspetto qui».

E in quelle semplici parole, Tommaso avvertì il potere assoluto del maestro, quasi Mosè fosse lui.

E a un tratto lo vide, fu un attimo, ma non ebbe più dubbi: negli occhi della statua gli parve di scorgere lo sguardo ardente di Michelangelo.

Uscì perché non resisteva più.

# INVERNO 1543-44

# 36
# La sorpresa

Era freddo.

Roma era coperta da una cortina di gelo. E seguire, non vista, Michelangelo risultava oltremodo pericoloso. Malasorte doveva far attenzione a non mettere un piede in fallo. Era agile e con il tempo aveva maturato una notevole abilità, ma l'inverno e la lana non l'aiutavano certo nel proprio compito. Discosto da lei, Ringhio non la perdeva di vista un istante.

Il tempo trascorso insieme lo aveva reso talmente fedele che nemmeno nei suoi sogni Malasorte avrebbe mai immaginato di poter avere una simile guardia del corpo. Sapeva che, con lui, non poteva accaderle nulla di male. Aveva imparato a seguirla lungo le strade anche quando lei si arrampicava sui tetti.

Era stupefacente.

Malasorte aveva visto Michelangelo uscire dalla sua casa in Macel de' Corvi. Da quel momento si era messa alle sue calcagna per scoprire dove sarebbe andato.

Si teneva a una certa distanza, in modo da evitare quel che era accaduto a Viterbo, quando lui l'aveva scoperta, cercando perfino di inseguirla.

Questa volta, Michelangelo non aveva preso il cavallo. Quel fatto l'aveva sorpresa perché, almeno per quel che aveva potuto verificare, sceglieva quasi sempre la cavalcatura quando decideva di spostarsi.

Invece, quel giorno aveva deciso di camminare. Ed era in effetti ancor più strano dal momento che il freddo e il gelo mordevano più forte che mai.

Michelangelo aveva attraversato in tutta fretta piazza Sant'Eustachio con la sua chiesa dall'ampio porticato e l'alto campanile con colonnine in marmo sulla sommità. Sul fianco destro della chiesa altre due colonne, molto più grandi, si stagliavano, arrampicandosi come steli bianchi contro il cielo al tramonto.

Mentre seguitava a camminare s'era accorta che, lungi dal dirigersi in Campo de' Fiori come inizialmente aveva inteso, Michelangelo pareva voler proseguire verso via del Monte della Farina.

Seguendolo a una notevole distanza, e perciò temendo di perderlo, Malasorte aveva affrettato il passo.

Non appena si ritrovò a girare l'angolo, però, con Ringhio ancora un po' distante, finì dritta contro il petto di un uomo. Tale era stato il suo slancio che si sbilanciò e cadde per terra. Quando rialzò il capo, vide che Michelangelo la guardava dall'alto verso il basso.

Sgranò gli occhi per la sorpresa perché, in un lampo, si rese conto che quell'infinita camminata era stata architettata al solo scopo di farla uscire allo scoperto.

Michelangelo aveva i capelli arruffati e la lunga barba ferrigna lo faceva somigliare a un profeta. Ciononostante, non sembrava particolarmente felice di vederla. Anche lui, per un primo istante era parso incredulo, ora però aveva stretto gli occhi tanto da ridurli a una fessura e la fissava con rabbia.

Il fatto che Ringhio giungesse in suo aiuto abbaiando e spalancando le fauci, sollevando le gengive violacee sulle zanne affilate, non parve spaventare più di tanto l'uomo che aveva davanti.

Michelangelo torreggiava sopra di lei. «Dite al vostro cane di non provare nemmeno ad attaccarmi. O se ne pentirà», si limitò ad affermare.

La calma con la quale erano state pronunciate quelle parole indusse Malasorte a ordinare a Ringhio di calmarsi.

«Stai buono!», disse con tutta la determinazione che riuscì a trovare, mentre tentava di indietreggiare, scivolando impercettibilmente sui gomiti e sbucciandoseli sui sampietrini.

Ma Michelangelo non sembrava disposto a lasciarla andare in quel modo.

«Dunque siete voi!», disse. «Poco più di una ragazzina. Gli uomini del Sant'Uffizio sanno scegliere bene le proprie spie. Sono stati gli occhi a tradirvi! Sono di un colore talmente bello che non può essere dimenticato. Ora», la incalzò, «dal momento che mi seguite perlomeno da quando sono giunto a Viterbo, quasi un anno fa, voglio che mi diciate chi siete e cosa sapete su di me e i miei amici».

Malasorte sentì la gola serrarsi per la paura. Se avesse rivelato il motivo per cui lo seguiva, non solo avrebbe perduto la fonte prima dei suoi guadagni ma anche, e molto probabilmente, la vita. Conosceva Imperia e sapeva che non ammetteva errori: tanto era generosa con coloro che riuscivano nei propri compiti, tanto era spietata con chi falliva.

E lei aveva appena commesso uno sbaglio colossale.

«Non sperate che qualcuno venga ad aiutarvi! Quanto è vero Iddio, ora vi alzerete e mi seguirete nel magazzino di mia proprietà. Lì nessuno potrà sentirvi e avrete modo di raccontarmi tutto quello che sapete!».

# 37
# Una promessa pericolosa

Michelangelo accese alcune candele.

Malasorte si trovò ben presto in uno spazio ampio, ingombro di cavalletti, tavoli, cartoni, pennelli, martelli, subbie, scalpelli, risme di fogli da disegno, calcagnoli, matite, ugnetti e ogni sorta di attrezzi e strumenti per scolpire, disegnare e dipingere. Tutto era gettato alla rinfusa come se quel luogo fosse abbandonato o frequentato da un artista pazzo. E, a ben vedere, quel disordine, quel guazzabuglio di legno, ferro e pietra rispecchiava in pieno il suo proprietario.

«Allora», le disse Michelangelo, una volta che fu seduta, e che al lume di una lucerna riuscì a scorgerla bene in viso, «voglio sapere come vi chiamate e da chi avete ricevuto l'incarico di seguirmi. Non fatemelo ripetere».

Malasorte capì che non aveva alcuna possibilità di fuggire e nemmeno di mentire. E poi era stanca di tutte quelle bugie, di quegli inseguimenti notturni e di doversi vergognare per quel che faceva. Non aveva altra possibilità che vuotare il sacco.

«Mi chiamo Malasorte. Da un anno, ormai, ho ricevuto incarico dalla mia signora di seguirvi e riferire a lei quel che facevate».

«Come si chiama la vostra signora?».

Malasorte esitò ma fu solo un istante: «La mia signora è la cortigiana Imperia».

«La proprietaria della locanda dell'Oca rossa?».

Malasorte annuì.
«E perché mai lo avrebbe fatto?»
«Non saprei, credo che lavori per conto del Capitano dei birri del Sant'Uffizio».
«Il capitano Vittorio Corsini?».
Malasorte alzò le spalle.
Non era sicura di conoscere quel nome. Preferiva non sapere nulla dei committenti della cortigiana. Erano affari suoi e lei non aveva alcuna voglia di andare a collezionare dettagli che avrebbero potuto farla finire impiccata. E anche ad ammettere che avesse sentito quel nome, di certo non aveva mai incontrato l'uomo che lo portava, perciò, a conti fatti, non cambiava nulla.
«Volete dirmi che non sapete chi sia?», insistette Michelangelo.
«Proprio così!».
«E vi aspettate che vi creda?»
«Non m'importa che mi crediate. Vi ripeto che non so chi sia. Possiamo stare qui fino a domani e la mia risposta non cambierà», e gli occhi di Malasorte scintillarono per la determinazione.
Qualcosa dovette impressionare Michelangelo poiché, nell'udire quelle parole, smise di insistere. Anzi, a miglior garanzia, alzò le mani.

C'era qualcosa in quella fanciulla che lo sorprendeva, lasciandolo ammutolito. La bellezza dei suoi occhi e la lucentezza dei capelli neri quasi gli levavano il fiato. Era soggiogato da tanta grazia e provava pena per lei, perché percepiva che c'era qualcosa di taciuto per pudore, per timore di mostrare una parte di sé della quale provava vergogna. Pure non poteva incoraggiare il silenzio. Così, a maggior ragione, cercò di farla parlare ancora.

«Perché avete obbedito alla vostra padrona, acconsentendo a un simile disegno? Siete felice di avermi spiato? E quale vantaggio ve ne è venuto?».

La ragazza scosse la testa. E quando parlò, sembrò voler togliersi un peso dall'animo. «Voi mi giudicate con durezza. Non vi biasimo per questo ma voi non sapete cosa sia la miseria, cosa voglia dire crescere da sola, essere costretta a rubare per vivere. Io... ho sbagliato, certo, ma non avevo alternativa. Ho spiato voi e la marchesa di Pescara, e quel cardinale che risiede a Viterbo e che vi ha incontrato al monastero...».

«Già, lo sapevo che eravate voi!».

«Naturale. E tutto quello che sapete fare è accusare! Minacciare! Darmi della spia. E avete ragione. Ma non avevo scelta. Imperia mi ha dato un lavoro, del denaro, dei vestiti con cui coprirmi. Mi ha dato una casa! Che altro avrei dovuto fare? Venire da voi? Mi avreste aiutato?», e, mentre diceva così, la ragazza sputò per terra. Era furibonda e non aveva nessuna paura. Continuò a parlare, sfogando la propria rabbia e disperazione. «Io non so fare nulla, messer Buonarroti, a parte compiacere gli uomini e rubare. Mi ha cresciuto la strada e non ho imparato a fare altro a parte coltivare il mio amore per le storie leggendo, ma di questo, come potete ben immaginare, non importa niente a nessuno!». Malgrado l'ira e la determinazione, una lacrima le bagnò il viso.

Nell'udire quelle parole, Michelangelo rimase sorpreso per la seconda volta in poco tempo. Quella ragazza sapeva leggere?

E mentre pensava a quel fatto, recuperò un fazzoletto di lino e glielo avvicinò. «Smettete di piangere. Non voglio vedervi in questo stato».

Mentre diceva così il molosso, che inizialmente si era accoccolato obbediente ai piedi della sua padrona, aveva preso a ringhiare in modo sommesso.

«Dite al vostro cane di acquietarsi». Poi, mentre la ragazza prendeva in mano il fazzoletto e faceva cenno al cane di zittirsi, Michelangelo proseguì: «Dunque il vostro nome è Malasorte. Davvero singolare. E anche melanconico. E sapete leggere e amate le storie. Sappiate che piacciono molto anche a me e, avete ragione, non ho avuto una vita dura come la vostra, sebbene anch'io mi sia dovuto guadagnare il pane». Sospirò. Non si era atteso una situazione del genere.

«Desiderate qualcosa da mangiare?», le chiese in modo burbero. «Da qualche parte devo avere della composta di mele cotogne e del pane».

Malasorte annuì mentre, ora che li aveva asciugati, i suoi occhi tornavano a brillare. Sembrava indecisa, eppure Michelangelo capì che era sul punto di fidarsi di lui. «Coraggio», le disse, «non fate complimenti. Mi scuso per quel che ho detto ma dovete comprendere che anche voi avete fatto la vostra parte d'errore».

Il viso della ragazza s'illuminò. Sorrise.

«Allora, vi va la composta?», insistette.

«Sarebbe gentile da parte vostra», ammise lei.

Michelangelo si alzò in piedi. Si avviò verso il fondo della stanza. Armeggiò con qualcosa e quando tornò portava con sé un piatto.

La ragazza vide del pane bianco, che sembrava fresco, e una coppetta con della composta. Il profumo era meraviglioso: dolce e aromatico. Con l'acquolina in bocca spezzò il pane e lo intinse nella composta. Il sapore delizioso quasi le tolse il fiato.

«Non ho acqua ma se volete posso darvi del vino».

Malasorte annuì.

Michelangelo si alzò di nuovo e in breve tornò con un boccale di vino pieno per metà.

«Bevetelo piano».

Il vino era nero e forte. Ma a Malasorte non diede affatto fastidio. Quel luogo era talmente freddo e gelido che quel cibo proprio ci voleva.

«E ora, che cosa faremo?», domandò, quasi sottovoce, Michelangelo. «Pensate di poter mantenere il nostro segreto? Poiché è un fatto che se Imperia o Corsini lo scoprono è facile che vi facciano del male. Forse la cosa migliore sarebbe fuggire».

«Per andare dove?», domandò Malasorte.

Michelangelo scosse il capo. «Già!», ammise con una punta di sconforto.

«No, non faremo niente del genere», disse la fanciulla. «Lasceremo tutto come prima».

«Ne siete sicura?»

«Non vedo altra possibilità. Per adesso quello che conta è che ogni tanto voi mi diate qualcosa che posso utilizzare, qualcosa che non vi danneggi ma che permetta a me di avere delle informazioni con le quali illuderli di non essere stata scoperta e di lavorare per loro ai vostri danni».

«Già, ma cosa?»

«Informazioni».

«Ma così...».

«Non nel senso che intendete voi», lo interruppe lei. «Mi servono notizie, dettagli che magari siano anche inutili o risaputi ma che, in qualche modo, comprovino la continuità del mio lavoro e, meglio ancora, il fatto che sto dalla loro parte».

Michelangelo parve pensarci su. «D'accordo», disse, «inventeremo qualcosa».

# 38
# Una visita inattesa

In quel mattino freddo di gennaio, il Capitano dei birri Vittorio Corsini era divertito e deluso insieme. Aveva saputo che proprio quel giorno Vittoria Colonna sarebbe giunta a Roma a bordo di una carrozza diretta al convento benedettino di Sant'Anna, a Sant'Eustachio e questo, in un certo senso, lo divertiva perché gli permetteva di fare una bella sorpresa a quella dama che nutriva simpatia per i nemici della Chiesa. Dall'altra parte, provava una certa delusione perché la notizia non gli era giunta dalla sua fonte e, a dire il vero, era da un po' che Imperia mancava di fornirgli particolari utili sugli Spirituali e l'*Ecclesia Viterbiensis* di Reginald Pole.

Quel fatto di per sé non rappresentava un problema in senso assoluto, il cardinal Carafa e naturalmente anche lui avevano altre spie sguinzagliate per tutta Roma e nell'intero Stato Pontificio, e però era un fatto che la ragione di un simile silenzio da parte di Imperia andasse indagata e punita.

A ogni modo, in base a quanto gli era stato detto dal cardinale, la carrozza sarebbe giunta di lì a poco, perciò Corsini si mise di buzzo buono e rimase in attesa. Scese da cavallo e si strinse il mantello sulle spalle.

Un vento freddo spazzava la città e, dal momento che sapeva di dover attendere ancora un po', pensò bene di entrarsene in una locanda lì vicino. A sorvegliare il monastero e ad avvisarlo dell'arrivo della carrozza avrebbero pensato i suoi uomini.

Non aveva alcuna intenzione di rimanere lì a congelarsi il naso un istante di più!

Senza ulteriore indugio, si calcò il cappello dalla gran piuma sulla testa e, dopo aver fatto un cenno ai suoi, inforcò la porta della locanda del Botton d'oro.

Vittoria era preoccupata. Non tanto per il viaggio, giunto quasi al termine, ma per un male che non pareva darle tregua. In quei giorni si sentiva spossata, stremata dalla fatica, e non vedeva l'ora di poter giungere al convento di Sant'Anna per riposarsi. La carrozza procedeva con affanno per le malandate vie di Roma e non le venivano risparmiati scossoni e sbandate. Ma quello era l'ultimo dei suoi problemi. Sentiva un sudore freddo imperlarle la fronte e brividi ghiacciati la facevano tremare, quasi la morte fosse venuta a sfiorarle la pelle con le sue mani d'osso.

Si chiese dove fosse Michelangelo e sperò andasse a trovarla presto. Aveva nostalgia di lui, della sua forza, della determinazione del suo sguardo. Non lo vedeva dall'estate, dai giorni di Viterbo, quando ancora l'*Ecclesia* di Reginald Pole era unita e forte. Ora, invece, il giovane cardinale, che la trattava con la devozione di un figlio, temeva di essere chiamato ancora una volta dal papa per presenziare all'imminente Concilio di Trento in qualità di legato. E quel fatto, in un modo o nell'altro, lo angustiava anzitempo.

Tuttavia, sia Michelangelo sia Pole le avevano promesso di farle visita proprio a Sant'Anna e lei li aspettava come si sarebbero potuti attendere due angeli. Inoltre, al monastero era giunta la sua migliore amica di sempre: Giulia Gonzaga. Sperò dunque che con quella piccola cerchia di amici fidati, il soggiorno sarebbe stato meno doloroso.

Era presa da quei pensieri quando sentì la carrozza fermarsi.

Un istante dopo lo sportello si aprì e lei vide Gaspare, il suo cocchiere, con il volto pallido e un'espressione contrita, comunicarle la più bizzarra delle notizie.

«Vostra Grazia, perdonate la mia insolenza, ma il Capitano dei birri del Sant'Uffizio, il gentiluomo Vittorio Corsini, intende parlarvi».

Vittoria fu talmente sorpresa da quel fatto che quasi non riuscì a pronunciar parola ma poi, dopo un istante di smarrimento, ebbe la presenza di spirito di rispondere: «Benissimo, Gaspare. Dite allora al capitano di raggiungermi qui in carrozza, giacché non mi sento abbastanza bene da scendere».

Il cocchiere annuì.

Un istante dopo, un uomo di bell'aspetto salì sul predellino e si sedette di fronte a lei, chiudendo la portella. Si tolse il cappello a tesa larga dalla gran piuma e mise in mostra un viso dai tratti eleganti con occhi grigi e malandrini, zigomi marcati e un paio di baffi perfettamente incerati dalle punte in su. Una cascata di capelli castano scuro, lucidi e ben pettinati, lo rendevano ancor più attraente, anzi era come se tutto in lui suggerisse un fascino sghembo e maledetto, e Vittoria non ebbe difficoltà a credere che le donne potessero fare follie per lui. Indossava un elegante giubbone di velluto rosso porpora, decorato con il simbolo della Chiesa e di Roma, due chiavi: una ricamata d'oro e l'altra d'argento. Dal giubbone spuntava il colletto candido della camicia. Calzoni al ginocchio, lunghi stivali e una gran cappa con il collo in pelliccia completavano il suo abbigliamento. Mentre il capitano le rivolgeva il più affabile dei suoi sorrisi, Vittoria non poté non notare la spada dalla gran coccia e la pistola a ruota alla cintura.

«Vostra Grazia, permettete che mi presenti: sono il Capitano dei birri del Sant'Uffizio, Vittorio Corsini. Vi chiedo perdono se ho disturbato in modo tanto volgare il vostro viaggio ma, come capirete, era necessario».

Vittoria non si scompose. «Capitano, non preoccupatevi, vi ascolto».

Corsini parve quasi sorpreso da tanta cortesia ma fu un istante perché poi proseguì. «Vedete mia signora, mi sono permesso di fare quel che ho fatto perché sono preoccupato per voi».

«Per me?», domandò la marchesa con una punta di stupore. «E perché mai, capitano?»

«Ve lo spiego immediatamente», e a quel punto il sorriso di Corsini scomparve. «Da più parti mi giungono voci circa il fatto che Vostra Grazia si accompagnerebbe a persone pericolose».

«Davvero?», chiese ancora una volta Vittoria, sollevando un sopracciglio, «e da quando in qua le mie frequentazioni sono oggetto della pubblica attenzione?».

Corsini tossicchiò.

La marchesa non capì se fosse per dissimulare l'imbarazzo o per creare una pausa a effetto. Non conosceva il capitano ma l'opinione che aveva di lui andava peggiorando un istante dopo l'altro.

«Da quando Vostra Grazia frequenta il cardinale Reginald Pole, gli intellettuali Alvise Priuli e Marcantonio Flaminio e legge *Il Beneficio di Cristo* recentemente stampato a Venezia, un testo che avvicina pericolosamente al protestantesimo. Ebbene, come vedete, in qualità d'incaricato del cardinal Gian Pietro Carafa, inquisitore capo del Sant'Uffizio, ho tutto il diritto e anzi, il dovere, di mettervi in guardia da certe frequentazioni al fine d'impedirvi di perdere voi stessa».

Nell'udire quelle parole, Vittoria rimase allibita. Dunque Pole aveva ragione: l'Inquisizione romana sapeva tutto! Aveva provato a dimenticare quel che era accaduto qualche mese prima a Viterbo nel convento di Santa Caterina, ma per quanto si fosse premurata di farlo con tutte le proprie forze, ora si rendeva conto di quanti danni avesse fatto la visita di quella maledetta spia.

E ora quel capitano! Veniva a minacciarla nella sua carrozza. Vittoria si fece forza. Non avrebbe ceduto a quel sopruso.

«Mio caro capitano: chi frequento nella mia vita è affare mio, non certo vostro. Non voglio nemmeno sapere in quale modo avete ricevuto simili informazioni sul mio conto. Di certo, se quello che intendete suggerire è che io sia un'eretica, ebbene siete davvero fuori strada. Come potete ben vedere sono diretta al convento benedettino di Sant'Anna per trascorrere lì un periodo di pace e penitenza. E anche per alleviare un male che in questi giorni non mi dà tregua».

«Sono addolorato per il male che vi affligge», disse Corsini, anche se il ghigno che gli si disegnava sul viso denunciava apertamente il contrario, «a ogni modo mai mi permetterei di suggerire che siate in odore di eresia. Non senza le debite prove per lo meno», concluse.

A Vittoria non sfuggì quanto quella minaccia fosse infida ma spaventosamente reale. «Dite quel che dovete dire», tagliò corto, «e poi uscite dalla mia carrozza».

Corsini alzò le mani. «Ho terminato», affermò e, mentre pronunciava quelle parole, aprì la portella. «Ma ricordate», aggiunse, «che vi teniamo d'occhio. Non obbligatemi a tornare a cercarvi, perché la prossima volta potrebbe essere per condurvi alla sede del Sant'Uffizio per interrogarvi in un modo ben diverso. Mi sono spiegato?».

«Fuori di qui!», tuonò Vittoria, esasperata.

Senza più rispondere, il capitano scese, richiudendo la portella, ma il suo sguardo diceva più di mille parole.

Mentre lo vedeva allontanarsi sotto la pioggia che aveva cominciato a cadere in quella giornata fredda come l'angoscia che le cresceva nel petto, Vittoria si accasciò sui cuscini di velluto.

La carrozza prese a muoversi.

Vittoria sentì una morsa al petto. Dunque tutto era perduto! Un accesso di tosse quasi la spezzò in due. Si piegò in avanti, portando la mano alla bocca.

Quando si riebbe, vide che il suo palmo era rosso di sangue.

# 39
# Una questione terribilmente complicata

E almeno la prima parte del lavoro era andata a buon fine!

Corsini sapeva che quella giornata non era affatto finita. Per questo, dopo aver incontrato e minacciato la marchesa di Pescara, si era recato alla locanda dell'Oca rossa.

Impiegò un po' ad arrivare ma quando entrò nel locale e giunse davanti a Gramigna che, come di consueto, alzò la tenda per farlo passare, quello che vide lo lasciò sorpreso. Perché, certo, Imperia era bella, elegante, il suo sguardo era intelligente, ma ciò che lo stupì, lasciandolo anche un po' meravigliato, fu l'avvenenza della giovane donna che era con lei.

Non gli capitava spesso un miracolo del genere ma quando succedeva non mancava di notarlo.

E la fanciulla che aveva davanti, senza essere appariscente, aveva una grazia sorprendente. Era una bellezza semplice e inquieta e, dunque, irresistibile. Almeno per lui.

Indossava un magnifico abito di damasco color pesca. E il pizzo della camicia che s'increspava in una chiara nuvola, quasi impalpabile, a suggerire la curva appena pronunciata del seno nella scollatura, non mancava di fare il suo effetto.

Ma non era quella la vera bellezza. Era proprio lei, melanconica e stupenda, a sorprendere il capitano.

Il volto dalla pelle candida pareva scolpito nella neve, quella che forse sarebbe caduta su Roma di lì a breve. Gli occhi verdi, profondi, intensi, magnetici, rapivano lo sguardo di chiunque osasse sfidare quel viso. Di questo il capitano era sicuro. E infatti la fissò più a lungo di quanto sarebbe stato opportuno. I lunghi capelli neri, invece d'essere raccolti, ricadevano in ciocche ribelli, quasi fossero fiordalisi notturni. C'era in lei non solo bellezza ma un'aura di fatalità.

«Mia signora», disse Corsini rivolto a Imperia, «venire a trovarvi è per me sempre fonte di grande gioia», fece una pausa, «e tuttavia, non credo di conoscere la splendida fanciulla che oggi è qui con voi».

Imperia non abboccò alle parole del capitano pronunciate con sussiego e una punta d'affettazione. Conosceva perfettamente di che pasta fosse fatto Corsini e tagliò corto. «Mio caro capitano, come già mi è capitato di dirvi, non cercate di rabbonirmi con i vostri salamelecchi. Sappiamo perfettamente perché siete qui. La persona qui presente è Malasorte, una giovane che mi serve fedelmente da qualche anno e nella quale ripongo piena fiducia. Ma, a dispetto di quel che vedete, sappiate che è lei la spia di cui vi avevo parlato a suo tempo. Ricordate? Vi avevo raccontato, se non ricordo male, di qualcuno al di sopra di ogni sospetto».

«Malasorte...?», disse Corsini, quasi incredulo, come a suggerire che era in attesa del cognome.

«Solo Malasorte», gli rispose la fanciulla, «un nome che racconta tutto di me. E che non mi ha certo fatto guadagnare molti amici».

«Quelli che servono, bambina mia», disse Imperia in tono materno.

Nell'udire quelle parole, Corsini s'incuriosì vieppiù. Dunque era lei la spia? Certo, con un aspetto come quello avrebbe fugato qualsiasi sospetto. Su questo Imperia aveva certamente ragione. Chi avrebbe nutrito dubbi nei confronti di una creatura tanto bella? Ma non era solo l'avvenenza a colpire in lei, piuttosto quella semplicità disarmante di chi non ha bisogno di gingilli o monili di sorta per scintillare di una luce sublime. Corsini ne fu catturato e, grato del fatto che spesso madonna Imperia dubitava della sua sincerità, sperò per una volta di averla ingannata. Poiché, davvero, auspicava di rivedere quella fanciulla. A ogni modo, doveva cercare di capire quanto poteva sapere ancora degli Spirituali e se sarebbe mai stata in grado di procurargli nuove informazioni rispetto a quelle che già aveva. In caso contrario, avrebbe dovuto affrontare l'ira del cardinal Carafa e, a dirla tutta, non ne aveva alcuna intenzione.

«Mia signora, avete ragione naturalmente», poi rivolse lo sguardo a Malasorte. «Quanto a voi, mia cara, non crucciatevi per un nome come questo poiché, ve lo garantisco, esso è tanto strano quanto particolare e, in un modo che non saprei spiegare, vi si addice perché valorizza la vostra avvenenza».

Malasorte sorrise senza ribattere.

Imperia, che cominciava ad annoiarsi di tutte quelle smancerie, volle arrivare dritta al punto. «Molto bene, capitano. Stabilito questo, eccomi a comunicarvi le novità per voi. Non è vero mia cara?», e, nel dire così, Imperia scoccò uno sguardo che, per un istante, suggerì un'intesa fra lei e Malasorte.

Fu questione di un attimo e Corsini non se ne avvide.

«Ho seguito messer Buonarroti in lungo e in largo, capitano», disse la fanciulla, «e sono arrivata a scoprire che, oggi stesso, arriverà a Roma la marchesa di Pescara e soggiornerà al convento benedettino di Sant'Anna».

«Be', già questo vale la posta, non vi pare, capitano? Non sempre si possono scoprire, e procurare in tempi rapidi, opere appena tradotte che contengono tesi di chiara ispirazione protestante, come abbiamo fatto in passato. A volte si è più fortunati, a volte meno. Quel che è certo è che, una volta stabilito un compenso, quello deve rimanere tale. E dunque vi chiedo come mai il denaro ricevuto per le ultime ricerche non è rimasto identico, andando invece diminuendo».

Corsini capì che, se anche la fanciulla era così bella da distrarlo, non poteva giustificare, da parte sua, il diventare preda dei sottili giochi d'Imperia. Quindi rispose a tono. «Le somme sono diminuite perché i risultati non sono più stati all'altezza. Al punto che, proprio oggi, sono venuto a chiedervene conto, giacché così non si può continuare».

«Non è vero», insistette Imperia, «i tagli sono stati operati già prima, quando di certo le informazioni che vi facevamo avere erano d'inestimabile valore. E anche ora, pur essendo chiaro che intendete sminuire il nostro lavoro, non v'è dubbio che le indiscrezioni raccolte da Malasorte sono di assoluta utilità».

«Quanto a questa vostra ultima affermazione, permettetemi di dire che suona per lo meno azzardata alle mie orecchie».

«Voi dite?», domandò stizzita Imperia.

«Non solo lo dico ma lo ripeto: e sapete perché?»

«No davvero», rispose Imperia che non aveva idea di dove Corsini volesse andare a parare.

«Ebbene, lasciate che vi chiarisca una cosa. Giusto stamane mi è capitato di fermarmi con i miei uomini di fronte al convento benedettino di Sant'Anna nel rione di Sant'Eustachio. Riuscite a indovinarne il motivo?», domandò di nuovo Corsini.

«Non giocate con me, capitano», rispose secca Imperia. «Ditemi quel che volete e poi preoccupatevi di farmi avere i denari che avanzo».

«Come vi dicevo, lo trovo improbabile. A ogni modo, stamane ero alla chiesa di Sant'Anna: dovevo fermare una carrozza. Cosa che ho fatto, naturalmente. Non indovinerete mai chi fosse la persona che vi si trovava dentro».

«La marchesa di Pescara».

«Magnifico. Come avete fatto a capirlo?»

«Preferisco non rispondervi».

«Ah!».

«Piuttosto, i cinquecento ducati che ancora mi dovete, quando intendete portarmeli? O devo mandare Gramigna a riscuoterli?»

«Fate pure», disse il capitano senza tradire la benché minima emozione, «se volete venire a prenderli presso il Sant'Uffizio, non avete che da dirmelo!».

«È proprio questo quello che non farò: dirvelo».

«Osate minacciarmi?»

«Vi farò colpire quando meno ve l'aspettate».

La conversazione stava prendendo una piega inattesa. Non si era aspettato una simile resistenza. «Forse non avete ben presente con chi state parlando. Io sono il Capitano dei birri del Sant'Uffizio».

«E io sono Imperia, stimata cortigiana, titolare di locande e alberghi, proprietaria terriera. Non sfidatemi, capitano, o quant'è vero Iddio avrete a pentirvene. Anzi, vi suggerisco, se vi è cara la vita, di provvedere al saldo ora, se ne avete la possibilità».

«Se credete di potermi intimidire in questo modo, vi sbagliate di grosso. Considerate chiuso il nostro rapporto».

«Lo sarà quando avrete saldato il vostro debito».

«Quel denaro non vi è dovuto. Quanto al vostro Gramigna, lo aspetto. E ringraziate la mia buona creanza se non vi mando i birri a rivoltarvi la locanda», concluse.

«Non vi converrebbe farlo. O dovrei dire che avete chiesto il mio aiuto e quello di Malasorte per seguire e pedinare il più importante artista di Roma e una delle nobildonne più in vista della città».

Corsini si rifiutò di rispondere a quell'ultima provocazione. Si rimise in testa il cappello e, voltate le spalle, alzò con malagrazia la tenda di velluto e scomparve.

# 40
# Al convento benedettino di Sant'Anna

Michelangelo non credeva di trovare Vittoria in un simile stato.

La vide smagrita, il bel viso smunto, scavato, gli zigomi talmente sporgenti da somigliare ai suoi. Il volto pareva di cera, a eccezione delle gote in fiamme. I suoi bei capelli castani sfuggivano come frange di stoppa da una cuffietta bianca e semplice.

Vittoria stava seduta su una poltroncina, avvolta in una coperta di lana grossa. Le mani sbucavano ossute e le dita parevano bacchette chiare, destinate a spezzarsi da un momento all'altro. La marchesa di Pescara era fragile e stanca come mai Michelangelo l'aveva vista prima.

Il camino in pietra diffondeva nella stanza un tepore grato, il fuoco ardeva gagliardo ed era forse l'unica nota dolce di quel pomeriggio altrimenti amaro.

Tuttavia in quel viso prostrato dalla sofferenza e scavato dalla malattia, Michelangelo scorgeva una visione di purezza. La luce nelle iridi di lei non s'era perduta, anzi, sfavillava come amplificata dalla febbre divorante. E in quel suo martirio, Vittoria era ai suoi occhi più grande e più bella che mai.

La abbracciò malgrado la marchesa tentasse in ogni modo di sottrarsi, per timore di contagiarlo. Ma lui, grande e ancora forte, la tenne stretta come un uccellino dalle ali spezzate. La baciò sulla fronte: era calda, bollente.

Fu in quell'istante che una delle sorelle entrò, recando impacchi ghiacciati di menta e calendula.

La monaca la fece stendere sul letto dalle lenzuola candide e dalle coperte confortevoli. Poi le applicò gli impacchi freddi, sperando in quel modo di sopire il morso della febbre.

Quando la sorella ebbe finito, lasciandoli di nuovo soli, Michelangelo provò a parlare alla sua amica sofferente.

«Mia adorata Vittoria», le disse, «quanto mi siete mancata. Non immaginavo di trovarvi in questo stato e perciò spero che quanto vi ho portato vi possa essere d'un qualche conforto». Così dicendo, prese la borsa e ne estrasse un involto e un foglio arrotolato.

Spiegò il secondo fra le mani e lo porse a Vittoria la quale, nel frattempo, si era seduta nel letto, appoggiando le spalle ai cuscini.

«Per voi», si limitò a dire Michelangelo.

Quello che la marchesa vide, la lasciò senza parole. Era una Pietà di tale incommensurabile bellezza che anche solo pensare di spiegarla o raccontarla era impresa al di sopra delle sue possibilità.

La Vergine alzava gli occhi al cielo in una preghiera di misericordia e fede insieme. Il suo volto bello, gentile, sincero pareva ancor più irresistibile per via di un'espressione di melanconica serenità, quasi ella non volesse interrogare, piuttosto contemplare Dio in un monologo muto. Le sue mani, con i palmi aperti, la veste semplice, in un panneggio di pieghe, e poi Gesù che, arreso, giaceva morto nel suo grembo, componevano un'immagine stupefacente che era morte e nascita insieme. Il volto di Gesù era reclinato in avanti, il mento sul petto, i capelli erano riccioli ribelli, una ciocca si allungava sul magnifico pettorale destro e il torace ampio e ben modellato conduceva lo sguardo su quel corpo forte, dalla muscolatura possente, seppur piegata dal volere della morte.

Ecco, quella centralità del corpo di Cristo, fulcro dell'intera composizione, pareva tradurre in immagine il credo stesso del *Beneficio di Cristo* e delle parole di Reginald Pole. L'essenzialità, quasi spoglia di quel meraviglioso disegno, per nulla alterata dai cherubini che sostenevano per le braccia Gesù, adagiato fra le gambe della madre, sembrava esprimere il pensiero della Chiesa di Viterbo: avvicinare il terreno al celeste. Gesù fattosi carne, e dunque uomo, era in comunione con Dio e ancor più Maria, che con le mani pareva quasi toccare le nuvole del cielo.

Vittoria rimase a lungo in silenzio.

Michelangelo non volle disturbarla. Lasciò che si prendesse tutto il tempo che voleva. Non aveva fretta. Poteva rimanere lì anche tutta la notte. Si sarebbe messo a dormire nel chiostro, all'addiaccio, pur di poter stare vicino a Vittoria.

Quando lei gli parlò, lo fece con un filo di voce.

Forse era la malattia, forse l'emozione ma quelle parole, pur pronunciate piano, quasi sul punto di spezzarsi, scavarono il cuore di Michelangelo come avrebbe fatto la lama di una spada.

«Voi mi onorate, Michelangelo. Voi rendete lode a Dio e ne celebrate la gloria con i vostri segni sublimi. Io vi sarò grata in eterno per questa meravigliosa composizione e per l'altra che mi consegnaste qualche tempo fa. Non trovo altre parole per esprimervi tutto il mio amore e la mia devozione...», ma in quell'istante la tosse prese a spezzarle il respiro e la voce.

Michelangelo le si avvicinò, cingendola in un abbraccio, mentre le spalle di lei sussultavano. Quando la tosse si calmò, lui prese dal tavolo una brocca piena d'acqua, ne versò un po' in un bicchiere e la fece bere. Un po' alla volta lei si acquietò. Lui l'aiutò a stendersi.

«Vittoria, quello che dite mi riempie di gioia. Sapete quanto io tenga al vostro giudizio che mi è più caro di tutti. Grazie dunque per le vostre parole perché al solo sentirle ritrovo la forza per andare avanti».

Nonostante si fosse appena calmata, Vittoria si ostinò a rimettersi seduta.

«Vi prego», disse lui, «riposate».

«Non riuscirei nemmeno volendo. Piuttosto, concedetemi un'ultima domanda: perché Maria, che pure è la madre di Gesù, è ancora così giovane in questa vostra Pietà?».

Michelangelo non ci pensò nemmeno un istante: «Perché è infinitamente pura, Vittoria, e dunque la sua bellezza, la sua grazia non può in alcun modo essere intaccata dall'età. Proprio come accade al vostro bel viso, che non conosce le ingiurie del tempo».

Nell'udire quelle parole, Vittoria rimase in silenzio, sopraffatta da tutto quell'amore. Quasi credeva di non meritarne tanto.

«E ora, riposate», insistette Michelangelo.

«Non posso, amico mio».

«Dite davvero?»

«Devo parlarvi».

«E cosa c'è di tanto importante da meritare le vostre parole anche in un momento come questo? Quando sarebbe meglio per voi lasciarvi andare al sonno?»

«È accaduto qualcosa di terribile», disse Vittoria, quasi mormorando.

Michelangelo la fissò negli occhi e, nell'udire quelle parole, gli parve di percepire qualcosa, come se uno spirito maligno e minaccioso avesse d'improvviso ammantato l'aria.

# 41
# Piazza Navona

Mentre camminava verso piazza Navona, Malasorte pensava al bel capitano. Sapeva di aver fatto effetto su di lui ma non poteva certo dire che non valesse anche il contrario.

Malgrado il freddo e il vento sferzante, sentiva il proprio corpo andare a fuoco. Una bramosia inestinguibile, da quando lo aveva visto, si era impadronita di lei. Non avrebbe saputo spiegarlo eppure sentiva il desiderio crescere come una fame spietata, intenta solo a sussurrarle alle orecchie quanto sarebbe stato delizioso essere sedotta dal capitano.

Non le era mai successo fino ad allora. Certo, aveva avuto qualche uomo, ma mai qualcuno che le avesse acceso i sensi.

In quel momento, invece, si sentiva ardere di passione, al punto da percepire in modo netto e improrogabile il disperato bisogno di esplorare se stessa, di toccarsi in ogni più recondito mistero del proprio corpo. Solo così, pensava, avrebbe potuto spegnere quella sete che la consumava, dal momento esatto in cui l'aveva visto.

Mentre si perdeva in quei pensieri, fantasticando su Vittorio Corsini, Malasorte era giunta a piazza Navona. Al proprio fianco Ringhio, che la seguiva come un'ombra.

Malgrado la mattinata fredda, un sole pallido e fragile aveva preso a illuminare il cielo e le case-bottega che riempivano la piazza scintillavano di una luce lattea e quasi irreale.

Quello di piazza Navona era uno dei mercati più importanti della città. Malasorte amava frequentarlo, perdendosi fra i banchi delle botteghe. Dove altrimenti avrebbe potuto smarrirsi fra le fragranze delle spezie e dei frutti della terra? Per lei quel mercato era sempre una festa.

Così, anche quel giorno vagò dimentica fra le bancarelle, ammirando i cespi di cicoria dal colore verde intenso, l'arancio delle carote, le barbabietole, sfavillanti di rosso, e poi i cespi di lattuga, gli spinaci e i broccoli. Percepiva gli aromi intensi delle spezie: il dolce della cannella, il pepe, fresco e pungente, i chiodi di garofano dal profumo fiorito, e poi lo zenzero, la noce moscata, lo zafferano. Inebriata, passeggiò verso i banchi della frutta. Vide le arance di Sicilia, le brune castagne, i grappoli d'uva nera. Quando scorse le melagrane aperte a metà, cariche di semi deliziosi, si avvicinò al banco e se ne fece dare una. Pagò e, senza pensarci troppo, ne mangiò una buona parte. Era come nutrirsi del mondo intero in una volta sola, o almeno questa era la sensazione che le dava quel frutto, quando aveva la fortuna di poter permettersene uno. Vide ancora i banchi dei vasai, le bilance degli speziali, e poi i sacchi dei venditori di allume, che facevano affari d'oro con quella sostanza richiestissima, indispensabile per la cardatura della lana.

Fu in quel momento che ebbe la sensazione di essere seguita.

Percepì, palese, lo sguardo di qualcuno che si posava su di lei. Non si voltò. Procedette verso il banco della carne. Di fronte ai prosciutti e ai tagli di manzo, Ringhio cominciò a mugolare d'impazienza. Aveva fame. Le mandibole si riempirono di bava stillante. Malasorte si fece dare una filza di salsicce, poi procedette al margine dell'immensa piazza, seguita dal molosso che le teneva dietro, irretito dall'incantesimo della carne profumata.

«Tieni, Ringhio», disse infine, gettando a terra la prima salsiccia. Il molosso la divorò in un istante. Non appena ebbe finito guardò la sua padrona con i piccoli occhi spalancati e la lunga lingua penzolante fra le fauci. Sbavava di felicità. Malasorte gli accarezzò la grande testa nera. Poi gli diede una seconda salsiccia che Ringhio fece sparire in un sol boccone.

«È davvero affamato», disse una voce.

Malasorte alzò lo sguardo e vide il capitano Corsini. Il cuore le balzò in gola. Santo cielo, pensò! Doveva essere un disastro con la bocca impiastricciata del sugo di melagrana, i capelli spettinati e le mani sporche per via dei semi rossi che aveva mangiato in precedenza.

Eppure il capitano, nel guardarla, le sorrise.

Ringhio emise un brontolio sommesso. Malasorte sapeva perfettamente che, quando faceva così, percepiva un pericolo, ma lì non c'era nessuno che volesse farle del male.

«Se non fosse uno splendido molosso giurerei che il vostro cane tradisce una certa gelosia», disse sorridente il capitano. E così dicendo fece per avvicinare la mano a Ringhio, il quale per tutta risposta gli abbaiò contro, alzandosi sulle zampe e puntandolo come se volesse sbranarlo da un momento all'altro.

Corsini alzò le mani: «Non ti tocco, non ti tocco, lo prometto».

«Ringhio, fai il bravo», disse Malasorte accarezzandogli il testone ancora una volta. «Non intenderai mancare di rispetto al Capitano dei birri del Sant'Uffizio».

«È proprio un bellissimo cane, il vostro».

«Già», disse Malasorte con un sorriso malandrino e un guizzo scintillante dei suoi occhi verdi. Dio com'era bello, il capitano, pensò. E se fosse giunto lì perché, dopotutto, non gli era indifferente? Ma nel momento esatto in cui quell'idea prese ad albergare in lei, la ricacciò immediatamente in un angolo nascosto della mente per timore di farsi strane illusioni.

E poi doveva stare attenta! Era stato lui a commissionare a Imperia le indagini su Vittoria Colonna e Michelangelo Buonarroti e ora che lei aveva appena stretto un patto segreto con lo scultore, le conveniva evitare di fare la smorfiosa con un uomo come quello.

Anche se era bello da morire. Malasorte non riusciva a darsi pace. Quella sensazione prepotente che le mandava a fuoco le vene era tornata e sembrava prosciugarla, nutrirsi di lei e renderla docile, pronta a essere preda di lui, schiava. Si sarebbe data a lui anche in quel momento, lì sul selciato di piazza Navona, davanti a tutti, se gliel'avesse ordinato.

E poi il capitano era potente. Entrare nelle grazie di un uomo come quello le avrebbe garantito un avvenire sicuro. Mai più avrebbe dovuto preoccuparsi del proprio futuro. Ma sarebbe riuscita a sedurre e poi a controllare un individuo del genere? Lei? Una ragazzina senza famiglia?

A quel pensiero Malasorte non riuscì a trattenere un sorriso amaro.

«Siete bellissima», le disse il capitano, «credetemi, non ho mai visto una donna più bella di voi».

«Come potete dire una cosa del genere? Ho le labbra sporche e le mani...».

«Il rosso sulla bocca vi rende semplicemente irresistibile. Confesso di trovarmi in un profondo imbarazzo. Non sono riuscito a controllarmi, ma è da quando vi ho visto che non faccio che pensare a voi. E anche se da un certo punto di vista sento che potreste rappresentare la mia rovina, non riesco a ignorare la vostra bellezza».

«Voi vi burlate di me, capitano».

«Nient'affatto».

«Davvero?», domandò Malasorte, sollevando un sopracciglio.

«Darei qualsiasi cosa per dimostrarvelo».

«Voi mi lusingate».

«Nient'affatto», poi il capitano sospirò. «Non posso trattenermi oltre ma se me lo permettete, vorrei sapere dove posso trovarvi».

«Siete sicuro che sia una buona idea venirmi a cercare?»

«Non saprei dire se lo è, ma non me ne viene in mente una migliore».

Malasorte lo guardò di sottecchi. Forse, dopotutto, quell'incontro era giunto a proposito. E poi, cos'aveva da perdere al punto in cui era? «D'accordo. Venite dopodomani a Santa Maria in Trastevere, al tramonto».

«E se non potessi?»

«Allora mi perderete per sempre».

# 42
# Racconto incrociato

«Il capitano Corsini mi aspettava».

«Che cosa?».

«Proprio così».

«Come ha potuto venire a conoscenza del vostro arrivo?»

«Non lo so», sussurrò Vittoria.

«Un momento...», la interruppe Michelangelo, «io non vi ho ancora detto cos'è accaduto a me... ma prima finite il vostro racconto».

«Ero nella carrozza. Stavamo per arrivare al monastero. Ero stanca per il viaggio da Viterbo ma più ancora per via di questa malattia che non mi dà pace».

Michelangelo le avvicinò un bicchiere d'acqua.

Vittoria bevve. Parlare le comportava un'enorme fatica.

«A un tratto la carrozza si è fermata e il mio cocchiere è venuto ad annunciarmi la visita del Capitano dei birri del Sant'Uffizio. Vittorio Corsini è salito e si è seduto di fronte a me... e... mi ha minacciato».

Poi Vittoria fece una pausa.

«Che sia dannato!», disse Michelangelo e la sua voce denunciava tutta l'impotenza e la frustrazione possibile.

«Ha detto che sa di noi: di Pole, di me e perfino di voi. Del *Beneficio di Cristo*. E non si fermerà».

«Vittoria», disse Michelangelo, «vi prometto che finché sarò vivo non avrete niente da temere».

«Vi credo, amico mio. Ma non avete visto quell'uomo. I suoi occhi sono di ghiaccio. È un uomo di potere ed è colmo d'odio».

«Sia come sia, ora risparmiate le forze, Vittoria. Quanto a me, posso dirvi questo. Ho ricostruito la catena di spie che è sulle nostre tracce. Qualche giorno fa, mentre mi recavo presso un magazzino di mia proprietà che si trova qui nelle vicinanze, ho avvertito ancora una volta che qualcuno mi stava seguendo. Ho messo in atto il più semplice degli stratagemmi e ho colto in fallo la spia».

«La giovane fanciulla di Viterbo? Colei che si era travestita da monaca?»

«Precisamente».

Michelangelo sospirò. Poi riprese: «L'ho riconosciuta dagli occhi. Si chiama Malasorte».

«Malasorte?», domandò incredula Vittoria.

«Già. È suonato strano anche a me come nome, anzi, se capite cosa intendo, direi profetico».

Vittoria annuì.

«A ogni modo, la ragazza mi ha confessato di aver lavorato come spia al soldo di una cortigiana piuttosto nota e, a quel che so, capace di mezzi non esattamente limitati. Si fa chiamare Imperia ed è, come probabilmente saprete, titolare di locande e proprietà immobiliari. Credo che, grazie alle sue molteplici attività imprenditoriali, per intenderci, sia capace di ricattare e tenere in pugno molti fra i nobili e gli alti prelati romani. Imperia è stata appunto incaricata da Corsini e, stabilito ciò, è piuttosto evidente chi sia l'ultimo e più importante anello della catena».

«Carafa».

«Precisamente».

«Cosa possiamo fare?»

«Non molto, temo. Voi di certo dovete conservare tutte le vostre forze per guarire. Io proverò a fare attenzione. Sono troppo vecchio per oppormi più di quanto non abbia già fatto. Spero solo che il cardinal Pole riesca a far prevalere la propria posizione al Concilio di Trento. Se dovesse passare la linea intransigente, allora temo che il cardinal Carafa, che è già a capo del Sant'Uffizio, potrebbe diventare un serio candidato al pontificato. Paolo III è avanti negli anni e non so fino a quando potrà ancora vivere. Ultimamente l'ho visto indebolito e fragile. Speriamo quindi che questo precario equilibrio possa resistere. Fin quando resterete qui, sarete al sicuro. L'Inquisizione non oserà venire a disturbarvi in un convento. Quel che dovete fare da qui in avanti è pensare a riposare, Vittoria».

E mentre l'aiutava a mettersi comoda, le accarezzò la fronte. Era meno calda di prima, la febbre stava scendendo. «Verrò a trovarvi ogni volta che potrò».

La marchesa di Pescara gli sorrise, il volto colmo di gratitudine.

«Quasi dimenticavo. Vi lascio il dono per Reginald Pole. Credo gli piacerà. Dormite ora».

E la salutò con un tenero bacio sulla fronte.

Poi, le tenne le mani nelle sue.

Infine, quando vide che Vittoria aveva cominciato ad assopirsi si alzò. Le rivolse un ultimo sguardo, carico di dolcezza.

Poi guadagnò la porta.

# PRIMAVERA 1544

# 43
# Un'amica inattesa

Michelangelo era rimasto sorpreso da quanto si stesse affezionando alla ragazzina. E in un tempo tanto breve, oltretutto.

S'incontravano nel suo magazzino di via Monte della Farina. Farlo a casa sua, a Macel de' Corvi, sarebbe stato più che imprudente.

All'inizio, quasi per giustificare quelle serate per lui inspiegabili, aveva detto a se stesso che lo faceva per un senso di compassione nei confronti di quella fanciulla che, un po' alla volta, aveva imparato a comprendere.

Ma giorno dopo giorno, incontro dopo incontro, aveva maturato un senso di rispetto e stima nei suoi confronti che quasi lo spaventavano. Dimodoché si era ben presto reso conto che non era per compassione ma per gratitudine che incontrava Malasorte. E anche perché non poteva quasi più farne a meno.

Certo, era bizzarro, dato che era stata proprio lei a fornire tanti dettagli compromettenti sulle sue mosse. E su quelle di Vittoria e dell'*Ecclesia Viterbiensis* di Reginald Pole. Ma Michelangelo aveva anche capito che non aveva avuto altra scelta. Doveva tutto a Imperia e quell'incarico, per quanto riprovevole, ai suoi occhi era l'unico modo per guadagnarsi da vivere. Era una vittima di un sistema più grande e, malgrado tutto, lui non riusciva a volerle male. Anzi!

Quella ragazza dai lunghi capelli neri e profondi occhi verdi aveva una bellissima voce e ascoltarla leggere le storie di alcuni meravigliosi scrittori, al tepore del fuoco, magari con una coperta sulle ginocchia, nelle fredde sere d'inverno e poi di primavera era diventato un momento di svago, meglio ancora, di dolcezza, che Michelangelo intendeva concedersi il più a lungo possibile.

Quelle letture erano carezze che la ragazzina gli regalava.

Lui, per contro, si prodigava nel farle avere qualche ducato, per poi sprofondare in quel mondo fantastico che lei pareva aver messo insieme con i tanti libri e autori che aveva imparato a conoscere. Era un modo bellissimo per dimenticare le miserie terrene, là fuori. In particolare, Michelangelo aveva imparato ad amare la storia di Tristano e Isotta che Malasorte adorava leggergli.

Lui provava a ricambiare, con qualche poesia di Vittoria Colonna. Malasorte lo guardava con gli occhi grandi, colmi di stupore e attenzione. Ai suoi piedi, al caldo delle fiamme del focolare, Ringhio non mancava mai di abbandonarsi a qualche grato brontolio, e in quel clima di tepore e complicità Michelangelo ritrovava una dimensione quasi sospesa nel tempo e nello spazio. Perché nulla come la lettura e la scrittura lo acquietavano.

Aveva sempre amato provare a raccontarsi con l'inchiostro e la carta, vergava in continuazione lettere all'indirizzo di nipoti e fratelli ma ora stava sperimentando quella nuova dimensione del condividere con qualcuno il piacere della scoperta di un mondo fatto d'avventura, amore, azione e sentimenti: il modo perfetto per dimenticarsi di tutto e tutti.

Certo, aveva amato Dante con una passione senza quartiere, e con quella sua poesia alta e inarrivabile aveva inciso il proprio cuore. Fra le sue pagine aveva trascorso tante sere, prima di allora, raccogliendosi e ritrovandosi nella poesia, recuperando se stesso dopo le ore del lavoro e della fatica. E con Dante aveva poi maturato un gusto per i componimenti ai quali non aveva esitato ad abbandonarsi con la furia e la speranza di chi cerca redenzione. Ma ora quelle letture differenti, bizzarre, colme di incanto e ritmo lo divertivano. Percepiva tutta la tenerezza di chi, per una volta, non gli chiedeva nulla in cambio ma anzi, si dedicava a una passione che intendeva condividere con lui.

Anche con Vittoria era accaduto lo stesso. Certo, con lei era la sfera della spiritualità a unire come un ponte le loro anime, ma che cosa importava? Era forse meno importante quello che Malasorte gli dava, ogni volta che andava a trovarlo?

Forse, a pensarci bene, il motivo per cui la aspettava con tanta impazienza era che, grazie a quelle sere, si sentiva meno vecchio e meno solo. Quella ragazzina gli dava energia, pace e sorrisi.

Anche Ringhio, ormai, era diventato un suo amico.

Con l'occasione i due si aggiornavano anche sulle mosse di Imperia. Per il momento Malasorte era riuscita a conservare la propria posizione, un po' mentendo e un po' inventando. L'abilità con le parole della ragazzina gli impediva di comprendere, però, quanto davvero ella fosse, o meno, al sicuro.

Lui le aveva detto di non esitare a chiedere il suo aiuto, qualunque cosa fosse accaduta da lì in avanti.

Malasorte stava proprio bene con quel vecchio artista pazzo. I momenti vissuti con lui erano fra i migliori che potesse ricordare. Insieme, naturalmente, a quelli con il capitano. Ma quella era tutta un'altra storia.

Coloro i quali le avevano parlato di Michelangelo, lo avevano dipinto come un uomo avanti negli anni, dal pessimo carattere, incline all'ira e alla violenza. Ma a lei non pareva affatto. Gli sembrava piuttosto molto solo, in parte per propria volontà ma anche perché in quel volersi segregare nell'arte rischiava, a volte, di smarrire se stesso.

Era un uomo che aveva letto tantissimo. Con lui aveva scoperto tutta la meraviglia di Dante Alighieri, il suo amore per Beatrice, la discesa agli Inferi e poi l'ascesa al Paradiso. E poi Michelangelo le aveva letto i suoi passi preferiti della Bibbia, come quello in cui Giosuè chiedeva a Dio di fermare il sole per poter avere più tempo per espugnare le mura e conquistare la città di Gerico.

Erano storie favolose che accendevano la sua fantasia e le permettevano di naufragare nei sogni.

Quando poi la mattina presto rientrava a casa, nella piccola mansarda a Trastevere dove si era trasferita, quei momenti le mancavano così tanto che quasi non si dava pace. Aveva cercato di rassicurare Michelangelo circa la sua posizione con Imperia ma gli diceva delle mezze verità. Sapeva che presto o tardi la sua padrona si sarebbe accorta di quel doppio gioco. Anzi, molto probabilmente lo aveva capito da un pezzo.

Un brutto presentimento la assaliva in quei momenti.

Ma poi rivedeva Michelangelo e non ci pensava più.

Sospirò.

Sapeva che stava solo ingannando se stessa.

L'avrebbe pagata.

Era solo questione di tempo.

# 44
# Il capo dell'Inquisizione

Gian Pietro Carafa aveva dormito male. A dire il vero, erano settimane che non chiudeva occhio. Ma non poteva farci niente. Nonostante le tante voci e notizie raccolte, non aveva niente in mano.

Corsini si era dato un gran daffare, questo non poteva certo negarlo, ma malgrado gli oggettivi progressi riguardo le indagini su Pole e i suoi Spirituali, il capo dell'Inquisizione romana si rendeva conto di ritrovarsi con un pugno di mosche in mano.

E quel fatto lo angustiava.

Aveva tramato a lungo per ricevere quell'incarico, stringendo alleanze, formulando scritti e memoriali, rimanendo in attesa, circondandosi con pazienza e determinazione di uomini che potessero sostenere la linea di condotta che andava costruendo con pazienza certosina.

Ma non bastava. Gli mancava una vittima. Perché il Sant'Uffizio era stato creato per combattere l'eresia. E malgrado non fossero mancati gli episodi, non c'era ancora stato un fatto di tale gravità, capace di dimostrare il potere che quell'istituto era in grado di esercitare sulle vite dei fedeli, ingenerando un timore capace di sfociare nella paura.

Era necessaria un'esecuzione capitale. Null'altro avrebbe servito meglio la sua causa.

Ma sapeva bene che tutti coloro che erano coinvolti nei

fatti dell'*Ecclesia Viterbiensis* erano troppo potenti per essere toccati.

Reginald Pole era un cardinale. Proprio come lui. Legato pontificio a quello stramaledetto Concilio di Trento che mai cominciava! Paolo III lo teneva in grande stima e, per quanto egli si applicasse in ogni modo per metterlo in cattiva luce, non gli riusciva di ottenere alcunché. Tanto più perché, malgrado non lo ammettesse apertamente, anche Paolo III intendeva fin quando possibile percorrere la via del compromesso che proprio la posizione irenica del cardinale inglese intendeva suggerire.

Vittoria Colonna, per parte sua, era un esempio di devozione, senza contare la considerazione della quale godeva presso tutti i potenti della Terra per la propria raffinata conoscenza delle lettere e della filosofia.

Michelangelo era praticamente intoccabile. Malgrado il suo pessimo carattere, godeva della protezione del papa e i successi ottenuti con le opere realizzate gli avevano guadagnato l'ammirazione di tutti: tanto di re e regine quanto del popolo.

Dunque era con le mani legate. A meno che la sorte non girasse a suo favore e qualcuno non gli portasse in dote una proposta, un'idea, un progetto per incutere il timore dell'eresia, un orrore talmente terribile da non poter nemmeno essere spiegato.

Ma fino a quel momento non aveva avuto fortuna.

Così aspettava e, nell'attesa, andava macerandosi, ben sapendo che avrebbe dovuto agire. Ed era proprio quell'inattività forzata a esacerbarlo, a regalargli notti insonni e momenti di assoluta impotenza.

Sospirò.

Magari, prima o poi, Corsini sarebbe riuscito nel suo intento.

# ESTATE 1544

# 45
# Quando la verità fa paura

Malasorte aveva paura. Dopo molto tempo, quella sensazione d'inquietudine che le dava un costante senso di stordimento era tornata ad albergare in lei, combattuta com'era fra l'amore viscerale per il capitano Vittorio Corsini, che da qualche mese la divorava come una fiamma, l'amicizia con Michelangelo e l'obbligo di fedeltà che sentiva di dovere a Imperia.

Ed era proprio nello studio di quest'ultima che si trovava in quel momento.

Imperia la guardava con i suoi occhi penetranti, cercando di carpire i suoi pensieri. Malasorte non riusciva a comprendere se avesse colto le sue reali intenzioni o meno. Naturalmente, da consumata attrice qual era, Imperia si era dimostrata da subito gentile e comprensiva, ma quel fatto non la tranquillizzava per niente anzi, più la cortigiana si comportava in modo affabile, più Malasorte ne percepiva la spietata intenzione a voler tramare qualcosa.

Molto probabilmente ai suoi danni.

«E allora, bambina mia», diceva Imperia, «come procedono gli affari presso la locanda che vi ho dato in gestione?». Quella voce, quella voce insinuante e melliflua la riconosceva eccome, Malasorte. E avrebbe tanto voluto non sentirla.

«Molto bene», rispose e, senza aggiungere altro, appoggiò la scarsella che teneva in mano sullo scrittoio di Imperia.

La cortigiana aprì la borsa di cuoio, da cui piovve una piccola tempesta di ducati d'oro che, per un istante, accese nei suoi occhi un lampo di cupidigia. Ma, come era venuto, così sparì.

Malasorte non mancò di notarlo. Sperò che quel fatto spegnesse almeno un po' la sete di potere e controllo di quella donna ma, un istante dopo, venne immediatamente smentita.

«Vedo che indossate una bellissima gamurra leggera, color indaco, che valorizza una volta di più i vostri begli occhi. Immagino vi sia costata non poco».

«Un piccolo regalo che mi sono fatta», si schermì Malasorte.

«Naturalmente», annuì Imperia, «un po' come quel pomander d'oro che tenete al vostro bel collo bianco». Non paga delle sue allusioni, Imperia continuò: «Senza contare il magnifico aroma che sento… è quello che penso?»

«Ambra grigia», le rispose immediatamente lei, anticipandola. Sperava in quel modo di darci un taglio.

«Ne avete fatta di strada, bambina mia».

Malasorte tacque.

«Che succede? Non parlate?»

«Non saprei cosa dire».

«Quanta saggezza c'è in voi, bambina mia. Per questo mi siete sempre piaciuta. E per questo vi raccomando di non cominciare a nutrire dubbi proprio ora, riguardo a quale parte scegliere».

«Non credo di capire…».

«Ve lo spiego subito», la interruppe Imperia. «Vi prego di non pensare nemmeno per un istante che mi sia sfuggito il modo in cui vi ha guardato qualche mese fa il capitano Vittorio Corsini. Fareste un torto alla vostra bellezza e soprattutto alla mia intelligenza, cosa che non potrei tollerare, come potete ben capire», concluse Imperia, sfoderando un sorriso di pura perfidia. «Ma voglio fidarmi di voi e credere che, nonostante tutto, mi rimarrete fedele. In fondo, il fatto che il bel capitano vi desideri non significa per forza che valga il contrario».

«Non provo assolutamente nulla per lui», si affrettò a dire Malasorte.

«Ne siete certa?», la incalzò subito Imperia.

La ragazza annuì.

«D'accordo. E allora non ho nulla da temere. E neppure voi. Quell'uomo mi deve del denaro. Non ha voluto pagarmi quanto dovuto, credendo di poter farla franca in quanto Capitano dei birri del Sant'Uffizio. Ma una donna come me non è arrivata dov'è arrivata perdonando gli insolventi. Indipendentemente dal rango e dal genere. Mi sono spiegata?»

«Perfettamente».

«Me ne compiaccio. E allora, bambina mia, vi lascio andare, felice della puntualità con cui mi versate quanto mi è dovuto e del modo in cui gestite la locanda del Sole nascente a Trastevere. Se continuerete così, non solo non avrete mai niente da temere ma anzi, saprò fare la vostra fortuna. Dunque, vi aspetto qui la settimana prossima per la nostra consueta conversazione». Così dicendo, Imperia fece un cenno con la mano, congedando Malasorte.

Prima di andarsene lei si piegò in una riverenza, dopodiché scostò la tenda di velluto rosso e se ne andò.

«Si ostina a voler mentire», disse Imperia, guardando Gramigna negli occhi.

Il Lanzichenecco rimase in silenzio.

«La terrete d'occhio. Dato che, come sappiamo, ha una tresca con il Capitano dei birri del Sant'Uffizio, farete ciò di cui abbiamo discusso. In questo modo saremo al di sopra di ogni sospetto e stringeremo amicizia con l'uomo più potente di Roma in un colpo solo.

«Come desiderate, mia signora». La voce di Gramigna era profonda e cupa, rivelava una nota sgradevole, svelando immediatamente come quell'uomo fosse stato plasmato dalla violenza.

«Non deludetemi, vecchio amico».

«Non lo farò».

«Molto bene. E allora staremo a vedere quel che accadrà. Per come la vedo io, Malasorte potrà tenere fede al proprio nome anche se magari...».

E, mentre pronunciava quelle parole, Imperia aprì un cassetto del proprio scrittoio. Ne estrasse la misericordia con la quale Malasorte si era difesa a suo tempo dall'aggressione subita presso il ponte Sisto.

Prese a girarlo fra le mani. Infine, con una luce maligna nelle iridi si lasciò sfuggire un'ultima considerazione: «Bisognerebbe sempre fare attenzione a quel che si lascia in giro».

# 46
# Perdere il senno

La notte era umida, bollente, toglieva il respiro.

Malasorte sentiva le dita forti del capitano esplorare il più intimo dei suoi tesori. Inarcò la schiena per l'eccitazione. Si sentiva sua. Anche quella notte era venuto da lei e avevano già fatto l'amore. Ma lei non era mai sazia. E nemmeno lui. Aveva bisogno di essere presa ancora.

La sorprendeva più di tutto la sua capacità di ascoltare il suo corpo: era come se il capitano – perché lei lo chiamava così anche nell'intimo dell'alcova – avesse saputo ancor prima di averla incontrata cosa l'avrebbe sedotta, facendole perdere ogni ritegno.

Non sapeva come resistergli: si sarebbe consegnata letteralmente a lui, lasciando che facesse di lei quel che voleva.

Avvertiva la sua energia animale ancor prima di vederlo, quasi lui incarnasse l'essenza stessa dell'uomo e del predatore insieme.

Sentì un guizzo bruciante, un brivido infuocato sferzarla senza pietà, allargò le gambe per attenuare il dolore e il piacere insieme che risultavano quasi insostenibili, s'inarcò ancora di più, poi lui lentamente, languidamente, uscì da lei.

Le accarezzò i lunghi capelli neri, le baciò le palpebre con tenerezza infinita, poi d'improvviso la fece voltare sul letto e affondò ancora una volta nel suo scrigno più prezioso.

Era quell'alternarsi di dolcezza e tormento a farla impazzire.

Si toccò i piccoli seni, l'unghia lucida, d'alabastro, a torturare il capezzolo gonfio, teso come la punta d'un diamante insanguinato.

Lui la prendeva da dietro, stringendole i fianchi con le mani, continuando lento, inesorabile, facendole assaporare tutto quello che aveva, tutto quello che c'era da scoprire nella semplicità disarmante di un movimento sofferto e irresistibile, in grado di esplorarla e di farla gemere come mai avrebbe creduto possibile.

Sentiva la passione tumultuare nel suo cuore, il piacere ardente che esplodeva in lei e si riverberava in onde di energia bollente, scuotendola come la risacca dell'oceano quando si rovescia, corsara, contro il fusto forte e vergine di un giunco bianco.

Lui continuava a prenderla, un colpo dopo l'altro. Lei inarcò la schiena, offrendosi ancora di più a lui, appoggiò le mani sulle proprie natiche, poi scese verso le labbra e le allargò. Il capitano emise un roco gemito di piacere. Portò le sue dita piccole e affusolate sul membro di lui che la penetrava e lo sentì teso e pulsante di vita. Carne e sangue. Quindi s'infilò indice e medio fra le labbra, riempiendosi la bocca come se in quel momento l'unica cosa che volesse fosse essere ricolma di lui in ogni modo possibile.

Si girò. Lui osservò le sue dita, umide, fra le labbra carnose ed emise un gemito, eccitato più che mai. Quasi soggiogato, infilò il proprio indice nella bocca di lei.

Malasorte succhiò le sue dita e quelle del capitano. Lui urlò e affondò il membro con forza ancora maggiore. Lei si sentì quasi soverchiare dal piacere. Si abbassò di nuovo, la bocca di nuovo libera. Ansimò contro il cuscino.

Non era mai stato così, con nessuna donna.

Corsini non capiva come fosse possibile che una ragazzina

così fresca e giovane potesse dargli tanto piacere. Forse perché in lei tutto era naturale, semplice, in un certo senso innocente. Non c'era alcun tentativo di sedurre, solo il bisogno sincero e irrefrenabile di abbandonarsi a lui senza difese o calcoli di sorta.

E quel suo essere così pronta a prendere e dare piacere lo rendeva euforico. Certo, Malasorte aveva una sua naturale malizia, era provocante e aveva un corpo stupendo: magro, asciutto, tonico, dalla pelle leggermente abbronzata. Aveva seni piccoli e sodi, gambe lunghe e guizzanti e il più bel fondoschiena che gli fosse mai capitato di vedere in vita. E poi quel viso che pareva condurlo dritto alla follia: i suoi occhi erano stelle sfavillanti, i lunghi capelli neri profumavano di menta e ortica, e ricadevano in una cascata di onde notturne, le labbra carnose dello stesso colore del sangue.

Le baciò i fianchi per poi risalire lungo la schiena fino alle spalle ampie. La accarezzò nella penombra punteggiata dalla luce fragile di decine di candele.

Poi si adagiò accanto a lei.

«Non credevo di poter amare così», disse lui, «mi avete davvero stregato». Mentre pronunciava quelle parole, sospirò, incredulo ma felice.

Malasorte tacque. Era raggiante. Ma sapeva che ogni volta in cui lo era stata era accaduto qualcosa che aveva guastato tutto.

Era il suo nome. Il suo destino.

Si abbandonò alla notte, al segreto del buio che l'avvolse, stordendola, lasciandola vinta, dopo tutto l'amore che aveva ricevuto.

Toccò con la punta delle dita il petto del capitano. Fu leggera, impercettibile: non voleva svegliarlo.

Rimase in silenzio per timore di poter sfregiare quell'equilibrio fragile che i loro cuori erano riusciti a creare.

# 47
# Il morbo

Sentiva il colore gocciolare sul suo viso.

Teneva gli occhi semichiusi, ridotti a fessure, in modo da poter guardare comunque quel che stava dipingendo.

Con il pennello cercava di stendere al meglio la tinta. Attraverso una modifica, era riuscito a innalzare il ponteggio abbastanza da poter rimanere in ginocchio e, inarcando all'indietro la schiena, tenere lo sguardo sufficentemente fermo su quanto stava dipingendo. Ma ormai non sapeva più come fare: aveva le braccia e gli occhi indolenziti, al punto che avrebbe voluto strapparseli e dormire per sempre. Le gambe tremavano per lo sforzo qualunque fosse la posizione scelta: in ginocchio, steso supino, di lato.

La barba era completamente inzuppata di colore. E così il volto e i vestiti. Non se li toglieva ormai da due settimane. Non dormiva più di tre ore a notte e lo faceva sopra il ponteggio. Dipingeva senza posa, dall'alba al tramonto e poi ancora. Si era costruito una sorta di lucerna da testa: aveva approntato un copricapo di cartone sul quale aveva montato una candela. In quel modo aveva la luce necessaria per lavorare a qualsiasi ora. Si consumava nell'opera: gli affreschi della Sistina lo stavano divorando. Sarebbe scomparso: cancellato, annichilito da quel lavoro eterno, infinito, terrificante. Non avrebbe mai terminato, pensò. Si stava annullando nel tormento di quel lavoro che somigliava, sempre più, a una tortura. Il caldo era insopportabile.

A un tratto fu costretto a fermarsi poiché temeva di rimanere cieco per sempre.

Aveva ultimato il sacrificio di Noè e quando rientrava a casa, nelle rare occasioni in cui aveva energie per riuscirvi, lavorava al cartone preparatorio del Paradiso terrestre.

Era stremato.

Tanto da temere di non riuscire a farcela.

Si sentiva scottare la fronte. Il corpo era percorso da brividi ghiacciati. Si domandò se non avesse contratto una qualche malattia.

Si svegliò di soprassalto. Aveva immaginato ancora una volta i giorni della Sistina. Quella sfida lo aveva prostrato per sempre. Insieme al *Mosè*. Non riusciva a pensare ad altro. Ma in quel momento si sentì debole come mai prima di allora. Grondava sudore e tremava in ogni arto. Gli pareva che milioni di formiche vibrassero di vita sotto la sua pelle e lo stessero mangiando dall'interno.

Provava un dolore lancinante al fianco. Lo azzannava senza requie, infliggendogli una sofferenza che non credeva sarebbe riuscito a sopportate. Da giorni provava delle fitte improvvise ma, a causa del lavoro, non vi aveva dato eccessiva importanza.

La candela era ancora accesa. Da quanto si era coricato? Forse da non più di un'ora. Aveva la bocca riarsa, le labbra in fiamme, ma sentiva un freddo tagliente che gli spezzava le ossa. Stava forse impazzendo?

Si alzò dal giaciglio e non appena mosse i primi passi per arrivare al tavolo, dove aveva dimenticato la candela accesa, sentì un'altra terribile fitta al fianco e le gambe franare sotto il suo peso. Si accasciò a terra. Nel tentativo di rimanere in piedi si aggrappò maldestramente al tavolo, portando poi con sé piatti, bicchieri, resti della cena, fracassando in mille pezzi terracotta e ceramica.

Ma per quanto lo volesse non riuscì a rialzarsi.

Forse la morte era giunta, finalmente.

O forse il morbo era venuto a prenderlo. Non sapeva cosa fare. Ormai quasi incosciente per via del senso di stordimento che provava, si lasciò andare a un penoso lamento.

In quel momento sentì dall'altra parte della casa uno scalpiccio. Di lì a qualche istante comparve l'Urbino il quale, nel vederlo, spalancò gli occhi: il viso sconvolto, la paura che pareva salirgli fino alla radice dei capelli, come un'ombra che allungava mani dagli artigli adunchi.

«Maestro», mormorò.

«Fr-Francesco», balbettò lui, «dell'acqua...». Poi tacque perché sentì di aver esaurito le forze.

L'Urbino corse al pozzo. Riempì una brocca d'acqua e, in un baleno, gli porse un bicchiere alle labbra.

Michelangelo provò a bere. In principio gli parve di star meglio ma poi un conato gli riempì la gola e rigettò quel che aveva mangiato la sera.

Infine, rovesciò la testa all'indietro, sbiancò e perse conoscenza.

Tutto divenne buio.

E in quel non luogo, per la prima volta dopo molto tempo, gli parve, finalmente, di riposare.

# 48
# La maledizione

Il capitano era uscito prima dell'alba: quel mattino aveva una serie di compiti da adempiere e dunque doveva presentarsi al più presto al cospetto del cardinal Carafa. Non voleva ritardare e, dal momento che aveva trascorso la notte fuori, intendeva rientrare per tempo in modo da lavarsi, cambiarsi e comparire vestito in modo confacente innanzi al capo del Sant'Uffizio.

Si sentiva stanco ma felice. Non lo preoccupava essersi preso alcuni giorni di libertà in quel periodo. Dopotutto, aveva trovato un valido sostituto nel giovane Mercurio Caffarelli, un ragazzo che in quegli ultimi due anni aveva saputo farsi strada con dedizione e diligenza in seno al corpo dei birri e che ora operava in sua vece in tutto e per tutto. In un certo senso, era molto più responsabile e zelante di lui.

Ma Corsini aveva già fatto la sua parte in precedenza. Di certo non smaniava al pensiero di poter condurre le ronde e arrestare i colpevoli. E poi, quel suo lavorare per Carafa lo aveva, di fatto, reso un intoccabile.

Per qualsiasi rimostranza o critica, Carafa era disposto a coprirlo e proteggerlo. E quel fatto non era certo di poco conto. D'altra parte la sua fedeltà al cardinale era fuori discussione e per lui Corsini era pronto a compiere ogni genere di missione, ivi compresi gli immancabili strappi alla regola. Perciò, in un certo qual modo, il meccanismo approntato era a dir poco perfetto. Lui faceva il lavoro sporco per Carafa e il cardinale gli garantiva libertà di manovra. E, dopotutto, lui era pur sempre il Capitano dei birri del Sant'Uffizio e non sarebbero stati poi in molti a poter contestare il suo lavoro.

E allora? Perché si stava ripetendo mentalmente quella stupida solfa? Certo, poteva fare proprio quel che voleva. Ivi compreso, concedersi qualche notte per coccolare quella sua nuova fiamma. Lo sapeva benissimo.

Ma in quell'inappellabile verità c'era un unico, vero punto debole: mai si sarebbe aspettato di perdere il senno per Malasorte. Eppure era esattamente quanto era avvenuto.

Era bellissima, su questo non v'era alcun dubbio, e quando l'aveva vista per la prima volta si era reso conto di non poter dire d'aver conosciuto il corpo femminile prima di lei. Ma poi, una volta che l'amore era stato consumato, quella ragazza gli era penetrata nell'animo come una malinconia perpetua dalla quale non poter guarire. Perché si riscopriva a desiderarla nei momenti più impensati e a sentirsi triste, solo e vuoto senza di lei. E dunque doveva tornare a trovarla ogni volta che poteva e averla per tutto il tempo che la notte gli concedeva.

E in quella consuetudine si stava smarrendo. L'aveva coperta di regali senza che lei ne avesse chiesti e le aveva riservato attenzioni e affetto. Il solo immaginare quelle parole lo faceva sorridere. Fino a un anno prima sarebbero state impensabili per lui. Eppure? Eppure adesso non esitava a immaginarle e a pronunciarle, se necessario. Forse era proprio quello il segreto di Malasorte: non chiedeva mai nulla. E lui sentiva di volerle dare tutto.

Quanto c'era di vero in quel nome?

Gli avrebbe portato sfortuna?

Il capitano non ne aveva la più pallida idea, ma si era risolto nell'accettare quel che sarebbe venuto per la semplice ragione che non riusciva a impedirsi di amarla.

Ovviamente una simile consapevolezza aveva rovesciato le

sue priorità, e ora doveva a tutti i costi imporsi un contegno. Non era mai stato molto bravo a farlo, non negli ultimi tempi per lo meno, ma ora quel suo sentimento così bruciante e irresistibile rischiava di comprometterlo, anche agli occhi dell'unica persona che davvero aveva potere di vita e di morte su di lui.

Senza contare tutto quel che era accaduto: il Concilio di Trento imminente, l'alleanza segreta stipulata fra gli Spirituali, la carica eversiva di cui andava colorandosi l'opera di Michelangelo che, a quel che si diceva, non mancava occasione per ribadire la propria ribellione alla Chiesa di Paolo III, il potere che andava acquisendo Reginald Pole, delegato pontificio forse addirittura in grado di rovesciare le sorti della fede cristiano-cattolica.

Così, immerso in quei pensieri, avvolto dal buio, Corsini prese a dirigersi verso ponte Sisto.

Ma aveva fatto appena pochi passi quando qualcosa, o meglio qualcuno, gli sbarrò la strada.

Nonostante la via angusta, e la quasi totale assenza d'illuminazione, a eccezione di un paio di torce che gettavano diafani barbagli di fronte a lui, Corsini si avvide che l'uomo che gli stava di fronte, aveva un aspetto portentoso.

Il capitano, sorpreso dall'arroganza della postura e dalla spavalderia dell'atteggiamento, ritenne opportuno apostrofare quell'insolente come meritava.

«Non vi conosco ma vi ordino di liberare il passo. Vado di fretta e, se non obbedite, potrei anche pensare di prendervi a calci».

In risposta, Corsini ottenne nient'altro che un sospiro, quasi l'avversario si fosse annoiato nel sentire le sue parole.

Poi, senza aggiungere altro, l'uomo si portò sotto il fascio di luce lattea che proiettava una delle due torce.

Sollevò il cappello di feltro e, a quel punto, tutto fu chiaro.

E quel che vide fece davvero spavento al capitano.

## 49
# Gramigna

Imperia non aveva preso affatto bene il rifiuto del pagamento dell'ultima rata dovuta. E la cortigiana aveva la memoria lunga. E non poneva limiti di tempo alla vendetta.

Perciò, trascorso qualche giorno da quando Corsini le aveva negato il denaro, si era premurata di farlo seguire dal suo uomo più fedele: Gramigna. E, nel farlo, il Lanzo aveva scoperto parecchie cose interessanti.

Per esempio che il capitano frequentava la ragazzina, Malasorte: Imperia l'aveva tratta dalla strada, nutrita e protetta per anni. E ora lei la ripagava in quel modo. Era venuto a sapere che i due si vedevano con una certa frequenza, nella mansarda di lei, a Trastevere. Quella che Malasorte si era potuta permettere grazie a Imperia.

E dunque, giorno dopo giorno, mentre la sua protetta formulava bugie e scuse per sottrarsi ai suoi doveri, contravvenendo a poco a poco ai compiti di spia che le erano stati affidati, la cortigiana era andata concependo una diabolica macchinazione per farla pagare a entrambi.

Apparentemente si era mostrata accomodante, addirittura affettuosa e, in un certo senso, era perfino rimasta sorpresa nell'appurare quanto poco avesse capito di lei Malasorte.

Così aveva finto, si era comportata da buona madre adottiva qual era. Fino a quando, la mattina precedente, non aveva dato l'ordine. E Gramigna sapeva che un comando come quello non poteva rimanere inascoltato.

«Saremo al di sopra di ogni sospetto e stringeremo amicizia con l'uomo più potente di Roma in un colpo solo», aveva detto Imperia.

E lui, puntuale come la morte, adesso si trovava in un vicolo di Trastevere, di fronte al Capitano dei birri del Sant'Uffizio, intontito dal sesso, lento e assonnato, pronto a diventare carne al sangue sotto il filo della sua Katzbalger.

Lo guardava, sfidandolo con gli occhi. Se ne stava nella nuvola di luce proiettata dalla torcia, in attesa di vedere cos'avrebbe fatto.

Giusto per far capire che non aveva alcuna intenzione di scherzare, sfoderò la spada che balenò sinistra.

Di tutti gli avversari quello era davvero il peggiore che gli potesse capitare. Riguardo alle sue intenzioni non v'era alcun dubbio.

Perciò, con rammarico, Corsini rispose nell'unico modo che conosceva.

Estrasse la propria striscia dal fodero e si mise in guardia.

Non ebbe nemmeno il tempo di urlare che già quello gli era addosso. La Katzbalger era una spada corta ma dalla lama oltremodo pesante. Il fendente che menò Gramigna si abbatté sulla sua lama con la forza di un maglio.

Tuttavia, in un modo o nell'altro, parò il colpo e, uscendo dall'incrocio, sfruttando la sua maggior agilità e leggerezza, cercò di ferire il nemico al fianco con un affondo sorprendente. Ma Gramigna, con uno scatto repentino, parò all'ultimo e mise talmente tanta energia nel colpo da respingere l'attacco, mandando Corsini quasi a mordere la polvere. Il capitano non cadde ma registrò, mentalmente, la forza formidabile dell'avversario. Non che avesse bisogno di scoprirlo, ma quella reazione fugò immediatamente anche il più piccolo dubbio in merito.

Nemmeno il tempo di riprendere fiato che già Gramigna fintava un affondo e tentava un attacco velenoso, andando in ascendente incrociata da sinistra verso destra. Corsini scartò di lato e parò con la propria lama sul ritorno dell'avversario. Una pioggia di scintille bluastre illuminò per un istante la penombra. Poi i due avversari si spostarono e il duello ripiombò nel buio. Si sentiva solo il respiro di entrambi. Nel tentativo di vedere meglio, Corsini guadagnò spazio e andò a infilarsi giusto sotto il flebile fascio di luce proiettato da una delle due torce.

A quell'invito, il Lanzo parve non poter resistere e fece altrettanto, ma Corsini in un istante indietreggiò, lasciandosi inghiottire nuovamente dal buio e, approfittando dell'opportunità di scorgere il nemico in modo inequivocabile, fintò prima in ascendente da sinistra a destra per colpire invece con un affondo all'altezza del fianco.

Gramigna riuscì a deviare in ultima quel colpo giunto dal nulla ma con un istante di ritardo, tanto che la lama affilata della striscia gli lasciò un graffio rosso che prese a grondare sangue.

Quel colpo ringalluzzì Corsini, che si guardò bene dal parlare ma riprese con maggior vigore in una serie di assalti che obbligarono l'avversario a indietreggiare, parando la gragnuola di colpi, senza poter prendere l'iniziativa.

Al termine di quel lungo incalzare di affondi e parate, il capitano cominciò a sentirsi stanco. Aveva cercato di cogliere in fallo Gramigna ma, vuoi per le difficoltà legate alle poche zone di luce, vuoi perché l'avversario era il più infido e forte che gli potesse capitare, ebbe la netta sensazione di essere sul punto di rendere l'anima a Dio. Forse quel nome, Malasorte, portava davvero sfortuna.

Provò ad allontanare quei pensieri dalla mente mentre ascoltava il proprio respiro spezzato, ridotto a un rantolo soffocato nella notte di Roma. Di certo quelle riflessioni non lo aiutavano a mantenersi lucido e lui, invece, aveva bisogno di tutta la concentrazione possibile.

Gramigna si era ritirato nell'ombra, nell'angolo più buio del vicolo e ora Corsini non riusciva a distinguerne nemmeno i contorni della figura.

Non aveva alcuna fretta di andare a scoprire che cosa lo aspettava. Rimase lì, in piedi, in attesa.

A un tratto ebbe perfino la sensazione che se ne fosse andato. Ma non doveva crederlo nemmeno per un istante. Alzò la guardia e si preparò ad accoglierlo perché Gramigna sarebbe arrivato: presto o tardi sarebbe uscito da quella specie di nascondiglio e lui avrebbe dovuto essere pronto come mai nella sua vita.

# 50
# Presentimenti

Qualcosa non andava.
Si era svegliata di soprassalto e aveva avuto il presentimento che fosse accaduto qualcosa di terribile. Guardò al suo fianco e vide il letto vuoto: il capitano non c'era più. Sapeva che doveva rientrare presto perché aveva una serie di adempimenti, ma quel tarlo che le rodeva la mente rimaneva lì e non accennava ad andarsene anzi, in un certo senso, pareva farsi sempre più insistente.
Era una notte calda, torrida. Raccolse in una coda i capelli che le si incollavano alle tempie per via del sudore. Sopra la camicia, indossò la prima gamurra leggera che le capitò a tiro.
Uscì dalla camera. Ringhio la aspettava con lo sguardo supplice, come se, in cuor suo, nutrisse lo stesso dubbio.
Lo accarezzò e poi, insieme a lui, uscì.

Doveva darci un taglio. Prima o poi, nell'udire quell'infernale cozzar di lame qualcuno si sarebbe accorto di quel che stava accadendo. Per il momento il luogo era ancora deserto ma non sarebbe stato così in eterno.
Fu allora che Gramigna uscì dall'ombra e si gettò a corpo morto contro il capitano Vittorio Corsini. Menò un paio di fendenti con tutta la forza della quale era capace. Il suo avversario parò il primo colpo, poi il secondo. Gramigna non si perdette d'animo e insistette: una discendente incrociata, un ritorno in orizzontale, poi, quando il capitano parò all'ultimo

istante un suo affondo, incrociando per l'ennesima volta la lama, Gramigna fu pronto. Dal buio si materializzò nella sua mano sinistra una misericordia. Vide negli occhi di Corsini la sorpresa e poi un'ombra di malinconica rassegnazione quasi avesse capito in quell'esatto istante di essere spacciato.

Un attimo dopo la lama sottile penetrò nella giugulare. Sangue esplose a raggiera, inondando l'aria bollente della notte.

Corsini abbandonò la presa. La striscia cadde sul selciato con un tintinnio sinistro. Con la mano destra cercò di appoggiarsi a una qualche superficie solida. Annaspò nel vuoto fino a quando non incontrò qualcosa. Il bordo di una botte? Non ne aveva idea ma ci si lasciò cadere contro.

Infine franò per terra, gli occhi che andavano spegnendosi e la mano sinistra sulla ferita, inondata dal sangue.

Malasorte aveva udito qualcosa. Un rumore minaccioso, un cozzare metallico che le parve suggerire un duello. Con Ringhio al suo fianco, seguì quelle note infauste che sapevano di lotta e sangue. Nella mano stringeva una torcia. Il globo pulsante di luce illuminava la via. Ora il rumore metallico si faceva più vicino.

Sbucò in un vicolo, stretto e buio, e capì di essere arrivata.

Fu in quel momento che accadde.

Si avvicinò abbastanza da distinguere perfettamente la scena. In quell'istante preciso, il suo mondo finì capovolto.

Vide Gramigna, il gigantesco Lanzichenecco al servizio di Imperia, pugnalare il capitano all'altezza della giugulare, il collo esplodere in una pioggia scarlatta mentre la lama entrava fino all'elsa.

Corsini annaspò, in cerca di un appoggio. Nel frattempo, Ringhio prese ad abbaiare forsennatamente e si lanciò contro il Lanzo.

Malasorte si sentì gridare: «Ringhio...no!». Le parve di assistere a quella scena, non di viverla come invece stava accadendo. Annichilita com'era dal dolore e dall'incredulità, rimase immobile, incapace d'impedire quel che avveniva di fronte ai suoi occhi.

Le lacrime presero a scendere nell'istante esatto in cui il molosso si gettò all'attacco dell'uomo che aveva appena ucciso il suo unico, grande amore.

Vide Gramigna, di spalle, estrarre una pistola a ruota dalla cintura del capitano. Si voltò, puntandola contro Ringhio. Fece fuoco. Il lampo dello sparo. Il tuono del colpo che rimbombò nel vicolo.

Vide Ringhio, davanti a lei, rallentare la corsa fino a fermarsi proprio di fronte al Lanzichenecco che lo aspettava immobile, gigantesco.

Si bloccò e poi cadde fulminato.

Emise un ultimo lamento, un latrato roco che parve sbiadire nell'aria notturna. Quando capì quel che era accaduto, Malasorte sentì le gambe tremare. Poi corse, incurante di quel che sarebbe accaduto, verso i suoi due amori assassinati. Vide Gramigna farlesi incontro. Si preparò a colpirlo e quando arrivò vicino a lui cercò di ferirlo con la torcia.

Lui le bloccò il polso, glielo torse. Lei gridò, la torcia finì per terra in una scia tremolante di luce ormai spenta. Tornò il buio.

Fu a quel punto che Gramigna fece la cosa più strana di tutta quella notte.

L'abbracciò.

E mentre lei copriva il suo petto grande e forte di pugni, la strinse a sé.

«Mi dispiace, piccola», disse, «ma hai sbagliato tutto fin dall'inizio».

Malasorte udì quelle parole. Furono le ultime che udì.

Poi sentì gli occhi chiudersi: anneriti in quella tempesta d'inchiostro che le aveva ricoperto la vista, cancellando tutto quello che era appena accaduto.

# 51
# Impotenza

Si sentiva debole, impotente. La casa pareva viva: un cuore pulsante che batteva a un ritmo infernale, contraendosi ed espandendosi di nuovo. Quel rumore gli bolliva nella testa e pareva volergliela spaccare in due.

Giaceva nel letto, incapace di muoversi. Stremato dalla fatica e dal timore di essere arrivato alla fine. L'Urbino era dovuto uscire e ora lui era solo, con tutte le sue paure, i dubbi, la sensazione di aver lasciato mille cose incompiute. Di non aver fatto abbastanza. Dov'era Vittoria? Era guarita? Da quanto non l'andava a trovare? E che fine aveva fatto Malasorte? Malgrado tutto, si sentiva responsabile per lei.

Quel nome che annunciava sfortuna, miseria. E che contrastava incredibilmente con quella sua bellezza particolare.

E se fosse stato un segno? Dopotutto, sembrava che ogni cosa, in quei giorni, congiurasse contro di lui. Provò ad alzarsi ma non appena riuscì a sollevarsi sulle braccia capì che non ce l'avrebbe mai fatta. Perciò si accasciò di nuovo. Odiava le lenzuola intrise di sudore, il senso di smarrimento, quell'odore di malattia che pareva albergare nell'aria, di carne guasta, la sua, sul punto di squarciarsi e cadere a pezzi da un momento all'altro. Eppure non aveva piaghe o ferite.

Era solo stremato. Costretto a letto in quella notte d'estate. In quelle precedenti e in quelle che sarebbero seguite. Il medico glielo aveva detto: servivano quiete e pazienza.

E lui era sprovvisto di entrambe.

Si girò supino e, allungando il braccio, riuscì a tentoni a individuare una brocca che l'Urbino, in un moto di misericordia, gli aveva lasciato vicino al giaciglio.

Doveva bere molta acqua, gli aveva detto il medico. In particolare quella proveniente da una fontana che si trovava a quaranta miglia da Roma. Si diceva fosse capace di sconfiggere il mal di pietra. Quello di cui soffriva lui. Da giorni ormai beveva solo quella. Ne aveva fatto fare gran scorta all'Urbino.

Si appoggiò sul gomito e con uno sforzo che gli parve spezzarlo in due, riuscì a sollevarsi e ad appoggiarsi con la schiena ai cuscini.

«*Gutta cavat lapidem*», aveva sentenziato il giovane medico che aveva studiato all'università di Padova, seguendo le lezioni di Andrea Vesalio.

E così Michelangelo aveva seguito le sue istruzioni. Da giorni ormai beveva quanto più poteva. Ma il caldo, la febbre e il senso di spossatezza lo rendevano debole e affranto. Quando doveva urinare provava un dolore indicibile. Il liquido era rosso di sangue. Il medico gli aveva spiegato che una piccola pietra si era fermata nel condotto che permetteva di espellere l'urina, occludendolo parzialmente. Bere molto rendeva più probabile l'espulsione del sassolino.

Era sempre la pietra la sua maledizione.

C'era un'amara ironia in quella storia. Suo malgrado, si ritrovò a sorridere. Sollevò la brocca, la portò alle labbra e bevve senza ritegno.

Purtroppo l'acqua, lungi dall'esser fredda, era calda come quella maledetta notte estiva.

Si passò la manica della camicia sulle labbra. La barba stillava gocce che gli caddero sulla stoffa.

Bevve ancora.

Poi, con una calibrata torsione del busto, appoggiò la brocca per terra.

Sospirò.

Ripensò alle minacce ricevute da Vittoria. Al Capitano dei birri che le aveva promesso di tenerla d'occhio. Al pontefice che si era rifiutato di aiutarlo, esortandolo invece a darsi da fare per ultimare al più presto gli affreschi per la cappella che portava il suo nome.

A nessuno interessava davvero di Dio. Di come arrivare innanzi a lui per essere giudicati. Michelangelo si chiese che cosa si sarebbe potuto dire di lui. Era stato davvero un artista capace? Aveva davvero celebrato la gloria del Signore? O, piuttosto, si era misurato in sfide che erano servite solamente ad accrescere e consolidare il suo prestigio personale? Ad amplificare la sua superbia? Il suo desiderio di affermarsi e rifulgere come la più grande stella dell'arte?

Era questo che gli interessava?

No davvero.

Reginald Pole e Vittoria Colonna, e con loro tutti gli altri che aderivano al circolo degli Spirituali, gli avevano mostrato che un'altra via era possibile. Che c'era una strada verso la salvezza. Una dimensione più semplice, sincera: bastava mettersi in ascolto. Udire il volere di Dio che sempre è con noi. E così Michelangelo aveva intrapreso la realizzazione di altre due diverse statue per la tomba di Giulio II. Giacché, in quella sua nuova raggiunta consapevolezza, aveva ritenuto di voler dar forma al marmo, plasmandolo a immagine e somiglianza della nuova coscienza che andava maturando.

La vita, quella che forse stava fuggendo dal suo corpo, andava affrontata nella sua duplice dimensione. Ora ne era certo. Come aveva detto Pole, era la condotta positiva, attiva, grazie alle buone opere compiute, e contemplazione di Dio che rappresentava la perfezione alla quale tendere con tutta la devozione e l'umiltà possibile.

E dunque, da giorni, si era risolto a rappresentare quella doppia visione in due donne bellissime che avrebbero adornato il monumento funebre di Giulio II.

E mentre le ore passavano, quel suo essere costretto a letto lo divorava come la più crudele delle attese. Avrebbe voluto alzarsi in piedi, afferrare il mazzuolo e lo scalpello e modellare il marmo: liberare dai blocchi le donne bellissime che aveva in mente. Ma non poteva, non aveva abbastanza forza ancora.

Era un miracolo riuscire a mettersi in piedi.

# 52
# Morte e macchinazioni

Gian Pietro Carafa non credeva alle sue orecchie.

«Ne siete certo?», domandò all'ufficiale dei birri che aveva davanti. «Qualcuno ha avuto il coraggio di commettere un simile crimine? Uccidere il Capitano dei birri del Sant'Uffizio? Il capitano delle mie guardie? E chi avrebbe osato tanto, secondo voi?».

Mercurio Caffarelli, sostituto di Corsini, non sapeva che pesci pigliare. Aveva trovato Malasorte vicino al cadavere del capitano la notte precedente. Sembrava a malapena cosciente. E anche se gli pareva incredibile, non c'erano dubbi circa la sua colpevolezza. Il coltello piantato nella gola di Corsini era quello della ragazza.

«A quanto abbiamo potuto constatare», disse con un filo di voce, «l'assassino è una donna».

Il cardinal Carafa sollevò un sopracciglio, incredulo. «Dite davvero? E chi sarebbe?»

«Malasorte».

«Malasorte e...?»

«Solo Malasorte, Eminenza. Una fanciulla che lavora per Imperia, la cortigiana»

«La titolare della locanda... L'Oca rossa? Quella nel rione del Parione?».

Caffarelli si limitò ad annuire.

«Quella vecchia sgualdrina!», tuonò Carafa, «si è perfino

messa in affari! E così sarebbe lei la mandante dell'omicidio?»

«Non ho affatto detto questo, Vostra Grazia!», disse Mercurio Caffarelli.

«Ma davvero? E allora siatc più chiaro, maledizione! Qualcuno ha ucciso il vostro superiore! Un capitano di grande capacità e coraggio! Un uomo vero, come non se ne trovano più. Voglio vedere immediatamente quella cortigiana, Imperia! Che sia condotta al mio cospetto, Caffarelli».

«Ho già provveduto a convocarla, Eminenza. Dovrebbe essere già qui», disse il sostituto capitano.

«Quale zelo, Caffarelli! A conti fatti, meglio così! La presunta colpevole? Questa... Malasorte?»

«L'ho fatta rinchiudere in una delle celle del carcere di Tor di Nona».

«Ah!».

Ancora una volta, Caffarelli annuì.

«Be', avete fatto bene! D'accordo, allora, attenderò la cortigiana».

«Quando lo desidererete, Eminenza, potrò farla introdurre al vostro cospetto. Come vi dicevo, è già qui».

«Non perdete tempo, voi, eh? Va bene! Fatela entrare, dunque, vedremo cos'avrà da raccontare. Nel frattempo, uscite! Quando avrò di nuovo bisogno di voi vi manderò a chiamare». Così dicendo, con un cenno della mano, il cardinal Carafa congedò il sostituto capitano.

«Ah, un'ultima cosa...».

«Eminenza?», disse Caffarelli mentre stava per uscire.

«Dal momento che già lo sostituivate... ebbene, i birri del Sant'Uffizio non possono rimanere senza un capitano. Caffarelli, da oggi siete voi il nuovo capitano. Per mia nomina».

Mercurio s'inchinò. «Eminenza».
«Vedete di meritarvi un simile onore».
«Ci proverò». E nel dire così, Caffarelli si eclissò.

Quando vide entrare Imperia, Carafa non poté non riconoscere che, malgrado la non tenera età, quella donna fosse ancora colma di fascino. Ed era quello, pensò, il segreto del suo successo. Al punto che, come tutti sapevano, ella era diventata una delle donne più potenti di Roma. Carafa pensò che combatterla sarebbe stata l'ultima delle sue preoccupazioni. Molto meglio capire se vi fosse la possibilità di siglare con lei una sorta di tacita e discreta alleanza.

«Eminenza», disse Imperia nel suo abito color rosso sangue, quasi avesse voluto accordare l'abbigliamento di quel giorno alla porpora cardinalizia di Carafa, «incontrarvi è per me un privilegio anche se, ne sono ben conscia, le circostanze che mi conducono qui non sono certo delle più felici. Sono addolorata per quanto accaduto al vostro capitano, un uomo stimato e capace che mancherà a tutta la comunità cristiana di questa città». Imperia s'inchinò profondamente, baciando il grande rubino infuocato che scintillava all'indice del cardinale.

Carafa annuì. A prescindere da quello che avrebbe scoperto quel giorno, un fatto era certo: quella donna sapeva come comportarsi e, in tempi sciagurati come quelli, non era cosa da poco.

«Accomodatevi», si limitò a dire.

Imperia si sedette su una poltroncina di velluto violetto. Il suo sguardo non tradì la benché minima emozione e, se c'era riverenza in lei, ebbene mai si sarebbe trasformata in timore, giacché era capace di bilanciarla con una notevole fiducia in se stessa.

«Madonna», esordì Carafa, che certo mai avrebbe rivolto altri titoli a Imperia che, malgrado tutto, rimaneva pur sempre una cortigiana, «conoscete perfettamente il motivo per il quale siete qui. Quindi vi prego di dirmi quello che sapete della donna incriminata dell'omicidio del capitano Vittorio Corsini».

«Certamente», rispose Imperia, «non vi tacerò nulla. Dunque, la fanciulla accusata si chiama Malasorte. Da alcuni anni è al mio servizio. Svolge per me le mansioni più diverse: si occupa della contabilità presso una delle locande di mia proprietà e sovrintende alle relative attività come...».

«Vi prego, posso certamente immaginare quali possano essere queste attività», tagliò corto Carafa, «concentratevi su quello che sapete di lei come persona e, in particolare, su quali fossero i suoi rapporti con il capitano Corsini».

«Era una fanciulla intraprendente, di bell'aspetto, insomma non passava certo inosservata, anche se quando ne conoscevano il nome alcuni uomini, immagino per sciocche questioni di superstizione, avvertivano un senso di fatalità e inquietudine e magari preferivano accompagnarsi con qualche altra donna. A ogni modo, non era questo il caso del capitano Corsini».

«Davvero? Che intendete dire? Siate più precisa!».

«A quanto ne so, Corsini era innamorato di lei», disse Imperia senza peli sulla lingua.

«Ne siete certa?». Carafa sembrava non volerci credere.

«L'ho fatta pedinare, perché volevo non avere dubbi».

«Da chi?»

«Dalla mia guardia del corpo».

«Capisco. E costui potrebbe confermare che il capitano e... questa ragazzina, Malasorte, si vedevano?»

«Naturalmente».

«Permettetemi un'osservazione», disse a quel punto il cardinale. «Non vi pare che prima di infangare la memoria di un Capitano dei birri del Sant'Uffizio dovremmo almeno avere qualche certezza?»

«Non ne dubito, Vostra Eminenza. Io ho semplicemente risposto alla vostra domanda. Anche se, mi preme sottolinearlo, come sapete meglio di me, soldati, nobili e perfino uomini di chiesa non disdegnano il peccato...».

«...Vi prego».

«Il fatto che mi chiediate di tacere i dettagli non lo rende meno vero. L'ho visto con i miei occhi».

Il cardinale sospirò. «Madonna, avete ragione, ed è esattamente questo il motivo per cui la piaga della Riforma si è abbattuta su di noi. Per punirci. Per giudicarci immeritevoli della Grazia di Dio, a cominciare dalla Chiesa che rappresento. Figuratevi se non so di cosa state parlando!».

«A dire il vero, credo che i motivi per cui Malasorte fosse pericolosa siano legati a ben altre questioni».

«Questioni più importanti della morte di un Capitano dei birri del Sant'Uffizio?»

«Eminenza... e se vi dicessi questa parola: *Spirituali*?».

Nell'udire quanto Imperia aveva appena pronunciato, il cardinal Carafa rimase senza parole.

Pole era dunque giunto fino al Sant'Uffizio, senza che lui se ne fosse minimamente accorto?

# 53
# Vita attiva e vita contemplativa

Michelangelo si era appena ripreso. Ora si reggeva in piedi e, malgrado si sentisse ancora debole, già si ostinava a tornare al lavoro.

Davanti a sé aveva un grande blocco di marmo: bianco, traslucido, perfetto. Con le mani ne saggiò i bordi, lo osservò per individuarne le vene più segrete. Gli parve di essere tornato ragazzo poiché quei movimenti, nella loro familiarità, rappresentavano una magnifica abitudine, il suo dono quotidiano, il motivo per cui si alzava il mattino e quello per cui la notte si coricava.

E immaginare ciò che il blocco celava nel proprio candido guscio era sempre una meraviglia, un miracolo che Michelangelo amava tornare a scoprire ogni volta, poiché svelare la forma contenuta in esso era un'urgenza bruciante.

Anche quel mattino aveva il cuore gonfio di emozione, come se fosse stata la prima volta. Era ormai da un po' che non toccava il marmo.

Da quando aveva fatto in modo che Mosè voltasse lo sguardo.

Ricordava lo stupore di Tommaso de' Cavalieri nel vedere quello che doveva aver considerato una sorta di magia e, per certi aspetti, aveva ragione: era una magia, un regalo che Dio gli aveva fatto. Se qualcuno gli avesse chiesto come faceva a lavorare il marmo, Michelangelo non avrebbe saputo rispondere. La tecnica imparata e affinata negli anni, la passione profusa nello scegliere personalmente i blocchi, l'umiltà del lavoro di cavapietre che aveva studiato e messo in pratica senza mai disdegnarne la rude semplicità erano stazioni di un percorso che considerava naturale. E anzi, era proprio in quel voler scegliere fin dall'inizio, fin da quando il marmo veniva estratto dalla cava che la nobile arte della scultura aveva fondamento. Poiché una statua, una figura, una pietà, un profeta, una crocifissione nascevano ben prima di cominciare a essere sbozzate, incise, scolpite.

Era necessario individuare anzitutto il blocco giusto, bagnandolo con l'acqua, rilevarne le imperfezioni e pretendere, invece, la purezza assoluta. Per queste ragioni, in tutti quegli anni, Michelangelo si era inerpicato a Carrara e sul monte Altissimo e fin nelle Alpi Apuane: perché era lì che trovava la pietra più pura.

Quella che gli stava ora davanti.

I giorni del morbo lo avevano prosciugato e, anche se ora tutto ciò di cui aveva bisogno era tornare a confrontarsi con il marmo usando il mazzuolo e lo scalpello, sapeva di non poterlo fare. Ma in quel lasso di tempo la mente aveva lavorato in modo febbrile e due donne gli erano apparse in sogno, rivelandosi nelle loro forme deliziose, nei tratti delicati, nelle morbide pieghe delle vesti.

Gli parve di vedere il marmo sciogliersi davanti agli occhi come ghiaccio e assumere la forma di quelle due donne sublimi, allegorie di quelle virtù descritte da Reginald Pole a Viterbo.

L'una, Rachele, eroina biblica, avrebbe incarnato la vita contemplativa: Michelangelo intendeva rappresentarla avvolta in un pesante mantello, gli occhi al cielo, il viso rivolto al Signore, le mani giunte, la fede quasi cieca in Dio. Voleva cogliere l'essenza del rapporto col divino, privo di qualsivoglia mediazione.

L'altra, Lia, avrebbe invece incarnato la vita attiva, la luce necessaria alla fiamma che brucia come recitava Il Beneficio di Cristo. Colei che trovava la salvezza attraverso il proprio operare non mediato dall'azione della Chiesa ma connaturato alla fede.

Michelangelo sapeva che, così facendo, avrebbe realizzato una sorta di definitivo bilanciamento fra i princìpi della Riforma protestante e i dettami della Chiesa cattolica, una soluzione che, pur appoggiando il rapporto esclusivo dell'uomo con Dio, non intendeva negare la forza dirompente della vita attiva. Lia, anch'ella eroina biblica, sarebbe stata una matrona romana, avrebbe tenuto nella mano destra il fermaglio nel quale raccogliere i lunghi capelli, ma quel fermaglio avrebbe anche suggerito la forma di una torcia, simbolo della luce e del fuoco ardente. Infine, avrebbe posto sul capo di Lia un diadema.

Questo era quello che aveva intenzione di fare: completare un monumento funebre che fosse la rappresentazione su marmo delle proprie convinzioni, così diverse da un tempo, figlie delle parole di Vittoria e del cardinale Reginald Pole, vittime innocenti di un'Inquisizione talmente sorda alle loro istanze da interpretare unicamente il ruolo di braccio armato al servizio del papa. Un'Inquisizione guidata da un uomo che, con ogni probabilità, puntava al pontificato e a riaffermare le gerarchie e le chiusure di una Chiesa troppo pronta a punire i poveri e i derelitti attraverso la minaccia dell'eresia, e disposta ad assolvere, invece, quanti fossero vicini al potere e alla ricchezza.

Sapeva che, in quel modo, avrebbe amplificato la distanza, reso più acuta e infetta la ferita, e allargato le labbra della lacerazione fra sé e la Chiesa, ma non vedeva altra soluzione. Dopo tanto tempo aveva la possibilità di scolpire ciò in cui credeva utilizzando un linguaggio diverso, per certi aspetti più criptico, protetto o, forse, semplicemente più chiaro di qualsiasi altro, ma solo a chi avesse avuto il coraggio di guardare davvero negli occhi le sue statue: Mosè, Rachele, Lia e Giulio II.

Non sarebbero state immagini per tutti: in un certo senso avrebbero fatto paura, restituendo lo sguardo a chi le avesse fissate senza sentire il bisogno di sussurrare conforto.

Ecco, aveva deciso.

Avrebbe combattuto con le armi che conosceva e che Dio gli aveva dato per urlare la sua verità.

# 54
# Sacro e profano

Imperia era certa di aver catturato non solo l'interesse ma anche l'attenzione del cardinale. Sapeva che, fin da quando il capitano Vittorio Corsini le aveva fatto visita, quanto ascoltato dalla sua bocca era solo una parte dell'intera storia.

Gian Pietro Carafa era assurto a capo dell'Inquisizione romana per volontà del pontefice. Un papa, Paolo III, che non era stato il peggiore di quegli anni ma che, per mille ragioni, non sarebbe vissuto in eterno e che aveva aperto la via a un dialogo fra Riforma protestante e Chiesa cattolica con posizioni fin troppo accomodanti. Atteggiamento che un uomo come Carafa mal digeriva.

Perfino lei lo aveva capito, bastava guardarlo negli occhi. Sua Eminenza era un uomo animato da mostruosi appetiti e che vedeva il suo attuale ruolo di capo del Sant'Uffizio come trampolino necessario, ma non sufficiente, per giungere al papato.

Da brava imprenditrice, Imperia aveva fatto fare un po' di ricerche alle sue spie e aveva appurato non solo che l'odio di Carafa per Reginald Pole era leggendario, come già era risultato evidente dalle informazioni raccolte da Malasorte, ma che aveva radici profonde e una motivazione precisa: Pole era il principale avversario che il capo dell'Inquisizione romana aveva sulla sua strada, una strada che portava dritta al pontificato a che rischiava di essere compromessa da quel maledetto cardinale inglese, protetto da Paolo III al punto da divenire suo legato all'imminente Concilio di Trento.

Ora, se Imperia avesse avuto qualcosa da offrire per mettere in cattiva luce Pole e gli Spirituali in modo concreto, fornendo una vittima sacrificale da esibire come strega, eretica, cresciuta all'ombra della parola di Pole e dei suoi accoliti, il cardinal Carafa non le sarebbe forse stato grato in eterno?

E chi meglio di Malasorte poteva assolvere quel compito? Quella ragazzina ingrata, presuntuosa, che l'aveva rifiutata in nome di un bel paio di spalle e un volto virile, era insomma il suo lasciapassare nella scalata al potere.

Perciò si risolse ad affondare il coltello, facendo partecipe il cardinale del proprio diabolico piano.

«Eminenza», disse con voce ferma, «credo che l'incontro di oggi possa rivelarsi per voi propizio, alla luce di quanto sto per dirvi».

Il cardinale la guardò, facendole capire che la ascoltava, non aveva bisogno di essere convinto più di quanto già non fosse.

«Ebbene, Malasorte non è solo colpevole del fatto ascrittole, la morte del Capitano dei birri Vittorio Corsini ma, come presto scoprirete, è un'eretica ed è per questa ragione che ha fatto quel che ha fatto».

«Ah».

«Posso provarlo: non solo perché io stessa so per certo che incontrava gli Spirituali del cardinal Reginald Pole, e potrei confermarlo in giudizio, ma perché un mio stampatore di fiducia potrà testimoniare di averle venduto copie del *Beneficio di Cristo*, nell'edizione riveduta e ampliata da Marcantonio Flaminio dell'*Ecclesia Viterbiensis*, recentemente stampato in Venezia, covo laico della più subdola eresia. Senza contare che il vostro attuale sostituto Capitano dei birri, il giovane Mercurio Caffarelli, potrà affermare senza difficoltà che la fanciulla ha da sempre un pessimo carattere se è vero, com'è vero, che non più tardi di un paio d'anni fa, per difendersi, ferì un Lanzo con lo stesso pugnale con cui la notte scorsa ha ammazzato il capitano Corsini. Tutto questo, naturalmente, sostenuto dalle testimonianze di cui vi parlo...».

Il cardinal Carafa era davvero sorpreso e non gli capitava certo di frequente. «Sono ammirato dalla quantità d'informazioni in vostro possesso, madonna», disse con una sincerità prossima all'ammirazione. «C'è da chiedersi dove vi procuriate spie tanto efficienti, mi piacerebbe chiedervene qualcuna in prestito, magari potrebbe insegnare qualcosa di utile alle mie», disse, carezzandosi il dorso della mano con fare curiale.

«Il mio lavoro m'impone una simile conoscenza, Vostra Grazia».

«Capisco».

«Se posso permettermi...».

«Vi prego, procedete, mi pareva che la parte più interessante della vostra proposta fosse sul punto di arrivare».

Imperia annuì. Il cardinale la incoraggiava. Tanto valeva rischiare e affermare l'indicibile. In fin dei conti, cos'aveva da perdere? Nella peggiore delle ipotesi Carafa l'avrebbe minacciata di non far parola con nessuno di quanto aveva osato dire. Ma, come per altro le sue intenzioni parevano suggerire, il cardinale era di tutt'altro avviso.

«Come dicevo, Eminenza, un caso come questo potrebbe offrirvi quell'esempio che, immagino, andate cercando. Mi spiego meglio. Una ragazzina che nessuno vuole più, accusata e riconosciuta colpevole dell'omicidio del Capitano dei birri, con un nome che pare forgiato dal diavolo stesso e contro la quale testimoni credibili non esitano a deporre riguardo alla sua eresia in virtù dei testi letti e degli uomini frequentati... ebbene non potrebbe essere proprio lei quel capro espiatorio che vi potrebbe permettere di trionfare su Pole? Giustiziarla non vi procurerebbe quel consenso che è proprio di chi ha il coraggio di mostrare il seme del male? Pensateci: chi legge *Il Beneficio di Cristo* si allontana da Dio e uccide finanche il Capitano dei birri, l'uomo preposto alla vostra sicurezza? E tutto non sulla base di fantasie ma di deposizioni precise e circostanziate? Non è dopotutto questa una possibilità che vi si offre per trionfare su quella corrente irenica che tanto vi osteggia?».

Dopo aver sentito quelle parole il cardinal Carafa rimase in silenzio, fissando negli occhi Imperia. Ben difficilmente la cortigiana avrebbe saputo dire cosa stesse pensando e, per un istante, temette di aver osato troppo. Forse il cardinale non era l'uomo spietato che si era immaginata o, magari, non era disposto a spingersi tanto in là pur di soddisfare la propria brama di potere.

Invece lei era esattamente quel tipo di persona ed era animata da un desiderio di vendetta nei confronti di quella piccola sgualdrina di Malasorte, impossibile da descrivere solo a parole. Per questo sperava che il cardinale desse una risposta positiva, perché le pareva somigliasse a lei come temperamento e convinzioni.

Ma poi, dopo un tempo che le parve infinito, Gian Pietro Carafa parlò.

«Siete una donna davvero spregiudicata e tuttavia mi proponete una soluzione brillante».

Imperia sospirò, l'inizio era promettente.

«Come probabilmente saprete, questa Malasorte è stata rinchiusa nel carcere di Tor di Nona in attesa di giudizio. Ciò premesso, è del tutto evidente che quanto dite è di assoluta utilità alla Chiesa che rappresento, non solo per applicare la pena più giusta al crimine orrendo che è stato commesso e che è di competenza del potere temporale, ma anche per quello, ulteriore, e ancor più grave, di cui mi parlate. Non entrerò nei dettagli inerenti le posizioni teologiche interne alla Chiesa di Roma e di come esse considerino la recente ribellione protestante, che Lutero si ostina a chiamare Riforma, tuttavia è un fatto che, con molta umiltà e dedizione, io stia cercando di riportare ordine in questa sciagurata situazione. Per farlo ho bisogno di rafforzare la mia posizione ed essa è tanto più convincente quanto più risultano indebolite quelle altrui. Accetto perciò quel che mi offrite anche se la vita mi ha insegnato che nessuno regala nulla a nessuno e dunque sono a chiedervi: che cosa volete in cambio?»

«Cinquecento ducati», rispose, senza esitare nemmeno un istante, Imperia. Era la somma esatta che le doveva Corsini e, in ultima istanza, il cardinale. Non intendeva chiedere troppo alla sua buona stella. Con quell'accordo si liberava di una testimone pericolosa: le prove che aveva contro Malasorte erano schiaccianti, ma prima quella sgualdrina fosse finita sottoterra, prima si sarebbe sentita tranquilla e appagata. Odiava anche solo l'idea che fosse viva. Non tanto per essersi innamorata di Corsini, quanto per non averlo ammesso di fronte a lei e avere tentato di raggirarla mentendole, tramando magari alle sue spalle per consumare un giorno chissà quale ulteriore atto nefasto a suo danno.

Imperia non era diventata quel che era diventata aspettando le mosse degli avversari. Aveva imparato che una malerba va estirpata immediatamente o avrebbe infestato tutto ciò che lei aveva creato negli anni con infinita fatica e sofferenza.

«Così è deciso. Confesso che la vostra richiesta è particolarmente contenuta ma meglio così. Terrò a mente questa vostra particolare morigeratezza, magari ci permetterà in futuro di avere ulteriori intese. Come d'accordo, allora, mi aspetto che nel corso del processo facciate la vostra parte».

«Non mancherò, sono stata proprio io a proporvelo».

«Naturalmente. Non appena renderete la vostra testimonianza, farò emettere una lettera di credito a vostro vantaggio. Dunque, arrivederci, madonna», disse porgendo a Imperia la mano.

La cortigiana s'inginocchiò di fronte a Sua Eminenza e baciò l'anello. Poi accennò una riverenza e, sotto gli occhi vigili e rapaci del cardinale, guadagnò l'uscita.

# 55
# Tor di Nona

Malasorte sentiva la testa pulsare. Il dolore si espandeva in onde circolari, irradiandosi in tutto il corpo. Le procurava un senso di stordimento costante. Gramigna l'aveva colpita con violenza. Avrebbe preferito l'avesse uccisa. Perché vivere senza il capitano e senza Ringhio era la peggior punizione che potesse immaginare.

E anche perché quel che l'aspettava ora andava al di là di qualsiasi immaginazione.

Non aveva amici, tranne Michelangelo, ma era un uomo avanti negli anni e avrebbe potuto fare ben poco per lei.

E comunque, a parte lui, non aveva più nessuno. Alla fine Imperia l'aveva venduta come un pezzo di carne al mercato. Malasorte lo sapeva che sarebbe andata a finire in quel modo. Lo aveva sempre temuto. Eppure, non era riuscita a impedire al suo cuore di innamorarsi del capitano. Aveva accettato il rischio. E aveva perduto. Ma, almeno, aveva conosciuto l'amore. E una gioia come quella, pur breve, valeva mille volte quello che sarebbe venuto. Le importavano poco, a quel punto, i dettagli.

Si guardò attorno. L'avevano gettata in una cella angusta, sporca. Pareti nude di pietra erano tutto quello che vedeva. Scorse una feritoia talmente stretta che quasi non permetteva l'ingresso dell'aria.

Il letto non era che un giacilio di legno marcio e paglia.

Un bugliolo per le deiezioni diffondeva un puzzo disgustoso perché i secondini si guardavano bene dal pulirlo.

Le venne da vomitare.

Si girò contro il muro. Il dolore, sempre presente, le ricordò una volta di più quel che aveva smarrito in una notte sola. Sentì le lacrime scendere, solcare le gote e andarsi a perdere chissà dove. La gola le faceva male, deglutire le era quasi impossibile, la saliva era vetro. Gemette.

Voleva farsi forza ma non era possibile, non in quel momento.

Si abbandonò al dolore perché era tutto quello che voleva.

Michelangelo aspettava. Aveva voluto incontrare Pole in quel punto della città perché per lui rappresentava il cuore di Roma.

La basilica di Costantino si preparava a diventare San Pietro: la più grande chiesa del mondo. Eppure, a vederla, non era che un miraggio, uno spazio sfregiato dalle cicatrici del tempo e dall'opera dell'uomo. Bramante aveva voluto immaginarla con la pianta a croce greca e infatti ne aveva conservato i quattro colossali piloni e gli archi di collegamento. Ma tutt'attorno era un susseguirsi di rovine e muri diroccati poiché, alla morte del grande architetto, prima Raffaello e poi Antonio da Sangallo non erano riusciti a progredire nei lavori.

E dunque, quella che avrebbe dovuto diventare la basilica di San Pietro, non era che un affascinante scheletro di strutture dal fascino imperituro, esposto alla furia del vento e della pioggia, un monito di pietra che sembrava voler ricordare agli abitanti la grandezza di un tempo perduto che forse non sarebbe mai tornato.

Eppure Michelangelo nutriva speranze per quella mistica arca dello Spirito.

Se ne stava in piedi, con una lucerna, ad aspettare. I guardiani lo avevano immediatamente lasciato passare non appena lo avevano riconosciuto come Supremo scultore e pittore dei Palazzi Vaticani, così come nominato dal Pontefice.

Era in quel crepuscolo, intriso di nostalgia e grandezza, che Michelangelo attendeva Reginald Pole. Il cardinale inglese gli aveva chiesto di incontrarlo, dopo avergli fatto recapitare tramite Vittoria Colonna una lettera, di tale urgenza e necessità che mai avrebbe potuto essere ignorata.

Vittoria! Era andato a trovarla e l'aveva vista di nuovo in forze. Forse non si poteva dire guarita ma la sua pelle chiara era tornata a colorarsi di quel pallido rossore che sempre aveva quando stava bene. Gli aveva chiesto di condurla a cavallo sulle Alpi Apuane: voleva vedere per una volta la natura selvaggia e aspra nella quale trascorreva i suoi momenti più intimi, quando si sentiva in comunione con Dio.

Michelangelo gliel'aveva promesso. Non appena i giorni si fossero fatti più freschi sarebbero partiti insieme.

Mentre fantasticava in quel modo e le faville di un braciere volavano nell'aria come lucciole, una voce lo chiamò. Era dolce e ben modulata, inconfondibile. Per un attimo, Michelangelo avvertì qualcosa di sovrannaturale, come se fosse Dio a chiamarlo. Ma poi si riebbe, proiettò il cono di luce della lucerna in avanti e dall'ombra comparve il cardinal Reginald Pole.

Indossava una lunga veste purpurea, l'abito talare. Aveva uno sguardo preoccupato e il volto più magro del solito.

«Messer Michelangelo», gli disse il giovane inglese, «non sapete quanto sono felice di vedervi».

«L'onore è mio, Eminenza».

«Purtroppo le ragioni che mi conducono a incontrarvi in questo luogo non sono fra le più felici», disse.

«Lo immaginavo», rispose Michelangelo, «per questo vi ho chiesto di raggiungermi in un luogo così singolare».

«Già. Confesso che quando ho saputo che avevate scelto la basilica, sono rimasto non poco stupito».

Michelangelo sorrise. «Lo capisco. Ma vedete, Eminenza, amo calcare i piedi fra l'erba e la terra di questo che definisco a buon diritto un simulacro, un relitto, un luogo dell'abbandono poiché San Pietro è stata dimenticata da committenti e artefici proprio come questa città e la sua Chiesa. Eppure non tutto è andato perduto, il tempo ha pietà dell'uomo e delle sue opere quando sono assistite dalla meraviglia. Guardate voi stesso», disse, rischiarando la via davanti a loro con la lucerna. Il cardinal Pole rimase di stucco nel vedere di fronte a sé un mosaico d'incomparabile bellezza. Scintillava sullo sfondo in oro. Al chiarore debole della lucerna riconobbe Cristo nell'atto di salvare gli apostoli, collocati in una navicella, la vela grande, gonfiata dal vento.

«Questo era Giotto, mio signore. Autore di una meraviglia talmente fulgida da risplendere anche nel chiaroscuro del crepuscolo, proprio come le stelle, lassù in cielo», disse Michelangelo con voce profonda. «Vedete gli apostoli nella navicella? E Dio che tende la mano a Pietro? E i flutti, e la città in riva al mare?».

Pole portò la mano alle labbra, sconvolto da uno splendore senza pari. Ma Michelangelo non intendeva indulgere su quella visione. Aveva in mente ben altro. Senza aspettarlo, superò il Pignone posto al centro del cortile e, ancora una volta, illuminò con la lucerna lo spazio di fronte a sé. Il cardinale lo raggiunse e vide materializzarsi dinanzi ai suoi occhi un tabernacolo e all'interno di esso una statua, raffigurante san Pietro benedicente.

«L'ha scolpita un artista greco di straordinario talento», riprese Michelangelo. «Non se ne conosce il nome. In principio la statua rappresentava un filosofo, ma Arnolfo di Cambio l'ha modificata più di due secoli fa ed ecco, come per miracolo, apparire a noi san Pietro: i capelli, la barba, le chiavi del Regno dei Cieli», continuò Michelangelo illuminando il mazzo stretto dall'apostolo nella mano sinistra. «Vedete, Eminenza, come la memoria rimanga, se affidata all'arte? Lo scrigno che conserva il ricordo e lo perpetua negli oceani del tempo? Eppure oggi noi vogliamo barattare tutto questo», e mentre parlava in quel modo, Michelangelo fece compiere alla lucerna un arco, rischiarando per un attimo l'aria bruna del tramonto, «per assecondare la vanagloria, il desiderio di potere, la fama che corrompe e acceca, il denaro che ci rende peggiori del demonio stesso. E la Chiesa, che aveva compreso come l'arte potesse celebrare Dio e la sua grandezza, ora si rinchiude in conflitti da salotto, mercifica i titoli attraverso la simonia, vende indulgenze per salvare i ricchi e i potenti della Terra, comprando loro gli scranni in Paradiso, ponendosi allo stesso livello di nostro Signore!».

«Michelangelo...», sussurrò Pole.

Ma Michelangelo pareva non sentirlo. «Seguitemi, Vostra Grazia, ve ne prego», e, procedendo oltre, si diresse verso l'altare maggiore. Tutt'attorno, ora, scintillavano decine di lumi a olio. La luce fioca e fragile come la fiamma di un fuoco fatuo rischiarava la volta voluta da Leone X e la crociera. In fondo, di fronte all'altare ecco il piccolo tempio realizzato da Bramante a protezione dell'altare maggiore e della tomba di san Pietro.

«Ecco Roma, ecco la nostra memoria, Eminenza», seguitò Michelangelo, che vedeva in quelle vestigia e nel disperato tentativo di rinascita operato dagli architetti del suo tempo, una fusione fra passato e futuro, un connubio di arte e fede che, più unico che raro, rappresentava per lui, in quel momento, l'unione di tutto, l'alfa e l'omega, il centro del mondo. «Giulio II aveva intuito l'importanza di tutto questo. E dopo di lui Leone! Ma, ahimè, l'uomo è troppo sciocco per amare infinitamente il bello! E la donna, di certo più sensibile, attenta, dotata, non ha la forza di ergersi a difesa di una simile bellezza. Le sue parole rimangono inascoltate. E tutto finisce nella guerra, nella discesa dei Lanzi, nel dolore e nella fame di massacro».

Mentre parlava così, una mano gli strinse l'avambraccio. Michelangelo girò lo sguardo e vide gli occhi del cardinale Reginald Pole. Vi scorse una fede incrollabile e una vena di malinconia che pareva danzare sul fondo delle iridi. «Michelangelo, voi sapete riconoscere Dio quando lo avete davanti. Ma pochi fra noi vi riescono. Ho ascoltato le vostre parole. Ho visto quel che mi avete mostrato e confesso che avete ragione in tutto e che mai come ora dobbiamo combattere per addivenire a una pacificazione. Paolo III mi ha confermato legato pontificio a Trento e, credetemi, mi batterò per giungere a un accordo fra protestanti e cattolici. Ma i nostri nemici albergano e prosperano nel ventre stesso della Chiesa. Mentre noi parliamo, Gian Pietro Carafa trama affinché io fallisca e, con quello che è successo, il suo trionfo si fa più vicino».

«Perché», domandò Michelangelo, «che altro è successo?», chiese come se fino a quel momento non avesse saputo di essere tornato alla realtà.

«Malasorte, la ragazza che ci ha spiato in questi anni per conto del Sant'Uffizio, è accusata di aver ucciso il capitano Vittorio Corsini».

«Che cosa?», disse Michelangelo con un filo di voce.

«Mi avete sentito», proseguì Pole. «Io non ci credo. Temo sia vittima di un intrigo. Non solo! Carafa sostiene che ella sia una mia protetta, una seguace, nelle parole del cardinale, di quell'*Ecclesia Viterbiensis* che ora rischia seriamente di vedersi muovere l'accusa di congregazione eretica».

«Ma è assurdo!».

Il cardinale annuì. «Lo so. E tuttavia, ora quello che conta è che voi portiate via dal monastero Vittoria. Sanno che si trova lì. Ed è la prima che proveranno a colpire non appena avranno abbastanza prove per farlo».

«E la ragazzina?», domandò Michelangelo che si sentiva in colpa per non poter aiutare quella fanciulla triste e sfortunata che certo aveva sbagliato, ma che di sicuro non meritava quel che le stava accadendo. Nella memoria danzavano ancora le immagini delle sere trascorse con lei di fronte al fuoco.

«Vi preoccupate per lei?»

«Tengo molto a Malasorte. Come avete detto voi, è una vittima. Non ha colpe per quel che ha fatto. Vi è stata costretta».

Il cardinal Pole annuì. «Penserò io a lei. Voi portate Vittoria al sicuro. Io farò in modo che in vostra assenza a Malasorte non sia torto un capello. Almeno fino al vostro ritorno».

«Me lo promettete?»

«Avete la mia parola. Ma ora andate! Non c'è un istante da perdere».

Michelangelo baciò la mano al cardinale. Poi si girò e iniziò a correre.

Sapeva dove andare.

Dietro di lui, i lumi a olio che scintillavano attorno all'altare maggiore divennero ben presto piccole stelle lontane.

# AUTUNNO 1544

# 56
# In fuga

Inchiostro incedeva come un destriero indomito. Malgrado il doppio peso non esitava fra le pietre e il ghiaccio del mattino. I suoi zoccoli battevano la strada carrareccia e il suono pieno si propagava fra le gole ripide delle Alpi Apuane. Malgrado fosse ancora autunno era caduta la prima neve. Il vento, freddo, spazzava il cielo e un sole fragile accendeva una luce di febbre fra le losanghe dei rami.

Entrarono in un bosco di faggi: le bande gialle e arancio di foglie cadute crepitavano sotto gli zoccoli di Inchiostro.

Vittoria era senza parole, gli occhi incastonati nella meraviglia di quel che vedeva. Poi l'emozione fu troppo forte: «Voglio scendere», disse, con l'entusiasmo di una bambina che aveva appena scoperto un nuovo gioco.

Smontò di sella e si ritrovò d'improvviso con i piedi fra foglie e neve. Sorrise. Michelangelo prese Inchiostro per la cavezza e cominciò a camminare. Vittoria li precedeva, riempiendosi gli occhi di tutto quello che vedeva: il legno chiaro degli alberi, il cielo azzurro, il bianco della neve che appariva a sprazzi in un tappeto rosso e giallo di foglie cadute, i funghi dal cappello scuro e pieno che facevano capolino.

Michelangelo prese a raccoglierli e a riporli in una piccola gerla che aveva portato con sé. Vittoria rimase folgorata dalla visione miracolosa della natura. Sentì il profumo intenso, quasi carnale, di quei funghi dal gambo chiaro e sodo, a volte più grande del cappello stesso, che emergeva un po' alla volta dal tappeto di foglie.

Dopo un po', Michelangelo aveva riempito la gerla fino a metà.

Il bosco da pianeggiante si fece più ripido. Salire ora era meno comodo. Vittoria non era stanca, però, la natura le dava conforto e le accendeva il viso di un rossore bellissimo per via dell'aria fredda e pulita e della fatica che faceva nel mettere un passo davanti all'altro. Michelangelo si offrì d'aiutarla ma lei non volle. Anche se qualche goccia di sudore le imperlava la fronte, quella salita le era lieve dopo la debolezza della malattia e la melanconia della cella angusta del monastero.

Fu a quel punto che giunsero al ricovero. Era una casupola in pietra che sorgeva al centro di una radura. Prima di raggiungere il ricovero, Vittoria volle dirigersi al centro di quel luogo meraviglioso, leggermente in pendenza, dal cui culmine era possibile dominare l'intera valle.

Mentre lei conquistava il centro della radura, Michelangelo condusse Inchiostro sul retro del ricovero. Un istante dopo ricomparve.

Camminava verso di lei. L'aria, ora, era forse ancora più fredda. Vittoria si strinse nel collo di pelliccia del mantello pesante. La carezza che ne ricevette le diede un brivido di piacere.

Michelangelo l'aveva quasi raggiunta. Lei lo osservava con la coda dell'occhio, dandogli le spalle, gli occhi rapiti dal paesaggio mozzafiato: la valle ripida e dolce a un tempo, qualche casa a fumare, nel pomeriggio, dalla canna di un camino, gli alberi spogli che, come spettri, allungavano i rami magri contro il cielo. Una leggera nebbia prese a salire, lenta, morbida, avvolgente. Uno stormo nero di corvi riempì l'aria tersa. Volavano maestosi, padroni delle correnti, battevano le ali in modo talmente fluido da dare la sensazione di allungarsi come una macchia d'inchiostro rovesciata da un bimbo distratto su una pallida tela.

E poi: fiocchi bianchi di neve cominciarono a cadere come stelle dal cielo. E Michelangelo le arrivò alle spalle. Le cinse la vita. Lei si lasciò andare, appoggiandosi al suo petto. Sentì il respiro caldo di lui.

Ora capiva perché amava quel luogo. Era certa di respirare l'essenza stessa di Dio in quel momento. Perché non c'era nulla di più bello. Di più prezioso e magnifico.

«Se potesse rimanere così. Se potesse durare per sempre».

«Non dura mai», le rispose lui.

«Perché dite così?»

«Perché è la vita. La bellezza sta negli attimi. Nel riconoscerli e rapirli al tempo, sperando di prolungarli quel che basta con l'amore e la memoria».

Vittoria sospirò ma non c'era amarezza in lei, piuttosto la dolcezza nell'ascoltare quell'amico che le voleva bene dal più profondo del cuore.

«Tenetemi stretta, Michelangelo».

Lui l'abbracciò ancora più forte.

# 57
# Intransigenti e irenici

Gian Pietro Carafa non capiva perché mai il pontefice lo avesse mandato a chiamare. Anche se un'idea ce l'aveva. O meglio un presentimento. E non prometteva niente di buono. Mentre attendeva di essere ricevuto da Paolo III, prese a giocherellare nervosamente con i grani d'oro del rosario che portava al collo. Era talmente impaziente di conoscere il motivo di quella chiamata che per poco non ruppe la catenella.

Infine, una delle Guardie svizzere che presidiavano gli appartamenti del papa gli fece un cenno. Gli venne aperto e fu ammesso nella sala delle udienze, la Stanza di Eliodoro.

Paolo III era in piedi. Teneva le mani dietro la schiena e, non appena entrò, Carafa lo vide accigliato.

Per un istante, anche se le circostanze gli consigliavano tutt'altro, rimase abbagliato dalla magnificenza degli affreschi di Raffaello: il messo divino a cavallo, evocato dal sacerdote Onia, che travolgeva il ministro siriano Eliodoro, con tutto il suo seguito, reo di aver profanato il tempio di Gerusalemme; la messa di Bolsena con l'ostia macchiata di rosso e poi la liberazione di san Pietro dal carcere, raccontata in un gioco di luci e ombre semplicemente mozzafiato.

Fu un istante, ma Carafa non riuscì a impedirsi di cedere alla malia della pittura di quel gigante dell'arte. Non appena si riebbe da quella visione, si precipitò verso il pontefice, piegando il ginocchio e baciandogli l'anello. Dopodiché, rimettendosi in piedi e, raddrizzandosi in tutta la sua notevole altezza, constatò la prima nota stonata di quella mattina che si preannunciava oltremodo impegnativa. Da un angolo della bella sala, quasi fosse volontariamente rimasto celato alla vista, comparve Sua Eminenza, il cardinal Reginald Pole.

Carafa trattenne a stento un grido. Dunque il papa aveva voluto tendergli un tranello? Nessuno gli aveva fatto menzione del tenore del colloquio. Se solo avesse saputo il nome dell'altro invitato, si sarebbe preparato adeguatamente.

Quella sua riflessione non dovette sfuggire al papa che lo guardò, se possibile, in modo ancor più severo di prima.

Perciò, al fine di evitare immediate rampogne, Carafa sfoderò il più falso dei suoi sorrisi e, rivolto a Pole, scoccò un saluto. «Vostra Grazia».

«Vostra Grazia», gli venne risposto con uguale freddezza.

Paolo III avvertì immediatamente il cattivo sangue che correva fra i due e provò a porvi rimedio. «Miei buoni amici, suvvia, che modi sono questi! Vi ho chiamato in una delle stanze più belle di questo splendido palazzo, affrescata da Raffaello Sanzio, principe delle arti. Ogni parete in questo luogo è piena di luce e meraviglia eppure percepisco in modo netto la lama di ghiaccio che vi divide. E tutto per cosa? Per il vostro diverso modo di voler considerare la nostra Chiesa? Eppure dovreste ormai aver capito che entrambi mi siete cari come figli prediletti e che di ambedue ho infinita stima. Dopotutto, non ho forse messo l'uno a capo del Sant'Uffizio, acciocché presidi la difesa dei canoni religiosi, nominando l'altro mio legato per discutere a breve con i rappresentanti del Credo protestante la giusta via per giungere alla composizione di un potenziale scisma che, se trovasse terreno fertile per attecchire, sarebbe la nostra rovina? Potete forse negarlo? E dunque», continuò il papa, «qual è la ragione del vostro tormento?».

«Santità», disse Pole con quella sua voce suadente, «le ragioni che separano me e il cardinale sono molteplici ma di certo quella che rende lontane le nostre posizioni è l'assoluta volontà di negare un qualsiasi confronto fra le sue convinzioni e quelle di chiunque altro. Egli si ritiene, a torto o a ragione, l'unico depositario della verità».

Era troppo! Non avrebbe tollerato un simile affronto. Come osava quell'inglese, quel parente del più grande eresiarca del mondo conosciuto, fare la morale a lui? «Voi non vi rendete conto di quel che dite, Eminenza. Vi ostinate a farvi beffe del mio modo di procedere, sostenete che le mie convinzioni, fondate sulla primazia della nostra Chiesa e sull'errore dei protestanti, non sono altro che uno stupido vanto, un modo sciocco e cieco di voler negare una possibilità! Ma fu Lutero a chiamarci simoniaci e apostati, fornicatori e senza Dio! Fu lui a volere la lacerazione, a smembrare il corpo della Chiesa per ridurlo a un ammasso di ferite purulente da lui inferte! E ora noi dovremmo cedere a un uomo del genere? Un monaco che usa le proprie reprimende al solo scopo di diffondere come un morbo la sua eresia? E voi intendete anche cercare un dialogo?».

Il papa alzò le mani. «Amici miei, per favore, non parlate in questo modo! Non di fronte a me, ve ne prego. È già abbastanza difficile affrontare ogni giorno le lacerazioni create dai protestanti per udirle anche nella nostra chiesa! So che avete atteggiamenti molto diversi riguardo al tema, ma quello che sto cercando di dirvi è che entrambi possono coesistere e anzi risultare l'uno utile all'altro».

Paolo III sospirò. Poi riprese: «Perché credete che vi abbia convocato qui, oggi? Certo, questa è considerata la mia sala delle udienze, ma sapete bene che dell'etichetta non so che farmene, non sono quel tipo d'uomo. No, amici miei, ho ordinato di condurvi qui per ben altra ragione. Perché questa stanza, decorata da Raffaello, rappresenta con i suoi quattro dipinti la difesa della Chiesa da parte di Dio. La difesa del patrimonio come testimonia il primo affresco in cui gli angeli di Dio cacciano Eliodoro, profanatore del tempio per rubarne il tesoro. La difesa della fede, attraverso il miracolo della messa di Bolsena, all'origine della festa del Corpus Domini, quando l'ostia consacrata si macchiò di rosso: il sangue di Cristo sul suo corpo! La difesa dello Stato della Chiesa quando Leone Magno incontrò Attila degli Unni, chiedendo al re barbaro di non invadere l'Italia. Infine, la difesa della guida spirituale, la difesa del papa, attraverso l'allegoria della fuga di san Pietro. E dunque è questo quello che io chiedo a voi oggi. Di difendere la fede, il patrimonio, lo Stato e la guida della Chiesa di Dio in Terra. E, come già vi ho detto, mi serve lo spirito e l'intelletto di entrambi, ciascuno per le sue specificità. Ma uniti! Non vedete, amici miei, che l'arte di Raffaello e le sue allegorie hanno prevalso anche sull'odio bestiale dei Lanzichenecchi? Nemmeno loro, con tutta la loro furia devastatrice, hanno potuto distruggere una simile meraviglia! Certo, hanno rovinato i colori, le luci, ma non sono riusciti a prevalere su un'opera che omaggia Dio e la nostra Chiesa! E allora, mi domando, non potete voi, di fronte a un tale fatto prodigioso, mettere da parte le vostre riserve e lavorare insieme per un medesimo obiettivo?».

Di fronte a quelle parole, calò per qualche istante un silenzio profondo. Carafa si domandò se quello che predicava il pontefice fosse possibile. Ma la situazione era troppo compromessa. Pole si era spinto troppo avanti e lui non era certo rimasto a guardare. Quello che diceva il papa aveva senso, naturalmente, ma le posizioni di intransigenti e irenici, all'interno della Chiesa, erano inconciliabili, la lacerazione aveva prodotto una distanza incolmabile.

Fu Pole a parlare per primo. «Non vedo come, Santità»,

disse, «saprete certamente che il cardinal Carafa mi ha fatto pedinare in questi anni, spiare e chissà che altro. Ha utilizzato un'innocente per farlo, una ragazzina e, ora che non gli serve più, ha deciso di gettarla in una cella a Tor di Nona, accusarla di omicidio ed eresia e, dopo averla torturata, intenderà certamente arderla viva a Campo de' Fiori, non è vero cardinale?», e mentre diceva così, Pole indicò con rabbia Carafa, puntandogli contro l'indice, quasi si aspettasse, da un momento all'altro, di riuscire a incenerirlo.

«Quale impudenza, Vostra Grazia», e Carafa pronunciò quell'ultima parola con tutto il disprezzo di cui era capace. «Osate accusarmi di immoralità quando sapete perfettamente di essere stato voi a ordire una trama di relazioni vergognose, volte a costituire una chiesa in seno alla Chiesa. La vostra *Ecclesia Viterbiensis* non è che un'accolita di eretici, nutrita con il latte di opere immonde e indicibili, come *Il Beneficio di Cristo*, frutto proibito delle menti di uomini e donne alterate dalla peste della Riforma. E fra queste persone che non citerò per misericordia nei vostri confronti c'è anche Malasorte. Quella fanciulla, come la chiamate voi, è l'assassina del capitano Vittorio Corsini, capo dei birri del Sant'Uffizio, uomo di grande diligenza e onore che sempre ha fedelmente servito questa Chiesa. E sempre lei è stata trovata in possesso dei libri di cui sopra...».

«Silenzio!», tuonò Paolo III. Il suo sguardo fiammeggiava. Guardò entrambi i cardinali con occhi di brace. «Quale squallido spettacolo mostrate a chi vi conosce!». Poi tacque e, accostatosi alla grande finestra rimase a guardare il cortile di fronte a lui.

Carafa seguì il suo sguardo. Gli occhi vennero rapiti dalla grazia dell'incredibile fantasmagoria del cortile del Belvedere.

Passò qualche tempo. Come se il pontefice volesse rimarcare con il proprio silenzio tutta la delusione e l'amarezza che quella conversazione gli aveva dato. Infine distolse gli occhi dalla bellezza mozzafiato del cortile e tornò a guardare i cardinali.

«Non avete idea di quanto sia stato avvilente per me ascoltare le vostre parole oggi. Ora mi avvedo che il problema che credevo confinato a un conflitto fra cattolici e protestanti è ben più grave e complesso. Noi stessi siamo ulteriormente divisi! Forse ha ragione Michelangelo!».

«Michelangelo?», domandò Carafa, che all'udire quel nome quasi non riuscì a trattenere un brivido.

«Già!», disse Paolo III. «È stato proprio lui a dirmi quanto la Chiesa abbia smarrito se stessa. E io non volevo credergli. E so di non essere esente da colpe. Anch'io ho commesso errori e leggerezze. Ma ormai è troppo tardi per rimediare. Sono troppo vecchio, amici miei. Ma quel che mi fa più male, oggi, è vedere che chi è più giovane ripete gli sbagli che ho commesso io».

«Michelangelo», ripeté a sua volta Pole, «è un uomo e un artista straordinario. E ha un ruolo in questa storia. Carafa proverà magari a infangare il suo nome ma confido che Sua Santità conosca meglio di chiunque altro l'uomo che ha nominato Supremo Scultore e Pittore dei Palazzi Vaticani. Ho solo una prece, dunque: fare in modo che fino al suo ritorno non venga torto un capello a Malasorte, la ragazza che è incarcerata a Tor di Nona. Michelangelo si è allontanato qualche giorno ma presto sarà di nuovo a Roma».

«E perché mai dovremmo attendere l'avvento di quell'uomo?», domandò Carafa con una nota di sarcasmo nella voce. «Forse ha un qualche potere di condizionare le scelte del Sant'Uffizio?»

«Credo semplicemente che conosca quella ragazza e voglia rivederla un'ultima volta».

«Così sia», tagliò corto il papa che non ne poteva più di quel battibecco.

Dopo quelle due parole, il silenzio di Carafa e Pole si fece, se possibile, ancor più pesante. Le parole pronunciate al cospetto di Paolo III erano state dure come il ferro. E se mai fosse stata possibile una rappacificazione, quella conversazione ne aveva compromesso qualsiasi possibilità.

Carafa inspirò profondamente. Non aveva alcuna intenzione di cedere. Sapeva di aver accettato alcuni compromessi, a cominciare dalla testimonianza di una cortigiana come Imperia, ma quel che stava facendo, ne era certo, era per uno scopo più grande. Il papa sottovalutava la minaccia rappresentata da Pole ma lui, che proprio da Paolo III era stato posto a difesa della Chiesa cattolica, non intendeva arretrare d'un passo.

Lui era l'ultimo baluardo a protezione della fede.

Lui era l'angelo a cavallo che allontanava Eliodoro dal tempio. Lui proteggeva la religione dai profanatori e dagli eretici. Si sarebbe fatto uccidere per uno scopo grande e nobile come quello.

E se quella ragazzina, Malasorte, aveva avuto la sfortuna di incappare in una storia più grande di lei, ebbene ne avrebbe pagato le conseguenze. Ora era certo: intendeva farne un esempio!

Aveva testimonianze, aveva prove. Quella fanciulla era troppo bella per essere anche innocente. E poi aveva ucciso un Capitano dei birri! E si era procurata copie del *Beneficio di Cristo*! Che altro serviva per essere giudicati assassini ed eretici?

Ma Paolo III non aveva ancora finito. «Cardinale Reginald Pole», disse con freddezza, «siete confermato nel vostro ruolo di legato pontificio. Non manca molto all'inizio del Concilio perciò vi invito a prepararvi a raggiungere Trento. Conosco le vostre posizioni e le appoggio. Ora andate».

Carafa vide il cardinale inglese scoccargli un ultimo sguardo intriso di veleno e risentimento. Si avvicinò al papa e, dopo essersi inginocchiato e aver baciato l'anello, si alzò, raggiungendo la porta.

Quando Pole uscì, Paolo III si rivolse a lui. Carafa riconobbe nei suoi occhi una gelida ira ma anche qualcosa di più devastante: una tristezza infinita, come se, al termine di quella conversazione egli avesse smarrito qualsiasi fiducia in lui, nella Chiesa e nella città di Roma.

# 58

# Le preoccupazioni del cardinal Carafa

«Confesso che non mi aspettavo di vedere uno spettacolo tanto desolante», disse Paolo III. Scosse la testa. «Coraggio», disse, «raccontatemi tutto. Siete davvero convinto che una ragazzina sia l'assassina del capitano Vittorio Corsini? Certo, il fatto in sé è un'autentica tragedia, dato che stiamo parlando di un soldato capace, un uomo d'arme valoroso, che ha sempre servito con coraggio la Chiesa. Ucciso a Trastevere all'alba! Cosa ci faceva lì? Perché era senza scorta? Quali prove avete? Ma, soprattutto: che cosa vi fa dire, cardinale, che a ucciderlo sia stata una fanciulla?».

Carafa tacque. Poi, dopo aver raccolto le idee, parlò. Sapeva di non poter lasciare nulla al caso. Doveva cancellare le emozioni ed essere il più logico e convincente possibile.

«Vostra Santità», esordì, «ecco i fatti. Come avete detto voi, il capitano è stato trovato morto in un vicolo di Trastevere. Vicino a dove abita la ragazzina, Malasorte».

«Malasorte?», domandò il pontefice.

«Sì, questo è il nome della fanciulla».

«Malinconico e fatale».

«Lo credo anch'io. A ogni modo, l'arma che ha vibrato il colpo mortale è una misericordia di proprietà di questa Malasorte. A confermarlo è il sostituto ufficiale del capitano Corsini e attuale capo dei birri del Sant'Uffizio».

«Che sarebbe?»

«Mercurio Caffarelli».
«E come fa a saperlo?»
«Perché aveva visto quella stessa arma qualche tempo fa».
«E in quale occasione?»
«Quando, aggredita da un Lanzo, Malasorte si difese accoltellandolo».
«Caspita!».
«Già. Ma non è tutto».
«Vi prego, raccontatemi».
«La ragazzina è stata trovata vicino alla vittima. Il suo cane ucciso da un colpo di pistola. Corsini deve essersi difeso dall'assalto e ha ucciso il molosso, una belva enorme. Poi lei lo ha colpito con il pugnale».
«E perché lo avrebbe fatto?»
«La ragazzina lavorava per conto di Imperia, una cortigiana, una donna rispettata in città che, malgrado la professione, si è poi elevata fino a diventare una delle più potenti affariste di sempre. Imperia sostiene che la ragione dell'assassinio sia la più vecchia del mondo: l'amore. Certo, inteso come interesse e garanzia di futuro. Una ragazzina, cresciuta in strada che ha la possibilità di ottenere i favori del Capitano dei birri del Sant'Uffizio...».
«Cardinale voi sapete bene che sarebbe meglio non far trapelare questa storia».
«Naturalmente».
«Non solo chiunque potrebbe sentirsi legittimato ad attaccare le ronde notturne, ma l'immagine del Sant'Uffizio *in primis* ne risulterebbe oltremodo compromessa! E dunque anche se questa fosse la verità noi non potremo mai avallarla».
«Per questa ragione ho pensato che la motivazione più corretta potrebbe essere quella dell'eresia».
«A che cosa vi riferite?»

«Al fatto che alcune persone sarebbero pronte a confermare che Malasorte apparterrebbe a quella chiesa nella Chiesa...».

«Ho capito», lo interruppe il Pontefice, «ma non possiamo coinvolgere il cardinal Pole in questo. Come vi ho detto, non voglio incoraggiare divisioni».

«E allora torniamo all'ipotesi dell'omicidio».

«Non possiamo, non in questo modo. Dobbiamo trovare un'altra strada».

«Santità, vi prego, la ragazza è una lettrice del *Beneficio di Cristo*!».

«Il testo veneziano che riprendendo le lettere di san Paolo propugna una visione compromissoria fra fede cattolica e protestante?».

«Precisamente».

«E qualcuno sarebbe disposto a confermare una simile tesi? Il fatto che la ragazza era lettrice del *Beneficio di Cristo*?»

«Una cortigiana, Imperia, e uno stampatore!».

«E allora, forse, la soluzione è di fronte ai vostri occhi».

«Che intendete dire?»

«Quello che avete udito, cardinale. Ora, se volete scusarmi, ho altre persone da vedere. Se siete abbastanza intelligente, come io credo, troverete una via d'uscita accettabile e giusta per questo caso. Voi stesso l'avete suggerita qualche istante fa. L'unica premura che vi chiedo è di non arrivare a giustiziarla senza prove e di non farlo comunque prima del ritorno di Michelangelo. Dobbiamo dargli la possibilità di parlare con lei, così da poter essere considerati al di sopra di ogni sospetto». E con quelle parole, il papa fece capire a Gian Pietro Carafa che il loro colloquio si era concluso.

Il cardinale s'inginocchiò, baciò l'anello e guadagnò l'uscita.

# 59
# Il mattino

Si era appena svegliato.

Aveva dormito così bene, come non gli capitava da tanto tempo. Nel camino le ultime braci tossivano fra la cenere. Michelangelo le ravvivò, aggiungendo poi piccoli legni sottili che presero fuoco rapidamente. Quindi mise ad ardere un paio di ciocchi.

Cavatori e pastori tenevano quel ricovero in perfetta efficienza: la legna era asciutta e tagliata. La canna del camino perfettamente ripulita tirava che era una meraviglia. La stanza era ampia e calda. Sul retro era stata ricavata una piccola stalla. Inchiostro aveva mangiato biada, godendosi poi il meritato riposo.

Mentre preparava la colazione, Michelangelo guardò Vittoria: com'era bella! La pelle nivea, soffusa di un leggero rossore, i capelli castani che le ricadevano in ciocche sul viso, le ciglia lunghe e folte, le labbra di corallo.

Averla vicino gli dava pace, quella che cercava da una vita intera e non trovava mai: per via di quel suo disperato bisogno di lavorare sempre, di essere attivo a tutti i costi, di tormentarsi le mani scolpendo il marmo. Le guardò. Com'erano ridotte! Lo sapeva, naturalmente, e se ne vergognava. Ma ormai non poteva farci niente. Sembravano ritorte come i rami dei faggi sotto il soffio del vento d'autunno. Eppure gli erano servite nel corso della sua vita. Gli tornò in mente quando dipingeva e scolpiva con la sinistra e poi, per abituarsi a lavorare con entrambe, aveva iniziato a tenere il pennello e anche il mazzuolo con la destra. E poi la sinistra era la mano del diavolo! Certo non poteva permettersi di lasciare che le sue preferenze lo condannassero prima del tempo.

Il pane nero mandava un buon profumo. E anche la cotognata che aveva portato via.

La sera avrebbero mangiato i funghi raccolti. Voleva preparare qualcosa di delizioso per Vittoria. Perciò si era vestito per andare a caccia.

La guardò un istante, poi la baciò teneramente sulla fronte.

Lei socchiuse gli occhi e lui le accarezzò una guancia. «Riposate quanto volete. Io andrò a fare provviste. Il pane è in tavola, così come il formaggio, e troverete anche qualcosa di dolce. C'è dell'acqua. Farò ritorno nel pomeriggio».

Non era riuscito a dormire. Così era quello il punto. Il papa gli suggeriva, in modo sottile, di trovare un movente religioso che permettesse di sacrificare la fanciulla. Era stata, fin dall'inizio, l'idea più accettabile che gli fosse venuta in mente, ma adesso aveva la conferma del pontefice. Esattamente quello che gli serviva. Con una simile autorizzazione ogni ostacolo era stato rimosso. Aveva fatto bene a fingere di non averci pensato. La sua posizione, ora, era molto più forte. Malasorte sarebbe divenuta un capro espiatorio, ma non in quanto amante di Corsini, ma in quanto fanatica religiosa di una fede che si allontanava da quella cattolica. Il Capitano dei birri era una vittima, ed era stato ucciso proprio perché capo delle guardie del Sant'Uffizio.

In questo modo, senza accusare apparentemente la corrente irenica, si dava un chiaro messaggio a quanti indulgevano nella lettura di un testo come *Il Beneficio di Cristo*, nutrendosi dell'idea che la fede fosse qualcosa fra l'uomo e Dio senza la mediazione della Chiesa e delle buone opere.

Colpendo una strega, una donna che aveva ceduto alle lusinghe dell'eresia, una ragazza cresciuta in strada, si mandava un messaggio chiaro a quanti nutrivano nel loro seno simili convinzioni e, senza colpirli direttamente, li si poteva minacciare in modo tanto efficace da risultare vincente.

Questo è quel che accade a quanti negano il ruolo della Chiesa nel rapporto fra l'uomo e Dio. Dopotutto, Carafa aveva parecchi elementi a suo favore. Un nome insolito e inquietante: "Malasorte". Una ragazza dalla bellezza malinconica e irresistibile, certamente diabolica. E che, a pensarci bene, poteva aver irretito il Capitano dei birri, averlo sedotto con lo sguardo, distratto, e così, approfittando della sua avvenenza gli aveva scatenato contro il proprio molosso per poi colpirlo con il pugnale che teneva con sé. Perché avrebbe dovuto fare una cosa del genere? Perché il capitano rappresentava tutto ciò che lei odiava nella Chiesa di Roma: un uomo probo, un valente guerriero, un ufficiale della guardia del Sant'Uffizio. E perché lei, soprattutto, era una giovane fanatica, indottrinata dalle letture di testi come *Il Beneficio di Cristo*, affascinata dalle suggestioni della Riforma protestante e da tutte le decine di altre nuove pseudoreligioni che rispondevano a nomi di Calvino, Zwingli, Juan de Valdés, Ochino.

In tal modo egli avrebbe potuto utilizzare quella ragazza come monito per tutti coloro che nell'ombra nutrivano il demone dell'eresia. Era quello che aveva sempre cercato. Non vi sarebbe stata un'aperta accusa nei confronti degli Spirituali, ma Vittoria Colonna, Alvise Priuli, Marcantonio Flaminio e gli stessi cardinali Pole e Morone avrebbero visto cosa poteva accadere a quanti incoraggiavano simili atteggiamenti. Senza contare che questi ultimi di lì a breve si sarebbero ritrovati a Trento, occupati in dispute ecclesiastiche, lontani da quel che accadeva a Roma.

Dopotutto, aspettare poteva essere la soluzione migliore. Avrebbe tenuto la ragazza imprigionata a Tor di Nona. L'avrebbe interrogata, torturata se necessario, in modo da raccogliere una confessione. Prima ancora avrebbe fatto in modo di procurarsi le testimonianze circostanziate di Imperia e dello stampatore romano.

E con un simile castello probatorio, la sua posizione sarebbe stata inattaccabile. Poi avrebbe fatto bruciare l'eretica a Campo de' Fiori.

E a quel punto, ne era certo, le pulsioni anticattoliche si sarebbero sopite: come un focolaio d'incendio dopo una tormenta di neve.

Dio gli aveva dato una missione e per attuarla doveva servirsi di una cortigiana. Ma non era una prostituta anche Maria Maddalena? Eppure si era pentita, redenta. E ora era accaduto lo stesso per Imperia.

Il suo compito non era semplice, ma chiaro come un cielo all'alba. E lo avrebbe assolto nel migliore dei modi.

# 60
# Percepire l'assenza

Lo aveva atteso in quel pomeriggio d'autunno. E ancora una volta si era sorpresa nel desiderare che arrivasse. Le ore senza di lui le procuravano un dolore quasi metallico al cuore. Come se un pugnale la tormentasse. Aspettarlo, sapendo che di lì a poco lo avrebbe visto giungere dal limitare del bosco, le dava una gioia irrefrenabile.

Sorrideva senza motivo.

O forse il motivo era il più grande e bello di sempre.

Era amore?

Vittoria credeva di sì, a patto d'intenderlo nel modo più dolce, puro, fecondo. In un certo senso era condivisione di speranze, ascolto, confronto, era guardare insieme la vallata o rimanere in attesa di Michelangelo che avanzava fra le foglie e la prima neve in quell'angolo di paradiso.

L'amore, per come lo intendeva lei, era tenersi per mano a fissare il sole mentre spariva in una stecca d'oro fuso al tramonto.

Quel mattino, subito dopo essersi alzata, aveva pregato. Poi aveva mangiato quel che lui aveva preparato per lei. C'era così tanta cura e attenzione in quel gesto. Quel suo preoccuparsi per lei la commuoveva profondamente, perché scorgeva nelle sue attenzioni tutta la gentilezza e bontà d'animo che dimoravano in lui nonostante quello che alcune malelingue avevano detto in passato.

Michelangelo non aveva certo goduto di buona fama: gli era sempre stato rimproverato un carattere focoso, inquieto, tormentato. L'artista non era in discussione, ma l'uomo, così avaro e scontroso, affetto da una ritrosia apparentemente invincibile, sempre pronto a contestare quanto gli veniva detto anche nel modo più gentile, non godeva di altrettanto favore. E con il passare del tempo, a sentire certe voci, non era affatto migliorato.

Eppure quella che gli altri definivano iracondia per lei era semplice coerenza, l'avarizia era oculatezza, senza contare che Michelangelo versava gran parte di quel che guadagnava ai fratelli, tenendo per sé la minor parte e non mancando mai di compiere quelle buone opere che tanto gli stavano a cuore, e non per guadagnarsi un posto in paradiso, ma semplicemente per rafforzare anche in modo concreto quella fede in Cristo che nutriva giorno dopo giorno.

Era consumato dall'arte e in quella trovava la propria felicità: non per celebrare se stesso ma per omaggiare la gloria di Dio.

E poi, il suo cercare e riscoprire la pace in luoghi come quello in cui si trovava l'affascinava infinitamente: la bellezza della natura, la semplicità di quella vita nella quale lui realizzava se stesso, rinunciando ai fasti e al lusso che di certo avrebbe potuto permettersi. Era un uomo più unico che raro.

Il successo gli aveva dato potere, più di quanto immaginasse, eppure lui non ne abusava, meglio ancora, non se ne curava affatto, malgrado fosse, senz'ombra di dubbio, l'artista più celebre del suo tempo.

E tutto questo lei lo ammirava profondamente.

Per quello provava per lui un sentimento profondo. E gli mancava, in quel momento, più che mai.

E però, era proprio allora che ritrovava la bellezza dell'assenza, quel senso di infinito e precario insieme, l'incertezza. E mentre così faceva, vedeva i fiocchi di neve cadere ancora.

Stelle candide piovevano dal cielo e andavano a posarsi soffici per terra, formando un unico, morbido tappeto.

Si sentiva sicura vicino a lui. Perché, malgrado l'età, era ancora un uomo forte, ma soprattutto lo era nei princìpi, nell'autorevolezza, in quella severità che riservava alla propria condotta e che pretendeva di trovare anche negli altri, poiché, in ultima analisi, la considerava una forma d'amore.

E lo era tanto più in un mondo che aveva smarrito fin troppo facilmente valori come l'umiltà, la discrezione, la tenerezza, l'altruismo, la generosità, il coraggio.

Forse lei e Michelangelo appartenevano a un mondo perduto, che si ostinava a resistere in una città, bella come una dea ma azzannata ogni giorno da un'infinita brama di potere. E in quella dicotomia, in quella gigantesca contraddizione, la Città Eterna si ammantava della magnificenza dell'arte, grazie a una chiesa illuminata e a uomini sensibili alla meraviglia di opere che la rendevano immortale ma, al contempo, si colorava di tinte cupe come la cupidigia di quanti intendevano piegare quella meraviglia a propria immagine, così da soddisfare un desiderio di gloria personale.

E allora la soluzione era la fuga? Vittoria non lo pensava affatto. Sapeva che quel dorato esilio in cui si era rifugiata con Michelangelo non poteva durare. Quanto era accaduto al Capitano dei birri era semplicemente orribile, malgrado quell'uomo non le fosse certo sembrato uno stinco di santo. Ma poteva quella ragazza averlo ucciso? Certo, era stata in grado di pedinarli e spiarli e di riferire al Sant'Uffizio. Ma allora, quale ragione aveva per uccidere un uomo come Corsini? Che appariva piuttosto come il suo mandante, non già un nemico, meno che mai un uomo da uccidere.

Avevano mangiato la carne arrostita sullo spiedo e i funghi. Michelangelo era rientrato tardi, all'imbrunire, e ora, insieme a Vittoria, stava gustando del vino rosso di fronte al fuoco del camino.

Se ne stavano vicini, spalla contro spalla. Le fiamme ardevano gagliarde. Un grato tepore si diffondeva in tutta la stanza.

«Non credo l'abbia ucciso», disse Michelangelo.

«Ne siete certo?»

«L'ho vista, Vittoria, e non ha lo sguardo dell'assassina. Se aveste potuto fissarla negli occhi, anche per un solo istante, ne sareste convinta anche voi. E poi, negli ultimi tempi l'ho lasciata venire da me. Abbiamo condiviso qualche lettura, ho cercato di parlare con lei e ho scoperto una mente lucida, una tenerezza disarmante. Malasorte è una vittima e null'altro».

Vittoria chiuse gli occhi. Si abbandonò al calore del fuoco. «Ma io non ho bisogno di essere convinta. Mi fido di quello che dite. Perché dovrei dubitare?».

«Perdonatemi. Mi rendo conto che baso questa mia affermazione sulle sensazioni. Dopotutto quella ragazza è riuscita a spiarci per chissà quanto tempo e a riferire le nostre mosse al Sant'Uffizio...».

«Già», lo interruppe lei, «e dunque quale motivo avrebbe avuto per uccidere la prima guardia del cardinal Carafa?»

«Non ha senso...». Michelangelo sfilacciò le parole, le sussurrò, lasciandole galleggiare nell'aria della stanza. Per un attimo parve in cerca di un'idea, come se non riuscisse ad afferrarla, quasi l'avesse intuita e si stesse affannando a definirla, invano. «Per questo voglio vederla. Per capire se posso aiutarla. Perché non ha più nessuno e perché, quando le ho parlato, mi è parsa pentita al punto da rischiare la sua stessa vita pur di non compromettere ulteriormente la nostra posizione. E, a ben vedere, per un orribile scherzo del destino... è proprio ciò che sta facendo. Certo, una cosa la so però...». Fu allora che capì quale fosse l'idea che stava cercando da tempo in un angolo della mente. «La persona per la quale lavora è una cortigiana di nome Imperia, la proprietaria dell'Oca rossa e di molte altre locande a Roma».

«State pensando di farle visita?».

Michelangelo annuì.

«Non posso darvi torto. Al posto vostro lo farei anch'io. Anzi, se lo permettete, voglio venire con voi».

«Non intendo acconsentire, Vittoria. Ricordate che siete la donna più sospettata, e dunque in pericolo, di tutta Roma. Vi inviterei da me se non ritenessi il monastero il posto più sicuro. Malgrado le affermazioni di Corsini, che per altro ormai non c'è più, nessuno oserà violare un convento di monache. O per lo meno non più di quanto farebbe con casa mia».

«Siamo giunti a questo, dunque?».

La domanda cadde nel vuoto. Michelangelo si sentiva soffocare, ormai. Percepiva imminente un destino cupo e spietato. E voleva tornare a Roma lasciando negli occhi di Vittoria qualcosa di bello. In fin dei conti, non erano giunti fino a lì proprio per quel motivo? «Seguitemi», disse, e l'aiutò ad alzarsi. La prese dolcemente sotto le spalle. Le baciò il collo, poi le sistemò il mantello, in modo che fosse ben protetta dal freddo. L'abbracciò. «Venite, voglio mostrarvi una cosa».

Vittoria fece come chiedeva.

Dal camino, Michelangelo afferrò un tizzone ardente.

Uscirono e si ritrovarono nella radura. Aveva smesso di nevicare. La torcia improvvisata spandeva una luce d'oro rosso tutt'intorno.

«Guardate», disse lui, indicando il cielo con lo sguardo.

Vittoria fissò la volta e vide il buio trapuntato da mille e mille luci d'argento. Rimase senza parole. Il respiro le si mozzò in gola. La neve scintillava tutt'attorno. Il silenzio era assoluto. La natura sembrava respirare innanzi a loro. Rimasero a contemplare la grandezza di Dio.

Michelangelo strinse Vittoria fra le braccia. E lei naufragò nella dolcezza di quel gesto.

# 61
# L'inizio del calvario

Le avevano stretto la corda attorno ai polsi. E ora la stavano issando. Malasorte sentì uno strappo e un dolore lancinante che, dalle mani, si propagò lungo le braccia, fino alle spalle, per poi inondarle la schiena facendola divenire di ghiaccio.

Le sfuggì un grido sottile e nulla più poiché la sofferenza, profonda e devastante, era arrivata tutta in una volta e quasi non le aveva dato il tempo, né la forza, di esplodere in un urlo.

Lacrime presero a caderle dagli occhi. Avrebbe voluto fermarle ma non ne era capace. C'era solo il dolore, ora. Ed era troppo grande per essere sopportato. Con la vista annebbiata dal pianto, fissò la ruota mostruosa che veniva fatta girare.

Vide il volto di un uomo sotto di sé. Non aveva idea di chi fosse ma, a giudicare da com'era vestito, doveva essere un cardinale. La fissava. Un sottile ghigno gli allungava il labbro verso l'alto e, in quell'espressione, Malasorte scoprì tutto il vero piacere che quell'uomo provava nel vederla soffrire.

Se solo fosse stata abbastanza forte gli avrebbe sputato addosso. Ma non ci riuscì.

«Come vi chiamate?», domandò il cardinale.

«M...Malasorte», mormorò lei fra uno spasmo di dolore e l'altro.

«Allora, quella di oggi non è che una prova, un modo per darvi un'idea del dolore che vi aspetta. Ma, detto fra noi, io spero di non dover giungere a tanto». Quindi il cardinal Carafa fece un cenno con il capo all'uomo della ruota. «Mastro Villani, riportatela giù, dolcemente. Poi slegatela e datele modo di rivestirsi.

Quando fu seduta di fronte al capo del Sant'Uffizio, Malasorte quasi non riusciva a tenere aperti gli occhi per il dolore. Non sentiva più le braccia e si accasciò come una bambola di pezza contro un bracciolo della sedia.

L'inquisitore non parve particolarmente impressionato. La guardava senza che nei suoi occhi filtrasse la benché minima pietà.

Lei udiva le sue parole come se arrivassero da lontano. Percepiva un ronzio che le riempiva le orecchie e, in fondo a quello, le domande dell'inquisitore.

«Conoscevate il capitano Vittorio Corsini?»

«Sì», mormorò lei.

«Perché lo avete ucciso?»

«Non sono stata io».

L'inquisitore scosse il capo. Sospirò. Prese ad accarezzarsi le mani e, così facendo, sfoderò un altro dei suo orribili ghigni. «Non credo vi sia chiara la vostra posizione. Facciamo così. Ricomincerò daccapo, affrontando la questione da un'altra angolazione. Conoscete il cardinale Reginald Pole?»

«Sì», disse Malasorte senza esitazione: era il giovane prelato che aveva visto nel monastero, a Viterbo.

«Che cosa sapete di lui?»

«Che si riunisce a Viterbo con alcune persone».

«Ah! E perché mai?»

«Per leggere le pagine di un testo».

L'inquisitore annuì come se sapesse esattamente tutto ciò che Malasorte stava rivelando. «E ve ne ricordate il titolo?».

Malasorte ci pensò. Stava cercando di dire quello che poteva senza compromettere Michelangelo Buonarroti e la marchesa di Pescara.

«*Il Beneficio di Cristo*».

«Molto bene. E ditemi, come mai, sapete queste cose?»

«Fu la cortigiana Imperia a incaricarmi di scoprire queste informazioni».

«E lo fece di sua spontanea volontà?»

«No, venne pagata».

«E da chi?»

«Dal capitano», e nel momento in cui disse quelle due parole, Malasorte capì di aver commesso un errore molto grave.

L'inquisitore scosse il capo. Di nuovo quel maledetto ghigno. Sempre più simile a un sorriso infernale. «Non mentite», disse.

«Non sto mentendo. Fu il capitano a chiedere l'aiuto di Imperia e lei affidò a me l'incarico di mettermi sulle tracce di Reginald Pole».

«Non è affatto così».

«M-ma, ma...», disse Malasorte che stentava a capire, «... invece è proprio così che è andata».

«Ora mi sto davvero stufando». Con un rapido cenno del viso, l'inquisitore diede un ordine.

Un istante dopo, Malasorte sentì qualcosa colpirla con violenza sul capo. La testa schizzò di lato. Percepì una scarica di dolore diffondersi fino alla base del collo, una pioggia di brividi ghiacciati le congelò la schiena.

«Mi raccomando, non lasciatele segni visibili, mastro Villani», disse, perfido, l'inquisitore.

# INVERNO 1544-45

# 62
# L'inutilità

Michelangelo non immaginava di trovare Malasorte ridotta in quel modo. Capì immediatamente che quanto promesso da Pole non era bastato. Malgrado non avesse ferite, la ragazza era devastata. Qualcosa doveva averla sconvolta.

E doveva averle fatto male. Nel profondo. Fino a quel punto raggiunto il quale non si ha più la forza per rialzarsi.

Il puzzo della cella dava il voltastomaco.

Non vide lividi sulla sua pelle chiara. Eppure Malasorte quasi non riusciva a stare in piedi e ancor meno era in grado di muovere il braccio destro, che lasciava pendere lungo il fianco, quasi qualcuno gliel'avesse prima strappato e poi attaccato alla spalla con un rammendo in ago e filo.

I suoi occhi, per solito belli come gemme scintillanti, sembravano ora inerti e privi di vita, impalliditi fino a sbiancare nell'orrore provato. Dei suoi meravigliosi capelli neri non era rimasto che un nido scuro, una matassa intrisa di notte e stoppa che aveva smarrito lo splendore consueto, che faceva girare lo sguardo a tutti gli uomini della città.

Le accarezzò una guancia e gli parve di toccare vetro. Era gelida, quasi fosse di quel marmo bianco che lui conosceva così bene.

«Messer Michelangelo», mormorò lei sottovoce, parlando per la prima volta, «non ho detto nulla, ve lo giuro, non ho fatto parola di quanto ci siamo confessati quel giorno».

Nell'udirla sussurrare in quel modo, Michelangelo sentì una morsa al cuore. Dunque era quella la sua preoccupazione? Il suo primo pensiero?

«Ve l'avevo promesso, non è vero? Quando mi avevate scoperto...», e mentre diceva così si sforzò perfino di sorridere. Poi chiuse gli occhi e si accasciò sul giaciglio di legno e paglia marcia che le faceva da letto in quel tugurio.

Michelangelo ebbe la sensazione che Malasorte avesse terminato tutte le energie messe da parte fino a quel momento.

Era esausta.

Avrebbe tanto voluto risponderle. Rassicurarla. Ma più cercava le parole adatte e meno le trovava. Nascoste com'erano per via della vergogna che gli montava sulle spalle come lo scherno di cui veniva coperto il matto del re. Si sentì vile e inadeguato. Perché malgrado tutte le sue affermazioni, la sua arte, le preghiere e le fughe non sapeva come fare per proteggere quella ragazzina.

Non sapeva nemmeno da che parte cominciare.

Anzi, a essere sinceri, era lei che in quel momento stava proteggendo lui, Pole e tutti gli altri.

Michelangelo capiva perfettamente quale fosse l'intento di quella gigantesca montatura. L'Inquisizione aveva bisogno di un esempio, un caso emblematico. Forse non poteva ancora permettersi di toccare lui o Vittoria, anche se Malasorte dimostrava assai bene che, quando avessero potuto, non avrebbero esitato.

Invece, malgrado le minacce e i pedinamenti, né a lui né alla marchesa di Pescara era davvero accaduto nulla.

Al contrario quella ragazzina, usata prima come spia, veniva ora gettata via con l'acqua sporca e trasformata nel capro espiatorio di tutta quella lurida storia.

Non aveva idea del perché fosse accaduto, di come fosse possibile che una fanciulla così bella e gentile finisse per essere sospettata dell'omicidio del Capitano dei birri del Sant'Uffizio. Tanto più perché Vittorio Corsini non era certo un soldato di breve corso e, di certo, quanto a lame e pistole ne sapeva molto più di lei.

No, l'accusa era semplicemente assurda. Ma quale che fosse la ragione occulta, era chiaro che il Sant'Uffizio non sarebbe certo venuto a dirlo a lui.

Era talmente disgustato che decise di fare l'unica cosa che gli venisse in mente. Non sapeva se sarebbe riuscito nel suo intento.

Accarezzò ancora una volta il viso di Malasorte.

Poi la lasciò riposare.

Batté con l'anello di ferro contro la porta.

Venne ad aprirgli una guardia gigantesca, con la barba mal rasata e l'alito acido di vino.

Michelangelo lo ignorò. Scese le scale della torre e uscì nel vento freddo di Roma.

Di tutte le persone che si sarebbe atteso di ricevere, mai il cardinal Carafa avrebbe creduto di ritrovarsi di fronte colui che gli stava davanti in quel momento.

Tante volte quel nome era finito più o meno apertamente nei suoi discorsi. Lui per primo lo aveva pronunciato con un senso di rancore e paura, di rabbia e disgusto. Perché Michelangelo aveva ricevuto dalla Chiesa tutto quello che poteva desiderare un uomo e un artista: committenze, denaro, gloria e fama imperitura.

Che cosa ne avesse fatto della montagna di denaro ricevuta, Carafa non ne aveva la più pallida idea: di certo non l'aveva impiegata per comprarsi abiti acconci al proprio ruolo, dal momento che si trovava di fronte a lui in vesti fruste per non dire lacere, tanto da parere strappate a un soldato morente su un campo di battaglia.

Michelangelo era entrato nel palazzo come una tempesta. Aveva preteso di incontrarlo, e ora era fremente di rabbia e fuoco. Pronunciò le parole quasi volesse sputargli addosso: «Eminenza», disse, «avete fatto condannare una ragazzina per l'omicidio del Capitano dei birri del Sant'Uffizio, Vittorio Corsini. Ora, a prescindere dal fatto che la semplice idea suoni assurda all'orecchio di qualsiasi uomo dotato di buonsenso, intendo comunicarvi che un fatto del genere è a dir poco bizzarro dato che fu proprio il Capitano dei birri a incaricare una cortigiana di nome Imperia di mettere una spia sulle tracce di una possibile setta eretica».

«Gli Spirituali di Reginald Pole», disse sprezzante Carafa.

«Già!», gli fece eco Michelangelo.

«Che conoscete, se non vado errato».

«Lo sapete. Quindi cosa me lo chiedete a fare? Ma il punto non è questo. Quello che sto cercando di dirvi è che trovo privo di senso che la spia ingaggiata dal capitano ne sia poi l'assassina...».

«Quella ragazzina, come l'avete chiamata voi...», lo interruppe Carafa.

«Vi prego, Eminenza, lasciatemi finire», riprese Michelangelo. «Quello che intendo promettervi non c'entra nulla con la colpevolezza o meno di Malasorte».

«Intendete farmi una promessa, dunque? Sono sinceramente sorpreso. Sentiamo quali sono le vostre intenzioni, messer Michelangelo perché, ve lo dico in tutta onestà, delle vostre promesse non so cosa farmene».

Carafa vide l'artista chiudere gli occhi per un istante, lo immaginò mentre faceva appello a tutto il proprio controllo pur di mettersi a tacere. Sapeva perfettamente quanto doveva costargli. Ma in quel momento Michelangelo sembrava impegnato a ottenere qualcosa. Voleva davvero bene a quella stupida ragazzina. E quel fatto divertiva il cardinale, rendeva quel che aveva in mente ancora più dolce.

«Quello che voglio dirvi, Eminenza, è che se risparmierete la vita a Malasorte, me ne andrò via da Roma, tornerò a Firenze. Mi occuperò io di lei. Non sentirete più parlare di me, della mia opera immorale e licenziosa, dei miei nudi, dei miei affreschi scandalosi, né tantomeno delle mie sconvenienti frequentazioni. Porterò con me anche la marchesa di Pescara, Vittoria Colonna e, così facendo, vi libererete di tutta quella feccia eretica che tanto disturba i vostri piani». Michelangelo aveva pronunciato quelle parole con una tale passione e urgenza che il cardinal Carafa dovette concedergli che, almeno alle sue orecchie, quel discorso suonava sincero.

Ma, anche ad ammettere che avrebbe fatto quel che diceva, come poteva lui lasciar andare la ragazzina? Arrivati a tal punto, lei era la miglior garanzia di successo per tutto il suo disegno. E quindi non aveva alcuna intenzione di consegnarla a quello stupido, vecchio artista. Gli fece anche pena, a dire il vero. Consumato nella sua arte licenziosa, senza aver avuto il tempo di costruire una vera famiglia. Non una donna, un figlio, una casa degna di quel nome. Si diceva vivesse in una sorta di tugurio a Macel de' Corvi, insieme a un suo aiutante senza qualità.

Anzi, a sentirlo parlare così, pareva quasi che Michelangelo stesse cullando un sogno di normalità dopo tanti successi e tribolazioni insieme.

Ma lui non aveva alcuna intenzione di lasciarglielo vivere.

Anzi, il poterglielo impedire gli dava una gioia immensa, anche perché, così facendo, avrebbe acuito quel suo senso di colpa che Carafa sapeva essere ben presente nel maestro fiorentino, al punto da caratterizzarne l'intera esistenza. E chi era lui per liberarlo da un simile calvario?

Scosse la testa.

«Mio caro Michelangelo. Apprezzo la vostra offerta, credetemi, ma quel che chiedete non posso proprio concedervelo». Mentre diceva così avvertì immediatamente l'ostilità crescere nel suo interlocutore. Fu come una ventata gelida, che fece impallidire Michelangelo. La pelle si fece chiara. Con le mani rovinate, le dita gonfie, prese ad arricciarsi la lunga barba sporca. Gli occhi profondi, sembrarono bruciare divenendo neri pozzi ardenti. «Vedete, a prescindere da quel che può sembrare, quella giovane ragazza ha davvero ucciso il Capitano dei birri, Vittorio Corsini. E la ragione per la quale ciò è avvenuto è molto semplice: era un'eretica dell'*Ecclesia Viterbiensis* di Reginald Pole, leggeva *Il Beneficio di Cristo* e odiava un uomo come Corsini che, per lei, rappresentava l'emblema di chi lotta e combatte per la gloria di una Chiesa falsa e colpevole di aver tradito Dio, predicando il compimento delle buone opere, raccomandando al cristiano di seguire e onorare i sacramenti, frequentando la Santa Messa. Quindi, vedete bene che, pur volendo, non posso ottemperare alla vostra richiesta».

Pallido come la morte, Michelangelo parve non udire quel che gli veniva detto.

«Vi prego, Eminenza», ripeté, «farò qualsiasi cosa vogliate. Ma permettetemi di prendermi cura di quella fanciulla».

«Vi ho già detto di no».

Michelangelo si mise in ginocchio. «V'imploro», insistette.

«Mi dispiace ma ho una risposta sola», poi fissò l'artista negli occhi. Vide l'inferno crescere dentro di lui ma non si lasciò intimorire, anzi, con una certa alterigia gli fece un cenno. «E ora vi chiederei di andarvene».

Michelangelo si alzò in piedi. Lo fissò un'ultima volta, lo sguardo colmo d'odio. «Un giorno», disse, «pagherete caro questo rifiuto».

Dopodiché uscì, lasciando Carafa a dir poco attonito per l'impudenza cui aveva appena assistito.

# 63
# Aiace

Era disperato.

Aveva visto Carafa e l'aveva riconosciuto per quello che era: un predatore. Non avrebbe mostrato pietà né per Malasorte né per Vittoria o per nessun altro.

Michelangelo sapeva di non avere alcuna speranza. Aveva pensato di chiedere udienza al papa ma, se quella era la risoluzione del capo del Sant'Uffizio, il pontefice doveva di certo saperlo e qualsiasi sua preghiera sarebbe stata del tutto inutile. Tanto più perché era stato proprio Paolo III a nominare il cardinale capo dell'Inquisizione romana.

Dunque che fare? Parlarne con Pole? Il quale però era in tutt'altre faccende affaccendato, alla vigilia del Concilio. E poi Pole aveva già promesso che si sarebbe interessato al caso e quello che ne aveva ottenuto era vedere Malasorte ridotta l'ombra di se stessa. No, doveva battere un'altra strada.

Si era ritrovato a vagare nel cortile del Belvedere. Gli capitava spesso quando si sentiva perduto. Era un modo per dimenticarsi di quel che gli stava attorno. Anche nei momenti più bui, nelle occasioni più amare, riusciva almeno per un istante a lasciarsi alle spalle delusione e dolore. Camminava fra logge, colonne, statue e giardini e, in quella fantasmagoria, bagnata dalla luce d'autunno, finiva irrimediabilmente di fronte a un'opera in particolare, quella che, sempre, era in grado di catturare la sua attenzione.

E dunque, anche quel giorno, o forse proprio quel giorno, era di nuovo lì, senza sapere come, di fronte al *Torso*, un'antica scultura mutilata di tale e tanta bellezza che Michelangelo non avrebbe saputo trovare le parole per descriverla.

Rimaneva sempre ammirato di fronte al *Torso*: le masse muscolari perfette, l'assoluta perizia con cui l'artista le aveva definite nel marmo, riuscendo a rendere magnificamente il senso di movimento, lo slancio con cui la figura pareva quasi sul punto di alzarsi.

La pelle era talmente lucida e tesa, i muscoli così guizzanti, che lui non poteva che rimanere lì a guardare. Quanto spesso era andato ad ammirare quella statua quando stava lavorando al *Giudizio universale*. Quale ispirazione si era rivelata! Era proprio a quel petto e a quei muscoli che aveva pensato quando aveva dipinto Gesù nell'affresco che lo aveva consegnato alla massima gloria e fama possibili!

Ma chi rappresentava quella statua mutilata? A chi apparteneva quel corpo così possente e straordinario? Poiché l'anatomia delle forme era armoniosa e formidabile insieme ma esprimeva anche un senso di tragicità, di dramma imminente che toccava Michelangelo nei precordi.

Erano state avanzate molte e diverse teorie per provare a risolvere quel mistero. La più accreditata sosteneva che si trattasse di Ercole, intento a riposarsi dopo le Dodici Fatiche, altri ancora ritenevano fosse Polifemo. Qualcuno, non senza convinzione, aveva perfino suggerito che rappresentasse Prometeo, il titano che, sfidando Dio, aveva donato il fuoco agli uomini, ma Michelangelo, da sempre, non aveva dubbi in merito e, a tutti coloro che conosceva, diceva sempre la stessa cosa: non poteva che essere il leggendario eroe greco, Aiace Telamonio.

Quel suo pensiero non aveva un fondamento certo, una qualche base documentale e nemmeno delle evidenze di altra natura, tuttavia Michelangelo percepiva in modo quasi fisico di aver ragione. Era come se la statua gli parlasse.

Nel tempo aveva capito perché non vi potesse essere una soluzione diversa a quella immaginata. In quel torso vedeva una fatalità e una tensione tragica che rimandava al destino dell'eroe sfortunato. Forse perché in Aiace rivedeva se stesso. In un certo senso, si sentiva proprio come il principe di Salamina. Lo ammirava da sempre, dal più profondo del cuore. Poiché Aiace era un valoroso, il più grande guerriero dei greci, dopo Achille. Ma, a differenza di quest'ultimo, egli non godeva dell'invulnerabilità, né si era mai permesso di abbandonare i suoi compagni, qualunque fosse la ragione. Quando Achille, dopo il litigio con Agamennone, aveva lasciato soli gli Achei, era stato lui a difenderne le navi dagli assalti dei Troiani, e sempre lui aveva affrontato Ettore in duello e, scagliandogli contro un masso gigantesco, lo aveva quasi ucciso.

Nell'istante stesso in cui Patroclo era stato ferito a morte, e Ettore aveva cercato di prenderne il cadavere, era stato Aiace a proteggere fino all'ultimo l'eroe caduto, mettendo in fuga il campione troiano. Poi aveva sollevato Patroclo, che vestiva le armi di Achille, ponendolo sul suo carro, e lo aveva portato fino alla tenda del Pelìde. Il campione lo aveva pianto a lungo e poi era finalmente tornato a combattere sul campo, accecato dalla rabbia. Come un bambino capriccioso e ferito. Un bambino che non voleva arrendersi innanzi all'amore assassinato.

Ma poi anche Achille era stato ucciso. Da Paride. Il più imbelle dei guerrieri. E quando Ulisse ne aveva recuperato le spoglie mortali, era stato Aiace, con la propria ascia gigantesca, a tenere in scacco i Troiani, consentendo al figlio di Laerte di riportare il cadavere dell'eroe al campo acheo. Aveva quindi sterminato i nemici, uccidendo Glauco e ferendo gravemente Enea e Paride.

E dopo quella e molte altre imprese, dopo che sempre si era fatto trovare nel punto esatto in cui infuriava più forte la battaglia, dopo che aveva dedicato tutto se stesso al duello, irridendo la morte, dopo che Ettore gli aveva donato una spada al termine di uno scontro fra i più crudeli di sempre, dopo che aveva messo il proprio braccio al servizio degli amici, o meglio, di coloro che credeva tali, ebbene i greci come lo avevano ringraziato? Qual era stata la loro ricompensa per tutto il valore e il coraggio dimostrati?

Avevano acconsentito a che fosse Ulisse e non lui ad avere le armi di Achille, ecco come l'avevano ripagato! Armi che aveva di certo meritato più di tutti. Ma con sotterfugi e inganni, facendo tesoro dell'arte della parola e del trucco, delle quali era maestro, Ulisse era riuscito a convincere i compagni ad assegnare a lui le armi del Pelìde.

Aiace, accecato dal dolore e dall'ingiustizia subita, ne era stato ferito, no, peggio ancora, schiantato. Poi, dentro di sé, aveva giurato vendetta.

Ma gli dèi, che amavano Ulisse, erano riusciti a riservare ad Aiace il destino più cinico e terribile che potesse essere concepito. Caduto nel sonno, Atena lo aveva maledetto con un incantesimo e, al suo risveglio, impazzito per via del trucco della dea, Aiace aveva macellato un gregge di pecore, convinto di aver ucciso Agamennone e Menelao, gli Atridi capi della spedizione achea rei di avere ingiustamente privilegiato Ulisse nell'assegnazione delle armi.

Rientrato in sé, vedendo quanto aveva fatto, coperto del sangue degli animali uccisi e di una vergogna indicibile, Aiace aveva scelto il suicidio per cancellare il perduto onore e dunque, presa la spada donatagli da Ettore, si era tagliato la gola. La terra aveva bevuto il suo sangue e dalla pozza scarlatta era sorto un fiore rosso.

Michelangelo aveva letto, piangendo, l'*Aiace* di Sofocle, per conoscere la tragedia della sua morte. E poi aveva ricordato il passo in cui, nell'*Odissea*, Ulisse, recatosi nell'Ade, gli aveva parlato con frasi dolci, stillanti miele, nel tentativo di cancellare il rancore. Sapeva di avergli strappato con l'inganno le armi ben meritate.

Ma a nulla era valso ogni suo sforzo, poiché Aiace, nel suo infinito coraggio e con la dignità dei giusti, non lo aveva degnato d'una risposta, relegando il Pelìde al silenzio, reso ancor più amaro da quella sua squallida e ridicola difesa.

E dunque in quel torso, Michelangelo rivedeva l'eroe tradito, il più puro, il più sincero, quello che sempre aveva mantenuto la parola, senza che fosse mai servito. Perché gli uomini erano futili, sciocchi, consumati dal desiderio e dalla vanagloria e dei princìpi non sapevano che farsene. Sapevano solo pronunciar parole, affidandole al vento. Le loro promesse erano forgiate nella lega più vile, fatte per essere infrante.

Per quello, consumato dal dolore, da un mondo che all'improvviso non aveva più capito, dopo aver perduto, con l'inganno, perfino l'onore che era quanto di più caro avesse, Aiace si era seduto, dopo aver macellato gli animali, quelli più innocenti e deboli. Aveva visto gli agnellini bianchi, fatti a pezzi, il candore stuprato dal rosso del sangue. Scorgendo per la prima volta quel che aveva davvero compiuto, era scoppiato in lacrime. Si era alzato in piedi, proprio come raccontava quella scultura, ed era andato a prendere la spada per togliersi la vita.

Così, in quella tragica, bellissima statua mutilata, Michelangelo rivedeva Aiace e in lui proiettava se stesso e tutto quello che sentiva in quel momento: essere stato tradito, ricattato, colpito in quei pochi affetti che gli erano rimasti. Il Sant'Uffizio, sapendo di non poterlo attaccare direttamente, perché temeva ciò che, con il lavoro e la dedizione era riuscito a creare e a ottenere nel tempo, non si faceva scrupolo di minacciare e torturare le donne. E questo fatto era per lui tanto più insopportabile.

Avevano usato quella ragazzina, che aveva come unica colpa quella di essere stata prima abbandonata e poi cresciuta da una cortigiana, divenendo una spia. Quando poi la situazione era sfuggita di mano perché qualcuno aveva assassinato il Capitano dei birri, allora Malasorte si era trasformata in un problema, un costo che il Sant'Uffizio non poteva più permettersi.

Eppure, in quella crudele macchinazione, in quel disegno vergognoso e rivoltante, Carafa doveva aver raccolto delle prove a sostegno dei fatti. Michelangelo sapeva bene che l'Inquisizione romana non abbisognava certo di rendere pubbliche confessioni e testimonianze ma qualcosa, o meglio qualcuno, doveva aver sostenuto quel gioco infernale.

E chi meglio di Imperia poteva sapere cosa fosse davvero accaduto? Non era stata lei a crescerla? E a sceglierla per quell'incarico? E a lei Malasorte doveva tutto... forse perfino la prigionia e la tortura.

# 64
# Imperia

Quando aveva chiesto di Imperia, l'oste gli aveva fatto cenno di salire la scala in fondo alla sala. Giunto sul ballatoio, Michelangelo si era ritrovato di fronte un corridoio che aveva percorso completamente, fino a quando non si era imbattuto in un uomo gigantesco e dal ghigno crudele, vestito in toni sgargianti con stivali alti e spada e pistola alla cintura: aveva tutta l'aria di essere una guardia del corpo. Senza contare che i baffi spioventi, gli occhi chiari, la grinta ferina lo facevano rientrare nel novero di quei soldati di ventura che prendevano il nome di Lanzichenecchi: i più crudeli di tutti.

Con buona probabilità, quello era stato preso al soldo di Imperia e ne era divenuto l'anima dannata. Non aveva idea di come superarlo ma era certo che, oltre quella tenda in velluto rosso, avrebbe trovato chi cercava.

Perciò, cercando di mostrarsi più sicuro di quanto non fosse, Michelangelo si rivolse al Lanzo senza troppi giri di parole.

«Sono Michelangelo Buonarroti, Scultore e Pittore dei Palazzi Vaticani, mi piacerebbe poter parlare con la vostra signora, Imperia, di una faccenda che mi sta piuttosto a cuore».

«Michelangelo!», disse quello, con una luce divertita negli occhi. «L'artista! Maestro, anche se il mio lavoro è quello che è, non pensiate che le vostre opere mi siano indifferenti! Di voi si parla oltre i confini di Roma!». Poi in tono meno ossequioso e più netto, domandò: «E dunque, volete vedere la mia padrona! A quale scopo?»

«Se lo consentite, mi piacerebbe poter tenere per lei e solo per lei il motivo di questa mia visita».

«Capisco», replicò l'altro. «Allora, se è così, aspettate qui un istante», e, senza aggiungere altro, il soldato scomparve dietro la tenda di velluto rosso.

Non aspettò troppo a lungo. Intuì che, oltre la tenda, qualcuno stava parlando. Ben presto però, il bravo ricomparve e, con un gesto teatrale, simulando un inchino, lasciò passare Michelangelo.

L'artista si ritrovò in un ambiente raccolto: giusto un paio di poltroncine di velluto e, dietro uno scrittoio, una donna non più giovane ma ancora bella, in cui la cura per l'aspetto e l'esperienza maturata supplivano in modo notevole alla freschezza ormai sfiorita. Indossava un abito scollato ma non troppo, in broccato turchese che contrastava in modo efficace con il colore bruno della pelle, degli occhi e dei capelli, raccolti in un'elaborata acconciatura con fili di perle e gemme a modellare le ciocche.

Capì perfettamente come una donna come quella potesse tenere nelle proprie mani i fili del destino di un uomo. E si domandò se, in precedenza, anche Corsini, che di certo aveva parlato con lei, non ne avesse subìto l'innegabile fascino.

Imperia lo guardò con un misto di sorpresa e diffidenza. Certo, lui non faceva una bella impressione, con quella sua tunica marrone, macchiata di colore, la barba lunga, gli occhi spenti, i capelli sporchi: doveva destare tutto il disgusto possibile. Ma non se ne curava. Non gli importava essere raffinato nell'abbigliamento e nei modi, anzi, quel suo completo disinteresse per un ordine esteriore era il suo modo per dichiarare quanto poco contasse per lui la questione terrena, giunto a quel punto. Per lui esistevano solo l'arte, Dio e i pochi amici che gli erano rimasti. E in un modo strano, inspiegabile, assurdo, aver conosciuto Malasorte l'aveva fatto sentire responsabile, addirittura coinvolto in qualcosa che già gli aveva tolto il poco sonno che riusciva a mettere da parte di notte.

Non aveva avuto figli, proprio perché l'arte si prendeva tutto, ogni energia possibile, ma quella ragazzina dal nome singolare, vittima di un qualche rovescio del destino, gli era entrata un po' alla volta nell'anima e ora voleva aiutarla a ogni costo.

«Allora, messer Michelangelo», disse Imperia, «confesso di essere piuttosto sorpresa nel vedervi in questo mio studio, ciononostante ne prendo atto e vi chiedo: che cosa vi ha portato all'Oca rossa?».

Michelangelo parve pensarci su. Poi capì che non sarebbe mai stato in grado di condurre una qualche possibile strategia nei confronti di una donna abituata a manipolare le menti, scaltra e preparata nel dominarne una semplice ed elementare come la sua in fatto di intrighi e trame. Così andò dritto al punto. «Madonna, vengo immediatamente al motivo di questa mia visita».

«Vorrei chiedervi notizie su una giovane ragazza al vostro servizio, di nome Malasorte, finita in cella a Tor di Nona».

Gli occhi di Imperia ebbero un lampo. «Notizie? E di quale natura? A quanto ne so, Malasorte è stata tratta in arresto con l'accusa di aver ucciso il Capitano dei birri del Sant'Uffizio, Vittorio Corsini».

«Nient'altro?», insistette Michelangelo, senza riuscire a celare il fastidio che cresceva in lui nel vedere con quanta sufficienza Imperia intendeva liquidare quel fatto. «Suvvia», rilanciò, «questo è tutto quello che sapete dirmi a proposito di una fanciulla che lavorava per voi da tanto tempo?».

A quell'allusione nient'affatto velata, Imperia replicò con un sorriso, da consumata attrice qual era. «Vedete, messer Michelangelo, quel che dite è talmente vero che io per prima quando l'ho saputo non riuscivo a darmi pace. Ma poi sono emersi dettagli preoccupanti. Ho scoperto che Malasorte leggeva... libri sconvenienti, in odore d'eresia, che si accompagnava alle persone sbagliate, che nutriva una sorta d'infatuazione per il capitano e che probabilmente quel sentimento non era che la maschera per condurre Corsini nel suo letto e quindi ucciderlo. Malasorte girava con un cane, un molosso assetato di sangue...».

«Quello che dite è talmente falso che quasi non riesco a starvi a sentire!», esclamò. «Foste voi a obbligare Malasorte a pedinare me e la marchesa di Pescara perché vi servivano prove sul cardinale Reginald Pole e la sua *Ecclesia Viterbiensis*. Quel che dico è vero al punto che il capitano arrivò perfino a minacciare Vittoria Colonna mentre si stava recando al monastero benedettino di Sant'Anna a Roma. Riguardo al molosso, ebbene l'ho visto e, malgrado l'aspetto, era un cane che Malasorte sapeva come tenere mansueto».

«Certo!», tuonò Imperia. «E al tempo stesso era certamente in grado di aizzarlo contro i sui nemici! E ditemi, messer Buonarroti, quali prove avreste di quest'asserita innocenza di Malasorte? Poiché vedete, vi sono talmente tante persone disposte a testimoniare riguardo alla sua colpevolezza che me ne sfugge il conto. Quel suo ostinato nutrire un animo ribelle non ha fatto che procurarle guai... e io ne so qualcosa. In un certo qual modo nell'indole vi assomiglia e magari è proprio per questo che è finita dov'è finita, sprovvista com'è di un qualsiasi talento. Mentre il vostro dono è a dir poco gigantesco, talmente grande da risultare inspiegabile e inquietante per noi mortali. Ma ricordatevi che nessuno è intoccabile per il Sant'Uffizio, tanto più dopo che il capo dei birri è stato barbaramente ucciso. E il fatto che voi in questo momento veniate da me, una povera cortigiana, talmente fuori dalle questioni di potere da far risultare questa vostra visita addirittura grottesca, non depone di certo a vostro favore. Piuttosto, perché la difendete? Che cosa ve la fa dire innocente? A parte ovviamente le vostre supposizioni?»

«Non sono affatto supposizioni», ringhiò Michelangelo. «Vittoria Colonna, Reginald Pole, Alvise Priuli, Marcantonio Flaminio e molti altri possono confermare quel che dico!».

«Certo! Un circolo di eretici che ha i giorni contati. Vi ripeto che in questa materia quello che potete provare voi e quel che posso provare io stanno su piatti opposti della bilancia che pende in mio favore. Il mio consiglio è di tornarvene da dove siete venuto e io farò in modo di non aver sentito nulla di quello che mi avete detto oggi! In caso contrario...».

«In caso contrario cos'accadrebbe? Osate minacciarmi?»

«Io? Nemmeno per idea. Conosco la vostra fama, il potere che vi siete conquistato, la stretta amicizia che vi lega al nostro amato pontefice. Come vedete io sono perfettamente al corrente di dove e di quanto in alto potete arrivare. Quel che vi suggerisco è di informarvi su chi incontrate prima di sputare sentenze. E ora, se volete scusarmi...». Imperia abbassò lo sguardo e Michelangelo vide comparire alle sue spalle il bravaccio di poco prima.

«Maestro, non ho alcuna intenzione di toccarvi, a patto che non mi obblighiate a farlo».

Michelangelo si voltò in modo repentino, con una velocità che sorprese lo stesso Gramigna. «Voi!», esclamò con tutta la rabbia che aveva in corpo. «Avete detto bene! Badate di non toccarmi. Sono vecchio, ma se credete che abbia davvero paura di uno spaventapasseri di Lanzo, allora non sapete con chi avete a che fare».

Per tutta risposta Gramigna si lisciò un mustacchio. L'espressione del suo viso non cambiò, mantenendo un velo di divertita irriverenza, anche se dietro quel velo Michelangelo distinse, netta, una violenza congelata ma pronta a esplodere.

Così, senza voler scoprire se avrebbe ancora potuto affrontare un uomo come quello, si diresse verso la tenda rossa senza degnare Imperia d'uno sguardo. Il bravo gli sollevò la cortina di velluto, facendosi da parte.

Mentre percorreva il corridoio, Michelangelo capì che la situazione si faceva sempre più critica.

# PRIMAVERA 1545

# 65
# Mastro Villani

Mastro Villani era carceriere, come suo padre prima di lui. E suo nonno prima di suo padre. E così via, fino a risalire a sei generazioni. Era quello un mestiere che i Villani padroneggiavano in ogni più intima sfumatura, un'arte che dominavano sapientemente, grazie a una conoscenza affinata in più di un secolo e mezzo d'esperienza.

E non solo quella professione non era mai caduta in disgrazia lungo tutto quel periodo, ma anzi, aveva regalato sempre un cospicuo appannaggio a ciascuno dei sei, tanto più perché ognuno di loro, con zelo e pertinacia, era riuscito a diventare capocarceriere della prigione presso la quale prestava il proprio servizio.

Senza contare che, col passare del tempo, il lavoro di carceriere era andato acquisendo sempre maggior importanza, specie in quell'ultimo periodo, giacché l'istituzione del Sant'Uffizio, e la conseguente nascita dell'Inquisizione romana, richiedeva inevitabilmente a secondini e carcerieri una pratica e perizia nell'inflizione del dolore che andava al di là di ogni consuetudine conosciuta.

Ogni elemento delle forme di detenzione in cella, dalla somministrazione dei pasti fino alla tortura, seguiva un rigido codice, che osservava le pratiche suggerite da Nicolas Eymerich nel proprio *Directorium inquisitorum*. Il cardinale Gian Pietro Carafa, in proposito, non ammetteva errori poiché la buona riuscita di un processo poteva risultare gravemente pregiudicata da lassismo e approssimazione nell'applicazione dei princìpi. Tanto più quando gli stessi riguardavano la fase del processo che prendeva il nome di "Rigoroso esame". Ma prima di giungere lì, vari erano gli accorgimenti e le buone pratiche che potevano garantire un risultato soddisfacente per l'inquisitore, specie per uno dall'ineccepibile inflessibilità come Carafa.

Da settimane, per esempio, egli aveva scelto e puntualmente richiesto a mastro Villani di lasciare la giovane accusata di eresia in assoluto isolamento, evitando di rivolgerle la parola anche per un solo istante e badando che fosse nutrita nel modo più parco possibile, così da non farla morire d'inedia ma in modo da renderla debole, docile al dolore e sufficientemente impaurita per quanto avrebbe potuto succederle. Quelle raccomandazioni non erano semplici clausole di stile ma preziosi accorgimenti, al fine di domare la ribelle volontà di una giovane eretica che, stando ai fatti accertati, aveva finanche ucciso il Capitano dei birri Vittorio Corsini. Un uomo che Villani aveva conosciuto in varie occasioni e che era stato sempre gentile con lui. Non poteva dire di averci parlato al punto da ritenerlo un amico, ma che fosse un galantuomo sarebbe stato pronto a giurarlo. Magari era un po' troppo legato a certe frivolezze come donne e bei vestiti ma chi, dopotutto, non aveva i suoi punti deboli?

E guardando quella ragazza, Malasorte, Villani non aveva alcun dubbio che un uomo potesse, per esempio, perdere la testa per lei. Lui stesso si era scoperto a guardarla più di quanto sarebbe stato lecito: i lunghi capelli neri, gli occhi dal color verde profondo, la pelle come neve. Eppure anche quell'avvenenza così fresca, intensa, affascinante era sfiorita nei giorni dell'attesa e delle privazioni. Malasorte si era fatta sempre più magra, debole. Lo sguardo era ormai spento e lei l'ombra di quella bellissima fanciulla che era prima che i birri del Sant'Uffizio la gettassero nell'Inferno, la cella più buia e inquietante della torre. E del resto tutte le gabbie del carcere avevano un nome: Purgatorio, Paradiso, Zoppetta, Monachina, Pozzo e, da ultima, la Sveglia, dove lui praticava la tortura, come richiesto dall'inquisitore.

Quella mattina, ben sapendo che Carafa intendeva condurre il rigoroso esame di Malasorte, aveva approntato la corda, controllato la carrucola, verificato il funzionamento con tutto lo zelo e l'attenzione di cui era capace. "Non si deve improvvisare" era il suo motto. La stessa applicazione della tortura non avrebbe dovuto tradursi in una pratica menomante in perpetuo. Era indubbiamente un'esperienza dolorosa e così doveva essere percepita, giacché funzionale alla confessione, ma non poteva risolversi nell'inflizione di una sofferenza indicibile e fine a se stessa.

A ogni modo, mastro Villani aveva verificato ogni cosa e si sentiva pronto. Dato che non sapeva se la corda sarebbe bastata, si era anche attrezzato per l'eventuale prova dell'acqua e del fuoco. Nessuna delle due veniva quasi mai utilizzata ma, data la gravità del reato contestato, il carceriere non avrebbe certo potuto escludere che l'inquisitore intendesse servirsi di ogni mezzo per giungere a una conclusione soddisfacente del rigoroso esame. E dunque aveva approntato l'imbuto e i catini di ferro, colmi d'acqua per la tortura che da quest'ultima prendeva il nome. E ancora il barattolo con il lardo di maiale, i ceppi e il camino acceso per procedere con l'eventuale e ultima prova del fuoco: la più terribile e dolorosa.

Gian Pietro Carafa aveva raccolto la documentazione. Aveva la denuncia scritta di Imperia e quella dello stampatore, Antonio Blado. Entrambe riferivano in modo chiaro e netto in merito alla natura eretica della condotta di vita di Malasorte, a cominciare da quel nome maledetto. Tuttavia, da un punto di vista prettamente tecnico-giuridico, la denuncia del vecchio stampatore era più puntuale e circostanziata: faceva riferimento a un giorno esatto, a un testo preciso, *Il Beneficio di Cristo*, perfino all'insistenza con cui la ragazza lo avesse preteso, nonostante fosse a conoscenza della pericolosità dell'opera. Quanto alla denuncia di Imperia era più vaga e, per certi versi, fumosa. Atteneva alla materia del cuore oltre a quella dell'eresia, al fatto che la ragione per la quale l'omicidio di Corsini fosse stato consumato risiedesse nell'intenzione di punirlo per il suo essere il capo dei birri del Sant'Uffizio e dunque, in qualche modo, il campione della cristianità per eccellenza. Ma la denuncia risultava piena di giudizi personali, ipotesi, affermazioni tendenziose. Certo, sarebbe bastata, ma una confessione sarebbe stata la cosa migliore.

Ed ecco perché, ora, Carafa si trovava a entrare nella torre, seguito da due medici dell'università, uomini che l'avrebbero assistito al rigoroso esame così da accertarsi che la prigioniera non venisse menomata in modo irreversibile.

Salirono la scala che conduceva alla cella della Sveglia, deputata alla tortura. Malgrado la mite giornata di primavera, le pareti fredde di pietra, i gradini ripidi e angusti, la luce fragile che entrava dalle finestre talmente strette e profonde da essere feritoie davano a quella compatta rappresentanza del potere inquisitorio l'aspetto di una delegazione infernale: il cardinale con la talare purpurea, i medici nelle loro toghe nere, le gorgiere grigie a renderli ancor più simili a uccelli del malaugurio.

Arrivarono alla cella. La porta era aperta.

Mastro Villani li aspettava.

La ragazza era completamente nuda, appesa per i polsi alla corda come un quarto di manzo al gancio del macellaio.

«È tutto pronto, Eminenza», disse il carceriere con tutto lo zelo e la diligenza del caso.

Carafa annuì: mastro Villani gli piaceva perché era sempre puntuale, attento, svolgeva il suo lavoro con cura, calcolando gli istanti, sapendo esattamente quando mollare un tratto di corda, fino a quando poteva versare l'acqua nell'imbuto senza annegare il sospetto d'eresia, come spalmare il grasso perché le piante dei piedi s'infiammassero producendo un dolore lancinante, volto a portare il prigioniero a confessare. C'era passione sincera per il proprio lavoro, equilibrio, attenzione senza che mai, mai, mai la diligenza cedesse il passo al fanatismo.

Lo ammirava. Per quel suo approccio scientifico.

Con uomini come Villani, avrebbe certamente potuto puntare al pontificato. Aveva bisogno di quella fedeltà, di quello zelo, di quel rispetto per la propria professione.

Sorrise. «Cominciamo», disse.

E, senza attendere oltre, mastro Villani cominciò a tirare la corda.

# 66
# La pena di un maestro

Avrebbe affrescato la cappella in un modo che tutti avrebbero compreso. Se la tomba di Giulio II era ormai un monumento che, nelle statue e nell'uso della luce, denunciava in ogni modo il suo pensiero, la sua fede in Dio intesa come rapporto diretto, senza l'intervento di una Chiesa che aveva smarrito se stessa e minacciava le donne come Vittoria o le condannava come Malasorte, allora la cappella parva non sarebbe stata da meno. Non erano stati proprio san Paolo e le sue parole a rappresentare la pietra dello scandalo? Non diceva proprio questo *Il Beneficio di Cristo*? E allora nella sua *Conversione*, quella per cui Paolo III si dava tanta pena affinché egli finisse per tempo, salvo ignorare coloro che soffrivano davvero, avrebbe apportato delle modifiche.

Il papa si attendeva un cielo azzurro, vuoto, solo Dio al centro. E lui invece l'avrebbe riempito di figure: santi, uomini probi, donne giuste. Coloro che potevano dialogare direttamente con Dio senza filtri di sorta, senza mediazioni.

Non gli avevano dato completa libertà artistica? E allora gliel'avrebbe fatta vedere lui.

Com'era ingiusta la vita, pensò scorato. Colpiva i più deboli, usava le donne, si faceva beffe di loro. Come poteva accettarlo? Dentro il suo cuore piangeva tutte le lacrime rimaste. Perché avrebbe voluto guarire Vittoria, che aveva avuto una ricaduta della sua malattia, ma non sapeva come fare. Perché avrebbe voluto liberare Malasorte, che moriva ogni giorno nella sua cella a Tor di Nona, ma non sapeva come fare. Perché aveva provato a pregare Pole di tornare, ma nemmeno lui avrebbe potuto concedersi un lusso del genere, non con il Concilio di Trento alle porte.

E dunque ecco la sua rivincita! L'unica che poteva prendersi.

Non sarebbe bastato, lo sapeva. Il senso di colpa e d'impotenza lo avrebbe perseguitato per sempre. Ma almeno avrebbe provato a fare qualcosa di concreto. Aveva intenzione di parlare con il papa, almeno una volta, ma non nutriva vere speranze. Voleva solo fare tutto quanto fosse in suo potere. Far presente come le accuse nei confronti di Malasorte si basassero sulle parole di una cortigiana. Una prostituta onesta, certo! Ma pur sempre una donna che si era conquistata una posizione facendo mercimonio del proprio corpo! A questo dunque era giunta la Chiesa?

Scoppiò a ridere, mentre con la sinistra dipingeva la figura di un santo. Da qualche giorno la destra gli faceva male. E allora, non visto, pur di procedere con il lavoro utilizzava l'altra mano. Sapeva di rischiare, specie considerato lo strapotere che Carafa stava conquistando nella Curia, ma lo avevano lasciato solo e, nel segreto della cappella, poteva anche usare la mano del diavolo, quella con cui aveva cominciato a lavorare tanto tempo prima.

Avrebbe amplificato al massimo la corona dei martiri e dei primi seguaci di Cristo, che si stringevano attorno a lui, contenuti dal corteo degli angeli. Era un modo per ribadire quanto aveva già compiuto nel *Giudizio universale* ma soprattutto per sottolineare quella volontà di soppiantare l'idea di una realtà intermedia fra l'uomo e Dio. Era il suo modo per negare la funzione della Chiesa, per stigmatizzarne l'operato.

Non intendeva criticare l'istituzione in quanto tale, ma certo quello che era diventata, in mano a uomini come Gian Pietro Carafa o Pier Luigi Farnese.

Teologia, Filosofia, Poesia e Giurisprudenza lo guardavano da altrettante pareti. Raffaello aveva realizzato un'opera straordinaria. Malgrado tutto, doveva ammetterlo, quell'urbinate divertito e spensierato, etereo quasi, nel suo volare sopra la vita, aveva avuto in dono un talento straordinario.

Alzò gli occhi, rapito dalla bellezza della volta: lo stemma dei Della Rovere al centro, i quattro troni su cui, assise, stavano le quattro virtù della cultura umanistica, ciascuna sul lato del medaglione corrispondente alla parete dedicata.

Era una tempesta di colori quella in cui si perdevano gli occhi: l'azzurro terso del cielo, quasi abbacinante, una fantasmagoria in cui erano incastonate le chiavi dei Della Rovere, l'oro carico dei medaglioni e delle cornici, il rosso, il viola, il blu e ancora l'azzurro delle vesti delle quattro donne raffiguranti le quattro virtù della cultura umanistica.

Avrebbe potuto rimanere lì, a fissare la volta per un giorno intero. Riconobbe la grazia dei tratti, quel gusto sottile, raffinato, quasi Dio avesse soffiato la propria ispirazione su colori e forme.

«Allora, amico mio, qual è la ragione che vi spinge a farmi visita oggi?».

La lunga barba bianca, gli occhi vivi, lo sguardo indagatore: Paolo III era curioso di capire cosa muovesse Michelangelo a quel colloquio inatteso. Lo aveva ricevuto nella Stanza della Segnatura perché, malgrado non si affannasse troppo a manifestarla, sapeva che Michelangelo nutriva grande stima per Raffaello. Prova ne era il suo sguardo rapito dalla volta della sala. Tuttavia si guardava bene dall'esprimere apprezzamenti. Era quello un lato del suo carattere che non sempre gli faceva onore. Sembrava piuttosto logico che gli artisti vivessero una rivalità fra loro, e Michelangelo da quel punto di vista era fra i più spietati, ma Paolo III sapeva anche che fra lui e Raffaello era sempre esistito, quasi invisibile ma presente, un'ammirazione reciproca. Raffaello, a dire il vero, non ne aveva mai fatto mistero. Michelangelo, per via di quel suo carattere scontroso e particolarmente avaro nei complimenti, si era lasciato andare molto meno a parole di stima.

Perciò, sorprenderlo in quel modo, a fissare la volta, evidentemente rapito, divertì non poco il pontefice. Si guardò bene dal fare allusioni perché sapeva che sarebbe stato un pessimo modo per cominciare una conversazione con Michelangelo il quale, guardandolo negli occhi, finalmente si decise a rispondergli.

«Santità, vi ringrazio per avermi ricevuto. Mi scuso se quello che sto per dirvi potrà in qualche modo turbarvi ma non so con chi altri potrei parlare».

Il pontefice capì che c'era qualcosa che non andava, sperò non fosse nulla di grave.

«Vi chiedo se, in tutta sincerità, ritenete sia possibile che la ragazza messa in carcere a Tor di Nona possa davvero essere l'assassina del capitano Corsini. E, ancora, se abbia senso che si possa definire un'eretica quando so per certo che fu proprio il Sant'Uffizio a mettermela alle costole per spiare le mie mosse e quelle di Vittoria Colonna per via di certe mie frequentazioni ritenute pericolose. Alludo, Santità, al cardinale Reginald Pole che, mentre noi parliamo, è a Trento per perorare la causa della nostra amata Chiesa, investito dell'autorità di legato pontificio, riconosciutagli proprio da Vostra Santità».

Dunque era quello il motivo? Sapeva che presto o tardi sarebbe successo. E ora doveva rendere conto delle scelte che aveva fatto. Ed erano scelte irreversibili. Certo, era il papa, la massima autorità in materia, ed era fin troppo irrituale che Michelangelo gli parlasse in quel modo. Ma, d'altra parte, la loro amicizia si fondava proprio su questo e dunque Paolo III non avrebbe potuto sottrarsi a quella domanda, nemmeno volendo. Sapeva di aver concesso grande ampiezza di manovra al cardinal Carafa, ma i fatti parlavano chiaro e le prove erano tutte contro la ragazzina.

«Amico mio», disse, «posso capire che la cosa vi angusti. Che ci crediate o meno, il fatto rattrista infinitamente anche me, ma è altrettanto vero che tutto quello che viene contestato alla fanciulla è inoppugnabile: le denunce, l'uccisione, le convinzioni eretiche comprovate dalle letture».

«Ma la denuncia è resa da una cortigiana! Com'è possibile che la Chiesa di Roma dia credito a una donna come quella?»

«Se alludete a quella di Imperia, potrei anche capirlo e essere d'accordo con voi. Ma non è l'unica denuncia fornita».

«Davvero?»

«Proprio così. Ce n'è almeno un'altra perfettamente circostanziata e puntuale. La più importante, a dire il vero».

# 67
# Lasciami andare

Malasorte avrebbe tanto voluto resistere. Ma era talmente stanca, così stanca che se avesse potuto avrebbe chiesto a Dio di poter morire subito. A cosa sarebbe servito opporsi al dolore, alle domande, alla tortura? Sentiva il suo corpo cedere sotto gli strappi della corda. E quando infine, infastidito dal suo silenzio, Carafa aveva ordinato la prova dell'acqua, si era chiesta perché non parlare, non confessare anche quello che non aveva commesso, qualsiasi cosa pur di farli smettere.

Era innocente. Non aveva ucciso lei Vittorio Corsini. Ma importava davvero a qualcuno la verità? O era proprio della verità che Carafa aveva paura? E se anche avesse mentito, ponendo fine a quel supplizio, che vantaggio ne avrebbe avuto? Forse avrebbe potuto far cessare il dolore ma poi? Come sarebbe arrivata in cielo? Con quale coraggio avrebbe guardato in volto il capitano? E gli occhi di Ringhio come sarebbero stati? Perché era certa che da qualche parte anche lui la stesse guardando. Lui, che non aveva esitato a farsi fare a pezzi pur di difenderla. Quanta dignità c'era in quel cane coraggioso e fedele, nemmeno uno degli uomini di quella maledetta città poteva avvicinarsi a lui.

Tutti tranne uno. Michelangelo le aveva fatto visita. L'unico. L'uomo che lei aveva spiato, di cui aveva raccontato ogni cosa negli ultimi due anni ai suoi nemici.

Non era innocente. Certo che no. Aveva compiuto cose di cui c'era davvero poco da andar fieri.

E forse quella era la fine che si meritava. Per non aver saputo trovare un modo onesto di guadagnarsi da vivere.

Ma ciò che più la faceva soffrire era sentirsi sola. L'unica cosa di cui le importava era raggiungere il capitano e Ringhio, da qualche parte in un mondo diverso, migliore, più pulito e giusto. Per quella ragione, invece di combattere il dolore, vi si abbandonò, lo accolse con tutta se stessa, lo cullò dentro di sé, fece del suo corpo una cattedrale in cui il male inflitto dagli altri fosse il benvenuto.

Così, quando l'acqua fredda prese a riempirle la bocca, il becco dell'imbuto che le spalancava le labbra, ficcato com'era nella sua gola, il liquido che la riempiva, la gonfiava fino a farla scoppiare, mentre l'aria che mancava la faceva tossire, ecco, in quel momento esatto Malasorte chiuse gli occhi, lasciandosi invadere, quasi fosse una spiaggia pronta ad accettare la rabbia della marea urlante.

In un certo senso, si staccò da sé. Non le importava più di nulla. Il capo del Sant'Uffizio e il suo carceriere avrebbero potuto fare di lei qualsiasi cosa, ciò che contava davvero era arrivare dall'altra parte, ovunque fosse, con la convinzione di non aver tradito quanti le avevano voluto bene. Erano davvero pochi, a pensarci, perché certo per qualche anno Imperia era stata come una madre per lei, ma poi l'aveva venduta all'Inquisizione al solo scopo di vedersi restituire i denari e vendicarsi del suo tradimento. E quale colpa aveva avuto lei se non quella di perdere la testa per un uomo bello e gentile? Era questo, dunque, il tradimento? Lei non lo credeva affatto.

E se anche avesse potuto tornare indietro nel tempo, rivivere ogni istante e scegliere fra Imperia e il capitano, non avrebbe avuto dubbio alcuno e avrebbe scelto l'amore, l'amore che l'aveva fatta sentire viva, ardente come la fiamma nella notte, fresca e desiderata come una rosa a maggio. E in quella sensazione unica, meravigliosa, ora si lasciava dondolare, dimentica di tutto il male che quegli uomini le riversavano addosso.

Le facevano quasi pena, ormai, i suoi torturatori. Poteva immaginarne i volti: la smorfia di disappunto del cardinal Carafa, l'assoluta concentrazione di mastro Villani, il carceriere, l'incredulo stupore dei medici. Forse, giunti a quel punto, ognuno di loro sperava che quella tortura smettesse perché non portava a nulla. Per quanto crudeli potessero essere gli istinti dell'inquisitore, forse anche lui, arrivato a quel punto, era stanco di vedere le sue labbra che prima si rifiutavano e ora non riuscivano più a pronunciare parola.

Carafa aveva sottovalutato il coraggio delle donne, pensò Malasorte. Potevano andare avanti anche tutto il giorno, ormai aveva capito che si sarebbe lasciata morire ma non avrebbe parlato.

Era la sua rivincita, il suo modo per fargliela pagare.

Non dare loro soddisfazione.

Tanto lei era già morta.

Era morta quando le avevano ammazzato il capitano.

Era morta quando la palla di piombo aveva spaccato il petto di Ringhio.

Era morta quando aveva capito che l'avrebbero incolpata.

E quando aveva visto Michelangelo che voleva salvarla ma non sapeva come fare.

# 68
# L'ultima speranza

Lo stampatore. Forse lui sapeva qualcosa. Alla fine, dopo aver insistito in ogni modo, il papa gli aveva rivelato il nome di colui che con la sua denuncia aveva avallato quel complotto. E ora Michelangelo stava correndo verso la bottega di Antonio Blado in Campo de' Fiori. Doveva fare presto. Ogni istante poteva essere l'ultimo. Mentre lui provava a rimettere insieme i pezzi di quel rompicapo, probabilmente Malasorte rischiava di morire.

Quando aveva saputo quel nome si era precipitato fuori dagli appartamenti del papa, fuori dal palazzo apostolico, e correndo come un vecchio pazzo, si era diretto verso Campo de' Fiori. Non aveva avuto tempo di deviare verso casa e recuperare Inchiostro. Avrebbe perso istanti preziosi.

Sentiva il petto bruciare, un sapore di ferro gli saliva alla bocca, le gambe dure come legno gli dolevano ma faceva del suo meglio per non pensarci. Che cos'era dopotutto quel dolore rispetto a quanto in quel momento stava patendo Malasorte?

Pensò a come era cambiata la storia della sua vita. Aveva creduto di poter offrire una propria visione dell'arte e, forse, in quello c'era anche riuscito, ma non era stato in grado di contribuire a pacificare la Chiesa. Nemmeno un po'.

Metteva tutto se stesso in quello che faceva, nessuno avrebbe potuto seriamente affermare il contrario: non era come Bramante che manipolava con le parole i suoi interlocutori, e nemmeno come Leonardo che guardava chiunque dall'alto verso il basso, non aveva accettato le imposizioni come tanti suoi colleghi che pur di compiacere e ricevere i compensi abbassavano il capo e fingevano di gioire! No davvero: aveva sempre detto quello che pensava, incurante delle conseguenze perché credeva che la sincerità fosse il modo migliore per coltivare la chiarezza, l'onestà d'intenti.

Ma poi aveva capito che proprio quell'ambivalenza insopportabile uccideva l'uomo un po' alla volta. Quella distanza che separava la parola e l'azione, quel pronunciare discorsi, scrivere bolle, proclamare tesi, senza che esse significassero assolutamente nulla perché, a determinare la pace, erano le azioni e la volontà.

La volontà era l'unica cosa che rendeva possibile il cambiamento e, conseguentemente, le azioni a essa sottese. Ma non c'era alcuna intenzione da parte della Curia di cambiare, nonostante egli volesse crederlo, nonostante sperasse che ogni pontefice fosse più forte, più giusto, più misericordioso.

Ma non era mai così.

Non lo era masi stato.

Non lo sarebbe stato mai.

I pontefici erano uomini e come tali imperfetti, colmi di vizi e provvisti di qualche virtù. Proprio come lui. Proprio come Malasorte. Che aveva sbagliato, certo, ma che ora stava pagando infinitamente di più di quello che avrebbe dovuto.

Il cuore gli balzava in petto, scalciando come un mulo. Non aveva intenzione di fermarsi ma sentiva di non averne più per molto. Ciononostante, s'impose di correre.

Era giunto in via dei Cappellari, lunga e stretta, che separava i rioni Regola e Parione. La via era cupa, a causa del suo essere angusta, ingombra di materiali, le botteghe dei cappellari a fiancheggiare la strada, poi alcune case più eleganti.

Michelangelo vedeva in fondo Campo de' Fiori.

Doveva fare più in fretta.

Se solo fosse riuscito a convincere lo stampatore a ritrattare la sua denuncia, a confessare di essere stato costretto a formularla, avrebbe potuto rovesciare il verdetto. Ma doveva arrivare, prima. Se fosse stato necessario poteva usare il denaro, se non altro era l'unica cosa che non gli mancava. Avrebbe pagato lo stampatore pur di fargli cambiare la versione dei fatti.

Ormai non riusciva più a correre.

Si limitò a camminare il più in fretta possibile.

Quando, finalmente, giunse a Campo de' Fiori e individuò la bottega dello stampatore, tirò un sospiro di sollievo.

Ora, dipendeva tutto dalla sua capacità di convincerlo.

Non appena entrò vide davanti a sé un bancone. Separava l'entrata al pubblico dal laboratorio. Dietro di esso, Michelangelo vide torcolieri e battitori che riempivano d'inchiostro le forme di stampa. Si muovevano, rapidi e precisi, in mezzo a un'infinità di macchine: dalle casse tipografiche ai torchi e poi risme di fogli e caratteri mobili sparsi sui tavoli.

Improvvisamente, dietro il bancone comparve un uomo di mezza età: aveva capelli neri, striati di bianco, mani nodose e macchiate d'inchiostro, lo sguardo vivo per via di occhi scintillanti color castano scuro.

«Messer Buonarroti, voi non mi conoscete», disse quello in tono serio e grave, «ma, potete credermi, il solo sapere che entrate in questa bottega è per me un onore davvero grande».

«Mi conoscete?», domandò Michelangelo sorpreso, mentre tentava di riaversi per la gran corsa, poi senza attendere risposta disse: «Devo assolutamente vedere messer Blado, proprietario della tipografia».

All'udire quelle parole, l'uomo abbassò lo sguardo.

Michelangelo intuì che qualcosa non andava. Che cosa c'era di sbagliato nella sua domanda? «Perdonatemi, messer...».

«...Ricci, Fabio Ricci», completò l'altro.

«Perdonatemi se non vi ho nemmeno salutato, il fatto è che purtroppo devo parlare con il titolare della bottega, messer Blado».

L'altro rimase serio in volto. Poi, facendo un grande sforzo, disse: «Purtroppo, messer Buonarroti, e non avete idea di quanto mi addolori dirvelo, messer Blado è morto».

Michelangelo non credette alle proprie orecchie. «Che cosa?», domandò, sconvolto da quella notizia.

«Anch'io non volevo crederci! Ma quando l'ho visto mentre lo recuperavano dalle acque del Tevere...», e Fabio Ricci non riuscì più a continuare. La voce era spezzata da un dolore sincero. Poi riprese: «Dicono che sia scivolato nel fiume», continuò, «ma io non ci credo».

Michelangelo rimase a fissarlo senza più sapere cosa dire o fare.

Tutto, dunque, era perduto.

# 69
# Campo de' Fiori

La piazza era gremita di gente. Tutti avevano voluto garantirsi un posto il più possibile vicino al patibolo: il popolo, i nobili e i mercanti, gli artigiani, le puttane e i sicari. I bambini si arrampicavano sulle spalle dei padri. Le donne chiacchieravano in un cicaleccio ronzante.

Faceva freddo, ma i bracieri che punteggiavano la piazza in altrettanti globi frementi di fiamma coronavano Campo de' Fiori quasi fosse la forra dell'inferno.

Tutti volevano vedere la strega.

Carafa era soddisfatto del risultato ottenuto: serviva un gran rito di massa, un'esecuzione purificatrice, in grado di insinuare il terrore nella città e ammonire il popolo a non cedere alle lusinghe dell'eresia.

La Chiesa doveva affermare se stessa e consolidare il proprio potere e ruolo. Troppe volte erano stati messi in discussione. A chiederlo era il cadavere del capitano Corsini, naturalmente, ma anche la corrente intransigente della curia che – allontanati gli irenici al Concilio di Trento dove si sarebbero spesi a cercare una composizione che mai avrebbero trovato con i protestanti, di questo Carafa era certo – poteva sfruttare l'occasione per guadagnare terreno. Non solo. La fortuna sembrava arridergli ulteriormente, giacché Pietro Paolo Parisio, inquisitore del Consiglio generale del Sant'Uffizio, che apparteneva alla corrente irenica, non godeva di buona salute in quei giorni. Con un po' di fortuna, Paolo III l'avrebbe sostituito e Carafa aveva tutta l'intenzione di ottenere un rafforzamento della posizione intransigente all'interno del Consiglio generale.

Quel pomeriggio, infatti, Parisio non era presente.

La competenza dell'esecuzione spettava naturalmente al braccio secolare, e infatti era proprio il nuovo Capitano dei birri a presiederla, ma sia Carafa sia Mercurio Caffarelli sapevano perfettamente che, con buona pace delle questioni formali, la sostanza diceva che era stato il cardinale a condannare Malasorte al rogo.

Anche per questa ragione aveva chiesto che, a occuparsi dell'esecuzione, fosse il suo uomo più fidato: mastro Villani.

Mastro Villani era teso come mai era accaduto prima. O meglio, forse uno dei suoi avi, quando aveva bruciato in quella stessa piazza la strega Finnicella, aveva provato la stessa sensazione. Un'esecuzione del genere presupponeva una preparazione meticolosa e puntuale, si doveva tener conto di ogni dettaglio. La legna doveva essere asciutta, il palo al quale legare la strega robusto e di notevoli dimensioni, il castello di ciocchi, legni più sottili e paglia andava predisposto con cura. Aveva imbevuto lo straccio d'olio e l'attizzatoio pareva attendere solo la sua mano.

I suoi aiutanti avrebbero condotto l'eretica fino al palco, fra due ali di folla.

La piazza era un catino infernale. Il pomeriggio grigio e freddo di febbraio era punteggiato dai fuochi dei bracieri, le botteghe del mercato avevano ceduto il passo alla coreografia corrusca dell'esecuzione.

Vide i quattro inquisitori generali assisi sugli scranni nel palco in legno che aveva preparato personalmente, costruendolo giorno per giorno, tagliando i pezzi di abete e montandoli con i suoi aiutanti. Aveva scelto un legno solido e dal profumo intenso perché voleva che il cardinal Carafa non dovesse troppo soffrire per via delle esalazioni mefitiche che avrebbero diffuso le carni della strega mentre quest'ultima veniva arsa viva.

Inspirò l'aria fredda. C'era una purezza in quel momento che sarebbe ben presto andata perduta. Mastro Villani calò il cappuccio di pelle sul capo. Quel giorno il cardinal Carafa lo aveva voluto come carnefice. Non era il suo mestiere. Ma, in qualità di capocarceriere a Tor di Nona, conosceva abbastanza bene quel che doveva fare. Da due giorni ripeteva mentalmente le operazioni che lo attendevano. Si sentiva pronto. Ora mancava solo l'eretica.

Michelangelo guardava uomini e donne inneggiare al rogo. Volevano la morte della strega. La desideravano come se da quello dipendesse il futuro di Roma. Non sapevano nulla della vita di Malasorte, non ne conoscevano nemmeno il nome, proprio per quello, molto probabilmente, erano così pronti a vederla bruciare.

Da tempo, ormai, si sentiva come un relitto. Quella vicenda non lo aveva solo spaventato, lo aveva piegato.

La stella del cardinal Carafa era in ascesa e nessuno, nemmeno lui, poteva impedirlo. Quel mattino era andato a trovare Vittoria al monastero di Sant'Anna e l'aveva vista debole e stanca. La malattia la consumava. Camminava a stento. Avrebbe tanto voluto accompagnarlo quel giorno ma lui non lo aveva permesso. Doveva riposare. Pretendeva troppo da se stessa, le aveva detto, giurandole che sarebbe andato a trovarla il giorno a seguire e quello dopo ancora.

Ormai era l'unica amica che gli era rimasta.

Sentiva che il suo mondo stava andando in frantumi. E, per certi aspetti, percepiva netta la sensazione di voler morire.

Cosa stava a fare lì? In una città che non capiva più? In un mondo che lo aveva rifiutato? Che celebrava la sua arte ma non intendeva ascoltarlo? Quasi le sue opere, le sculture, gli affreschi, i disegni fossero altro da lui. A cosa serviva essere celebrati se poi la sua volontà contava così poco? Ma a pensarci bene, non era sempre stato così? Non era quello il motivo per cui aveva evitato in ogni modo di affezionarsi alla vita? Aveva dedicato tutto se stesso sempre e solo all'arte proprio per non dover soffrire, non subire le delusioni che l'amore gli aveva sempre dato. Sempre. Senza contare che scolpire una statua, affrescare una volta, una parete, progettare una piazza o un palazzo, era un'opera che lo assorbiva completamente, gli toglieva e gli dava tutto a un tempo.

Eppure ultimamente non era più stato così. O meglio, non solo. Vittoria prima e Malasorte poi avevano spezzato quel sistema perfetto, creato per isolarsi in un mondo diverso, che apparteneva solo a lui.

Fu così che quando vide Malasorte sul carro, stretta nelle vesti lacere, ridotta pelle e ossa, i capelli neri che le ricadevano in avanti, le mani strette in ceppi dietro la schiena, in ginocchio, coperta dalla derisione e dagli sputi della moltitudine urlante e accecata dalla brama di morte e violenza, Michelangelo non riuscì a trattenere le lacrime.

E mentre la folla si apriva al passaggio del carro, trainato da un mulo grigio e stanco, si conficcò le unghie nei palmi. Morse le labbra fino a farle sanguinare. Ma anche così non bastava. Non sarebbe bastato mai. Perché sapeva di aver provato a fare tutto ciò che poteva senza riuscire a evitarle il rogo. E ciononostante sentiva che avrebbe dovuto dare tutto se stesso, anche la vita se fosse stato necessario.

E non lo aveva fatto.

Era uno sconfitto. Proprio come Roma, che guardava da sotto il cielo le regge dei papi, i ponti, gli archi e le colonne, le meraviglie erette da quelli come lui: gli artisti. E mentre loro si affannavano a riempire di bellezza la città, la paura cresceva, alimentata dalla brama di potere. Perché qualcuno aveva osato uccidere il Capitano dei birri del Sant'Uffizio ed era sgusciato via, fra le pieghe del male, all'ombra delle cupole. E ora era necessario trovare un colpevole, non importava chi. Più debole e indifesa era la vittima, meglio sarebbe stato per tutti.

E Malasorte era la vittima perfetta. E la carnefice. E la strega. In un'unica, scellerata esecuzione, Roma faceva piazza pulita delle proprie paure. Le allontanava, almeno per un po'. Fino al prossimo carnevale di morte, fino al prossimo rogo.

Guardò davanti a sé: il boia aveva tolto i ceppi a Malasorte. Preso un coltello dalla lunga lama scintillante, aveva tagliato le vesti lacere e l'aveva denudata. Michelangelo vide la pelle bianca, tempestata di lividi bluastri. Non c'era sangue esternamente. Il dolore era stato rinchiuso nel corpo, come predicava l'Inquisizione. Ma dovevano averla colpita talmente forte che, nonostante tutto, quello che era stato si percepiva fin troppo bene.

Alla vista di quella giovane donna di cui veniva fatto scempio, credette d'impazzire ma fu proprio quando Malasorte venne esposta nella sua nudità che la folla ruggì più forte. Mani si alzarono, protendendosi quasi volessero toccarla, maledirla, vomitarle addosso tutto l'odio e la paura che scivolavano l'uno sull'altra in una miscela pericolosa ed esplosiva. E di quella miscela aveva bisogno Gian Pietro Carafa. E Michelangelo lo sapeva. E lo odiava per quello. E si odiava per non aver saputo impedire quanto aveva sotto gli occhi.

Il boia strattonò la ragazza.

La condusse al patibolo e la legò al palo di legno.

Malasorte non aveva nemmeno la forza di opporsi. Gli aiutanti del boia, nel frattempo, disponevano in una sorta di castello, tutt'attorno alla fanciulla e ai suoi piedi, i ciocchi, la paglia e i ramoscelli, i pezzi di legno sottili, bagnati d'olio, che sarebbero stati infiammati ben presto.

La folla ruggì la propria approvazione. Agli occhi di Michelangelo l'immagine parve girare come una giostra impazzita: le urla, le ingiurie, gli sputi, le maledizioni, le braccia alzate, gli occhi iniettati di sangue, le bocche deformate dal rancore, i corpi che si stringevano l'uno all'altro, che si accalcavano in una marea umana, in un unico grappolo di carne che montava nella piazza, ingrossandosi come un unico organismo rivoltante.

Il boia afferrò l'attizzatoio, stringendo fra le due pinze di ferro lo straccio imbevuto d'olio. Lo avvicinò al braciere, infiammandolo. Poi, senza esitazioni, lo avvicinò alla legna, incendiandola.

La paglia e i ramoscelli sottili presero ad ardere in un baleno. Dopo poco un'alta fiamma avviluppò l'intera piramide di legno e da lì si allungò maestosa e terribile fino a divorare le gambe e i fianchi di Malasorte.

Michelangelo non aveva mai sentito urlare in quel modo. Era un suono che spezzava le orecchie. Che ricordava a tutti l'ingiustizia di un dolore disumano e mostruoso. Quando la ragazza gridò in quel modo lacerante, parve ghermire il cuore della folla per poi farlo a brani. Tutti si zittirono e, d'improvviso, una cappa di vergogna e silenzio cancellò la tracotante baldanza degli astanti.

L'unico che teneva lo sguardo fisso sul rogo, osservando le fiamme che, crepitando, si attorcigliavano come lingue d'inferno attorno a Malasorte, fu il cardinal Carafa. Il suo volto era attraversato da un'espressione compiaciuta.

Michelangelo non avrebbe più dimenticato quello sguardo.

Quando l'odore di carne arrostita saturò l'aria, l'inquisitore portò il pomander al viso per respirarne gli aromi canforati, come se fosse infastidito dall'inconveniente.

Le urla di Malasorte ormai non avevano più nulla di umano ed ella non era altro che un pezzo di carne nera e ululante che si contorceva fra le fiamme sanguigne.

Il silenzio divorò la piazza come una fiera. Uomini e donne non parlavano più. Avevano occhi di vetro, bocche sigillate, maschere di terrore al posto del viso.

Non avrebbero dimenticato quello spettacolo osceno.

Si sarebbero aggrappati alla Chiesa di Roma per paura di finire in quel modo.

E il cardinal Carafa lo sapeva.

Lo aveva sempre saputo.

# INVERNO 1546-47

# 70
# La lettera di Reginald Pole

Aveva sperato che la lettera consegnatagli quel giorno dall'Urbino non sarebbe mai arrivata.

Ma le brutte notizie giungevano sempre tutte insieme. Al mattino era andato a trovare Vittoria e l'aveva vista talmente sofferente che quasi si augurava che morisse al più presto. Era orribile anche solo pensarlo, ma era esattamente quello che lei desiderava.

Non sopportava di vederla in tale stato. Pallida, priva di forze: uno spettro. Parlava a fatica. A malapena riusciva a mettersi a sedere. La situazione era andata via via peggiorando in quell'ultimo anno e mezzo. Da quando Malasorte era stata arsa viva sul rogo, una maledizione sembrava essersi abbattuta su tutti quelli che amava.

Aveva promesso alle monache che sarebbe tornato l'indomani.

Scuotendo la testa aprì dunque la lettera che recava il sigillo del cardinal Pole e lesse le sue parole.

Mio caro Michelangelo,

vi scrivo questa lettera, consapevole dell'amarezza che, inevitabilmente, porterà nella vostra giornata. Prima di qualsiasi altra affermazione, vi chiedo di abbracciare per me la marchesa di Pescara, Vittoria Colonna, che considero madre per quella sua infinita pazienza e grazia che con grande generosità ha sempre voluto accordarmi. So della sua malattia e non v'è giorno ch'io non preghi per lei.

Sperando di poterla vedere presto e confidando nel Signore affinché ella possa trovare la via della guarigione, torno a voi e a quanto dicevo in ordine all'amarezza recata da questa mia.

Il motivo è presto detto: al Concilio di Trento, in questi ultimi mesi la situazione è precipitata. In particolare, coloro i quali, come me e voi, da sempre tentano di addivenire a un'intesa con i protestanti, al fine di sanare la frattura interna alla Chiesa, hanno perduto.

Al punto che proprio in questi giorni mi sono risolto ad abbandonare il Concilio non vedendo alcuna possibilità di trovare una via mediana di condotta.

Senza scendere nei dettagli, posso dirvi che le tesi che propugnano il valore delle opere oltre che della fede contro la tesi protestante della salvezza per la sola fede, hanno di gran lunga prevalso, così come è risultato vincente il dogma che prevede il valore oggettivo dei sette sacramenti. E lo stesso potrei dirvi circa il riconoscimento della versione latina come sola e unica versione della Bibbia.

Malgrado gli sforzi miei e del cardinale Morone, è andata affermandosi la posizione di quanti hanno scelto un'aperta rottura con le tesi di Lutero, avversando tutte le opinioni che sceglievano una strada intermedia. Non solo. Il Concilio decreterà la vittoria e la proclamazione di veri e propri dogmi capitali: quello sulla giustificazione e sulla rivelazione. Così facendo, gli intransigenti aprono una distanza incolmabile fra Chiesa cattolica e protestante, di talché qualsiasi posizione conciliatoria risulta essere del tutto irricevibile e viene considerata direttamente eretica. Questo pugno di uomini potentissimi intende disciplinare il clero di conventi e parrocchie al fine di escludere in ogni modo potenziali interessi personali, omologando le persone, e subordinandole in modo ferreo alla gerarchia. Vogliono poi catechizzare i predicatori, dettando loro temi e modalità di trattazione, così da vincolarli a precisi formalismi teologici. Intendono esercitare un controllo sempre più stringente sui vescovi e sugli inquisitori locali, affinché l'eresia venga punita con l'unico strumento possibile: il fuoco.

Tenete presente che, parallelamente a tali princìpi, che stanno trovando straordinario accoglimento al Concilio di Trento, esiste una seconda forza che prende rapidamente piede in Europa e certamente anche in Italia. Alludo nello specifico alla Compagnia di Gesù, fondata da Ignazio di Loyola che, come potete ben comprendere, è un ordine religioso a carattere internazionale di ispirazione militare. In qualche modo, coloro che vi appartengono si considerano soldati di Cristo e obbediscono solamente al papa. Una tale dedizione è chiaramente legata alla persona di Loyola che, prima di prendere i voti, aveva intrapreso una carriera militare come cavaliere armato, durante la quale aveva conosciuto e messo in pratica una ferrea disciplina.

L'ordine gesuita sta riscontrando un notevole favore presso il papa e, in qualche modo, sta diventando l'ideale elemento complementare della corrente intransigente della Curia.

Per queste ragioni, vi dico che le posizioni come la nostra, che provano da sempre a trovare una via conciliatoria, vengono oggi mal viste al punto da essere tacciate di nicodemismo, dimodoché coloro i quali indulgono in tali atteggiamenti vengono considerati come quanti in pubblico si dimostrano cattolici, partecipando alle funzioni religiose, ma in privato praticano l'eresia. In altre parole idolatri e, in ultima istanza, eretici.

Inutile dire che, da tempo, sono entrato nel novero dei nemici della Chiesa. E anche se il papa continua a nutrire una certa fiducia nella mia persona, i miei nemici non vedono l'ora di potermi abbattere. Dunque questa lettera è per dirvi di stare il più lontano possibile da me.

Per mia fortuna, la posizione di legato pontificio che ho ricoperto fino a pochi giorni fa mi ha garantito le tutele del caso, ma ho dovuto addurre la giustificazione di un malore improvviso per potermi allontanare dal Concilio, ben sapendo che non potrò più farvi ritorno.

Come dicevo, non vi verrà alcun vantaggio nel provare a frequentarmi ancora, ragion per cui vi raccomando, per il vostro stesso bene e per quello di Vittoria, di non provare a mettervi in contatto con me.

Sarò io a farlo non appena possibile.

Infine, vi ringrazio per il vostro meraviglioso dono che a suo tempo Vittoria mi fece pervenire. Il dipinto è semplicemente straordinario.

Pensate che il cardinale Ercole Gonzaga mi ha chiesto di poterne far fare copia a Giulio Romano ma, come potete ben capire, ora più che mai eviterò simili corrispondenze.

Nel ringraziarvi, e scusandomi ancora per le notizie che vi ho comunicato con questa mia, vi porgo i miei saluti più affettuosi e sinceri.

Vostro

Reginald Pole

Michelangelo non credeva a quel che aveva letto. Gian Pietro Carafa teneva sempre più in pugno la Curia e, così facendo, era pronto a sferrare il colpo fatale a Pole, Morone e a tutti coloro che, da quel momento in poi, fossero caduti in sospetto di eresia.

Quella era dunque la prospettiva. Nascondersi. Fingere di non prendere posizione. Fare attenzione. Sapeva di avere nel papa un amico. Ma fino a quando sarebbe durata quella sua intoccabilità? Doveva sperare che Paolo III vivesse il più a lungo possibile? Probabilmente sì, visto quel che stava accadendo. E poi?

Per il momento non si sentiva personalmente toccato da quella tempesta che pareva preannunciarsi per tutti tranne che per lui. Proprio in quegli ultimi mesi il papa lo aveva nominato, nonostante i suoi ribaditi rifiuti, architetto della Fabbrica di San Pietro. Certo, era più una sfortuna che un onore, a giudicare da quello che era accaduto a tutti coloro che lo avevano preceduto, senza contare che, alla soglia dei settant'anni si sentiva davvero troppo vecchio per quell'incarico. Quello, sommato al progetto per piazza del Campidoglio!

E tuttavia, erano tutte dimostrazioni evidenti che il papa aveva piena fiducia in lui ed era pronto a proteggerlo.

Si vergognava della sua meschinità. In un momento come quello, dopo quanto accaduto a Malasorte e dopo la malattia di Vittoria che rischiava di condurla alla morte, il suo istinto lo portava ancora una volta a interrogarsi sul proprio destino, a coltivare un senso di autoconservazione che suonava grottesco.

Si alzò in piedi, gettando la lettera nel fuoco del camino.

Le fiamme divorarono la carta. I fogli si arricciarono in una spirale nera, svanendo ben presto.

Forse, dopotutto, era vero: invecchiando diventava sempre più vigliacco, somigliando fin troppo a Nicodemo, colui che, secondo il Vangelo di san Luca, ascoltava le prediche di Gesù la notte, salvo professarsi fariseo di giorno.

# 71
# Morte di Vittoria Colonna

Vittoria lo guardava con gli occhi lucidi.

«E così», disse, «siete venuto anche oggi».

«Ve lo avevo promesso».

La marchesa di Pescara annuì. Poi un accesso di tosse l'aggredì. Parve spezzarla in due. Si piegò in avanti, la schiena scossa e tremante, i colpi stizzosi uno dopo l'altro come coltellate arrugginite.

Michelangelo si avvicinò per soccorrerla. Vittoria si aggrappò a lui. Lo guardò con occhi supplici: «Vi prego portatemi fuori di qui, voglio vedere il chiostro».

Lui fece per opporsi ma lei gli strinse il braccio con una forza sorprendente. «Vi prometto», aggiunse, «che sarà l'ultima volta».

Quelle parole gli scavarono la carne.

Annuì. E l'amarezza gli azzannò il cuore. Perché aveva capito che Vittoria stava per morire.

La prese fra le braccia e la sollevò, tenendola forte, quasi fosse un uccellino dalle ali spezzate.

Uscì. Percorse il corridoio fino a raggiungere la porta che dava sul chiostro. Quando gli occhi incontrarono la luce di quel mattino di febbraio, Vittoria quasi ne rimase accecata. «Che bello», disse, «per un attimo mi sembra di tornare ai giorni nelle Alpi Apuane. Ve li ricordate?»

«Come potrei dimenticarli?», rispose lui con un filo di voce.

«Grazie per quello splendido dono», continuò lei, «furono quanto di più bello io potrò ricordare, e mi saranno tanto più preziosi in questo mio ultimo viaggio...».

«Vittoria, vi prego, non dite così», sussurrò lui.

Ma lei gli pose un indice sulla bocca, come tante volte aveva fatto prima di quella. «Vi prego Michelangelo, ascoltate. Ascoltate quel che ho da dirvi, giacché il tempo è poco e io sono... Sono colei che più di tutti ha provato ad amarvi, forse non abbastanza ma di certo con tutta la forza con cui questo mio povero cuore è stato capace. Rivedo ancora quel vostro gesto, quando stanco e non ancora appagato, vi asciugavate la fronte mentre vi consumavate sul marmo e i colori. Rivedo i giorni di Viterbo, i vostri meravigliosi disegni che tengo sempre vicino a me perché al solo guardarli mi sento rinascere, e mi torna alla mente quel momento di gioia infinita nel chiostro di Santa Caterina, quando vi diedi il vetro veneziano per proteggervi gli occhi».

Michelangelo trattenne le lacrime. Non voleva mostrarsi triste. Se doveva essere, allora Vittoria meritava di lasciare quel mondo con un sorriso negli occhi. «Se oggi riesco a lavorare ancora lo devo a quello, alla vostra generosità, sempre tesa a cogliere i bisogni negli altri e mai in voi stessa. Quale esempio siete stata per me, Vittoria. E io invece ho fallito ancora una volta poiché non vi ho dato abbastanza, non ho compreso la natura profonda del vostro amore o, forse, proprio perché tale, l'ho nascosto a me stesso per proteggermi, da vigliacco quale sono».

«No, no», disse lei in un soffio di amor leggero, «non dovete dire così. Nessuno mi ha mai amato come voi! Voi che mi avete capito, protetto, ascoltato. Voi, Michelangelo, che mi avete ridato speranza e mi siete stato amico quando per gli altri non ero che la sorella di un traditore, che mi avete fatto dono del vostro cuore attraverso la vostra arte che è quanto di più infinitamente bello possa celebrare Dio e la Terra».

«Vittoria...».

«Guardate il sole, Michelangelo, guardatelo e ditemi cosa vedete».

«Vedo il vostro viso, Vittoria, la luce che sempre diffonde il vostro sguardo così attento, appassionato, intenso», e mentre diceva così le accarezzò la guancia, tenendola fra le braccia e, infine, posò dolcemente le labbra sulle sue.

Le sentì fredde. Come petali di corolle notturne appena sbocciate. Come gemme trasparenti di ghiaccio. Come l'aria di quel mese di febbraio così pura e piena di luce.

E allora capì

Vittoria, la sua Vittoria, era morta.

E non sarebbe più tornata.

La tenne fra le braccia mentre lacrime cadevano nel silenzio del chiostro deserto.

# 72
# Piazza del Campidoglio

Il vento invernale ululava fra i grandi palazzi intorno a lui. Una pioggia fredda e sottile batteva ritmica sulle pietre.

Michelangelo guardò la statua bronzea di Marco Aurelio: era stato lui a pretendere che venisse trasferita dal Laterano, ove era custodita, e posta al centro della piazza del Campidoglio. Così facendo, l'aveva trasformata nel perno architettonico dell'intero spazio. Aveva scolpito personalmente il piedistallo in marmo che sosteneva il monumento equestre.

Guardò l'Aracoeli e il monte Caprino, il colle del Campidoglio così chiamato perché fino a poco tempo prima i pastori vi conducevano a pascolare capre e pecore. Proprio per quella ragione il papa l'aveva pregato di immaginare la piazza ex novo, così da donarle lo splendore passato, quando al tempo dell'impero romano, duemila anni prima, era sede del tempio di Giove Capitolino, meta ultima delle cerimonie trionfali, dedicate ai generali vittoriosi.

Solo lui, aveva detto Paolo III, poteva riuscire in un'impresa tanto titanica.

Poiché la piazza si trovava nell'avvallamento fra le due sommità del Campidoglio, l'Aracoeli e il Capitolino, Michelangelo aveva dovuto tener conto dei dislivelli. Aveva quindi disegnato due scalinate opposte e quasi perfettamente simmetriche, le quali, sfruttando una differente pendenza, conducevano a un'identica quota ideale i tre punti considerati focali:

la sommità della gradinata del Palazzo Senatorio e quelle delle due gradinate che avrebbe fatto realizzare.

Proprio il Palazzo Senatorio avrebbe avuto una nuova monumentale facciata, che non sarebbe più stata rivolta verso il Foro romano ma avrebbe invece guardato a San Pietro. L'aveva disegnata con lesene giganti e un formidabile scalone fino al piano nobile. Intendeva far inserire una fontana d'acqua chiara e tre statue. In posizione araldica quelle dei fiumi: il Nilo e il Tevere, che giacevano ai piedi del Palazzo dei Conservatori; al centro, invece, l'antico monumento alla dea Minerva seduta.

Al Palazzo dei Conservatori avrebbe dato un nuovo loggiato, reso ancor più elegante da un ordine di colonne corinzie. Poiché quest'ultimo divergeva leggermente, per posizione, rispetto alla linea ideale tracciata dal centro del Palazzo Senatorio con la statua bronzea di Marco Aurelio, aveva deciso di far costruire un palazzo gemello, che avrebbe preso il nome di Palazzo Nuovo, così da completare una pianta trapezoidale in grado di garantire una simmetria, così come lui l'aveva immaginata. In quel modo avrebbe potuto chiudere la piazza, escludendo la chiesa di Santa Maria in Aracoeli.

Per la pavimentazione avrebbe creato un gioco di ellissi a intreccio, così da illuminare dal basso la compattezza ottenuta con disegni aerei e ipnotici a un tempo. Aveva scelto quella forma particolare non solo per motivi architettonici e decorativi, ma anche perché simboleggiava l'ombelico del mondo: in quel modo poteva celebrare la sacralità di un luogo unico per i romani e, prima di loro, gli etruschi e, così facendo, riusciva a riconnettere a livello almeno ideale, la Città Eterna alle proprie radici più profonde nel tempo e nello spazio.

Rimase ad ascoltare il vento che non smetteva di ululare fra i palazzi: pareva recare le voci di quanti avevano inneggiato ai consoli e ai generali, agli imperatori e ai pontefici.

Poi, per un istante, vi fu silenzio. E in quell'assenza, Michelangelo ritrovò i ricordi. E con essi, la volontà.

Gli avevano tolto Malasorte.

Avevano perseguitato Vittoria.

Non gli avrebbero preso anche Roma. Si sarebbe battuto fino alla fine per lei, per quella città magnifica e ferita, avvolta nello splendore dell'arte ma dilaniata dall'avidità del potere, celebrata nei poemi e ricattata dai calcoli politici, uccisa cento volte ma sempre risorta nella gloria del tempo, nella Storia, nella memoria delle generazioni.

*Per aspera ad astra*, si disse.

Oltrepassò la statua di Marco Aurelio, fino ad arrivare al limite estremo della piazza. Proprio lì avrebbe fatto realizzare una monumentale scalinata che da San Pietro potesse condurre direttamente al Palazzo Senatorio.

Infine guardò sotto di sé.

Vide Roma.

# Nota dell'autore

*Inquisizione Michelangelo* è stato di gran lunga il romanzo più difficile che io abbia mai scritto. Prima di cominciarlo ero semplicemente terrorizzato. Mentre lo scrivevo, la paura non mi ha mai abbandonato. I temi che andavo a toccare erano di assoluta difficoltà e il protagonista del romanzo è forse l'artista più incredibile, controverso, sofferto, tormentato di tutta la storia dell'arte. Senza contare che questo romanzo avrebbe dovuto, in qualche modo, affrontare il campione della Chiesa cristiana in una prospettiva completamente nuova, diversa, tentando di comprendere e riportare su pagina tutta la sofferenza e l'amarezza che dovettero albergare nel suo cuore nel periodo in cui si trovò a dover ultimare la tomba di Giulio II, quella che lui stesso non esitò a definire: «La tragedia della mia vita». Tale prospettiva prende le mosse da tesi precise, proposte da una particolare corrente della critica dell'arte che risponde ai nomi di Antonio Forcellino, Adriano Prosperi e Maria Forcellino. Il mio romanzo si pone, con tutta l'umiltà del caso, nel solco di tale ricerca, la quale valorizza l'appartenenza di Michelangelo alla cosiddetta "setta" degli Spirituali, all'*Ecclesia Viterbiensis* di Reginald Pole, e suggerisce come l'ultima parte della produzione del maestro vada letta alla luce di questa appartenenza. Il lavoro degli studiosi citati è stato quindi il primo faro per questo romanzo. Per quanto riguarda Antonio Forcellino, già responsabile del recente restauro della tomba di Giulio II e massima autorità in materia, cito fra le opere più significative: *Michelangelo, una vita inquieta*, Bari-Roma 2005; *1545, gli ultimi giorni del Rinascimento*,

Bari-Roma 2008, e infine *La pietà ritrovata. Storia di un capolavoro ritrovato di Michelangelo*, Firenze 2010. Per quel che concerne Adriano Prosperi – professore emerito di Storia moderna presso la Scuola Normale Superiore di Pisa – non possiamo non citare la fondamentale *Introduzione* contenuta in Antonio Forcellino, *Michelangelo, storia di una passione eretica*, Torino 2002. Più in generale, ricorderò anche *Il concilio di Trento, una introduzione storica*, Torino 2001. Infine di Maria Forcellino, ricercatrice e docente universitaria, menziono l'imprescindibile *Michelangelo, Vittoria Colonna e gli "Spirituali". Religiosità e vita artistica a Roma (1540-1550)*, Roma 2009.

Per questo, mai come questa volta, lo studio è stato fondamentale.

Ovviamente, per cogliere al meglio il pensiero del grande artista ho letto e riletto le sue lettere e le sue rime, recentemente ripubblicate in una raccolta estremamente curata e attenta: Michelangelo Buonarroti, *Rime e Lettere*, a cura di Antonio Corsaro e Giorgio Masi, Milano 2016. Questo perché, diciamolo, non v'è nulla di paragonabile alla voce del protagonista della storia che ci si appresta a raccontare.

Al fine di fugare i dubbi, confesso fin da subito che i testi di riferimento sono stati molti. Innanzitutto i classici di Giorgio Vasari, *Le vite dei più eccellenti pittori, scultori e architetti*, Roma 2015 e Ascanio Condivi, *Vita di Michelangelo Buonarroti*, Milano 1965. A seguire: Charles de Tolnay, *Michelangiolo*, Firenze 1951. A questi tre testi fondamentali si aggiungono una messe di scritti. Fra questi intendo immediatamente citare la raccolta, in due volumi, di saggi firmati da Charles de Tolnay, Umberto Baldini, Roberto Salvini, Guglielmo de Angelis d'Ossat, Luciano Berti, Eugenio Garin, Enzo Noè Girardi, Giovanni Nencioni, Francesco de Feo, Peter Meller, premessa di Mario Selmi, *Michelangelo. Artista, pensatore, scrittore*, Novara 1965; Michael Hirst, *Michelangelo, i disegni*, Torino 1991.

Inoltre ho consultato: Frank Zöllner, *Michelangelo. L'opera completa*, edizione illustrata, Köln 2013; Bruno Nardini, *Michelangelo. Biografia di un genio*, Firenze 2013; Costantino d'Orazio,

*Michelangelo. Io sono fuoco*, Firenze 2016; Giulio Busi, *Michelangelo: mito e solitudine del Rinascimento*, Milano 2017.

Anche per Vittoria Colonna sono partito dai testi autografi, a cominciare da Vittoria Colonna, *Rime*, Bari 1982. A questo si sono aggiunti poi Maria Serena Sapegno (a cura di), *Al crocevia della Storia. Poesia, religione e politica in Vittoria Colonna*, Roma 2016; Augusto Galassi, *Michelangelo e Vittoria Colonna. Un amore nella Roma rinascimentale*, Roma 2011.

La complessità di un tema come la fondazione e le procedure del Sant'Uffizio o Inquisizione romana hanno richiesto una sorta di studio a parte, tali e tanti i problemi, le dinamiche di potere, le figure da considerare, specie perché tutto questo andava posto in relazione con le istanze derivanti dal vento di "ribellione" della Riforma protestante. Da qui un profluvio di monografie. Fra queste: Christopher F. Black, *Storia dell'Inquisizone in Italia: tribunali, eretici, censura*, Roma 2013; Andrea Vanni, *"Fare diligente inquisitione": Gian Pietro Carafa e le origini dei chierici regolari teatini*, Roma 2013; Irene Fosi, *Convertire lo straniero: forestieri e inquisitori a Roma in età moderna. (La corte dei papi)*, Roma 2013; Massimo Firpo, *La presa di potere dell'Inquisizione Romana: 1550-1553*, Bari 2014; Angela Santangelo Cordani, *"La pura verità". Processi antiereticali e inquisizione romana fra Cinque e Seicento*, Milano 2017; Claudio Rendina, *Storia segreta della Santa Inquisizione*, Roma 2014.

Un fatto che mi ha colpito in modo particolare e che poi ho ritenuto opportuno trasfigurare e inserire nell'intreccio del romanzo è l'assassinio di un Capitano dei birri, colui che in Roma prendeva il nome di Bargello. In particolare emerge con chiarezza dallo scritto di Peter Blastenbrei, *Kriminalität in Rom 1560-1585 (Bibliothek des Deutschen Historischen Instituts in Rom, Band 82)*, Berlino 2016, il quale ne fa un racconto dettagliato e terribile ma assolutamente vero e per questo ancor più inquietante. A questo proposito, anche al fine di sgombrare il campo da dubbi, specifico che il personaggio del capitano Vittorio Corsini è posto a capo di una delle compagnie dei birri della città, quella che veniva incaricata della tutela e difesa del Sant'Uffizio e che fungeva come una sorta di polizia/braccio armato al servizio dell'Inquisizione romana, voluta da Paolo III e a capo della quale era stato posto il cardinal Gian Pietro Carafa. I birri erano, per il resto, una forza alle dipendenze del governatore di Roma. Nominato direttamente dal pontefice ogni due anni, quest'ultimo cumulava nella sua persona tre differenti cariche: quella di giudice ordinario, di capo della polizia e di vicecamerlengo della Camera apostolica. Il tribunale da lui presieduto giudicava in materia civile e penale. Il Bargello era il capitano del Corpo dei birri o guardie di città. Nel caso di Corsini, ecco dunque spiegato perché nel romanzo sentirete quasi sempre parlare di Capitano dei birri del Sant'Uffizio: per differenziarlo dal Bargello.

Non era naturalmente possibile affrontare un romanzo come questo senza avere almeno un'idea generale della Roma dei papi, quell'incredibile città che fu la capitale prima, durante e dopo il Sacco dei Lanzichenecchi. Fra i più sanguinari e violenti soldati mercenari, questi ultimi erano presenti in gran numero nella Città Eterna. Proprio loro, insieme alle cortigiane, rappresentano alcune delle tipologie umane più incredibili della storia di Roma in quegli anni.

Anche su temi come questi non sono mancate le letture: André Chastel, *Il sacco di Roma. 1527*, Torino 2010; Antonio di Pierro, *Il Sacco di Roma: 6 maggio 1527, l'assalto dei lanzichenecchi*, Milano 2015; Jacques Heers, *La vita quotidiana nella Roma Pontificia ai tempi dei Borgia e dei Medici*, Milano 2017; Paul Larivaille, *La vita quotidiana delle cortigiane nell'Italia del Rinascimento*, Milano 2017; Gabriela Häbich, *La Roma segreta dei Papi*, Roma 2017. Con specifica attenzione a usi e costumi dei Lanzichenecchi si veda per tutti Reinhard Baumann, *I Lanzichenecchi. La loro storia e cultura dal tardo Medioevo alla guerra dei trent'anni*, Torino 1997.

In termini di modalità narrative, ho continuato a adottare il racconto per quadri, imponendomi però una finestra temporale più stretta. Il romanzo copre un periodo di circa cinque anni, questo perché nel lungo arco della vita di Michelangelo – quasi novant'anni – il periodo relativo all'ultimazione della tomba di Giulio II, alla sua adesione al circolo degli Spirituali e alla profonda amicizia con

Vittoria Colonna risultava essere un quinquennio davvero particolare e poco frequentato dai romanzieri. Va detto che non sono poi tanti i racconti di fiction dedicati a questo incredibile campione della storia dell'arte. A ogni modo, volevo provare a raccontare un Michelangelo per certi versi inedito nella letteratura. Ho posto dunque l'attenzione su quella parte della sua vita che lo vede mutare le proprie convinzioni alla luce delle inevitabili ripercussioni avute dalla diffusione delle tesi protestanti. L'amicizia con Vittoria Colonna e l'adesione all'*Ecclesia Viterbiensis* di Reginald Pole determinarono un ripensamento della fede e dell'arte, dimodoché proprio lui, da sempre considerato il campione del cattolicesimo, lo divenne per certi versi ancor di più e in misura più intransigente e draconiana, a patto d'intendere quella fede come un ritorno all'essenza, al rapporto con Dio. L'intero romanzo è permeato da questa visione che emerge dalle letture dei testi e da uno studio ribadito e intenso di una certa corrente della critica dell'arte.

In questi anni ho maturato una passione sfrenata per Roma, per la sua bellezza infinita e abbacinante: ringrazio sempre e per sempre i tanti amici e le tante amiche che mi hanno messo a parte delle sue meraviglie.

Mi sia consentito un ringraziamento e una menzione speciale in questa sede per Federico Meschini, giacché avevo un sacro terrore nell'affrontare Viterbo, ove si svolge una parte non secondaria dell'intero romanzo. Egli si è rivelato consulente e amico prezioso, fugando alcuni dubbi che non avevano mancato di farmi perdere ben più di una notte di sonno.

Anche per questo, come nei precedenti, il romanzo storico d'appendice è stato modello assoluto di riferimento. Facile ricordare fra i tanti *Il conte di Montecristo* di Alexandre Dumas, *Il tormento e l'estasi* di Irving Stone, ma anche una chicca misconosciuta e di assoluta meraviglia come *Sotto il mantello rosso* di Stanley J. Weyman. Non va però dimenticato un certo teatro, penso in particolare al romanticismo intriso di rabbia e melanconia di Friedrich Schiller. A questo proposito, valgano per tutte due delle sue opere più note: *I masnadieri* e *Maria Stuarda*.

Anche questa volta, le sequenze di duello devono tantissimo ai manuali di scherma storica: Giacomo di Grassi (*Ragione di adoprar sicuramente l'Arme sì da offesa, come da difesa; con un Trattato dell'inganno, et con un modo di esercitarsi da se stesso, per acquistare forsa, giudizio, et prestezza*, Venezia 1570) e Francesco di Sandro Altoni (*Monomachia – Trattato dell'arte di scherma*, a cura di Alessandro Battistini, Marco Rubboli, Iacopo Venni, San Marino 2007).

Padova-Roma, 15 settembre 2018

# Ringraziamenti

Con il tempo ho scoperto che quella dei ringraziamenti è una parte molto amata dai lettori. Piace molto anche a me, perciò... diamoci dentro.

Allora, ringrazio anzitutto il mio editore Newton Compton, il migliore che potessi avere per questa sfida e per quelle che seguiranno.

Ancora una volta, i miei ringraziamenti più profondi e sinceri vanno al dottor Vittorio Avanzini, che sempre mi ha consigliato nel migliore dei modi con grande generosità. Parlare con lui è per me motivo di gioia e intensa soddisfazione. I tanti aneddoti, le storie, gli episodi che ogni volta mi suggerisce rendono il romanzo più riuscito.

Un grandissimo grazie a Maria Grazia Avanzini per avermi accolto con affetto e gentilezza infinita.

Raffaello Avanzini: capitano, mio capitano. Grazie, sempre. Le vittorie non arrivano mai per caso. Ho cercato di far tesoro dei tuoi suggerimenti e osservazioni. Resto sempre colpito dall'intelligenza, dal coraggio e dall'energia che profondi nel tuo lavoro. Per questo, scrivere per Newton Compton è un privilegio.

Insieme agli editori, ringrazio i miei agenti. Monica Malatesta e Simone Marchi sono ogni giorno al mio fianco: mi ascoltano, mi capiscono, mi consigliano. Siete i miei insostituibili duchi!

Alessandra Penna, la mia editor: lavorare insieme è, ogni volta, pura meraviglia. Grazie perché mi aiuti a trovare le note più giuste fra gli spartiti della letteratura. La voce, lo stile si coltivano gior-

no per giorno. Sapere di poterlo fare con te è la miglior ricompensa possibile.
Grazie a Martina Donati che fin dal primo istante ha creduto in questo romanzo. Lo ha immaginato insieme a me quando ancora doveva nascere. Che bello poter contare su una professionista straordinaria come te.
Grazie ad Antonella Sarandrea che ogni giorno combatte per le mie storie, sorridendo. Classe da vendere!
Grazie a Clelia Frasca, Federica Cappelli e Gabriele Anniballi per la puntualità e la passione.
Ringrazio infine tutta la squadra di Newton Compton Editori per la sua incredibile professionalità.
La mia infinita gratitudine va a Fabrizio Ruggirello, regista del meraviglioso documentario: *Michelangelo, una passione eretica.* Ringrazio Sophia Luvarà di Doclab per avermi permesso di reperirne copia e così visionarlo. Inutile dire che spero di rivedere al più presto nella programmazione della RAI un simile lavoro.
Tutta la mia gratitudine va poi alla Libreria Antiquaria Minerva di Padova. Grazie a Cristiano Amedei e Davide Saccuman per avermi procurato alcuni libri meravigliosi, in particolare una strepitosa edizione illustrata dell'opera di Michelangelo in due volumi, praticamente introvabile.
Ringrazio un maestro e un amico che mi sostiene ogni giorno: Mauro Corona.
Ringrazio naturalmente Sugarpulp: il Patron Giacomo Brunoro, Valeria Finozzi, Andrea Andreetta, Isa Bagnasco, Massimo Zammataro, Chiara Testa, Matteo Bernardi, Piero Maggioni, Carlo "Charlie Brown" Odorizzi.
Grazie a Lucia e Giorgio Strukul: per aver nutrito, fin da piccolo, il mio demone.
Grazie a Leonardo, Chiara, Alice e Greta Strukul: orgoglioso di essere qui con voi!
Grazie ai Gorgi: Anna e Odino, Lorenzo, Marta, Alessandro e Federico.
Grazie a Marisa, Margherita e Andrea "il Bull" Camporese.

Grazie a Caterina e a Luciano, a Oddone e Teresa e a Silvia e Angelica.

Grazie a Jacopo Masini & i Dusty Eye.

Grazie a Marilù Oliva, Tito Faraci, Nicolai Lilin, Francesca Bertuzzi, Valentina Bertuzzi, Barbara Baraldi, Ilaria Tuti, Marcello Simoni, Francesco Ferracin, Mirko Zilahy de Gyurgyokai, Romano de Marco, Gian Paolo Serino, Simone Sarasso, Antonella Lattanzi, Alessio Romano: sorelle e fratelli in armi.

Per chiudere: grazie infinite a Alex Connor, Victor Gischler, Sarah Pinborough, Jason Starr, Allan Guthrie, Gabriele Macchietto, Elisabetta Zaramella, Lyda Patitucci, Mary Laino, Andrea Kais Alibardi, Rossella Scarso, Federica Bellon, Gianluca Marinelli, Alessandro Zangrando, Francesca Visentin, Anna Sandri, Leandro Barsotti, Sergio Frigo, Massimo Zilio, Chiara Ermolli, Giulio Nicolazzi, Giuliano Ramazzina, Giampietro Spigolon, Erika Vanuzzo, Thomas Javier Buratti, Marco Accordi Rickards, Raoul Carbone, Francesca Noto, Daniele Cutali, Stefania Baracco, Piero Ferrante, Tatjana Giorcelli, Giulia Ghirardello, Gabriella Ziraldo, Marco Piva a.k.a. il Gran Balivo, Paolo Donorà, Massimo Boni, Alessia Padula, Enrico Barison, Federica Fanzago, Nausica Scarparo, Luca Finzi Contini, Anna Mantovani, Laura Ester Ruffino, Renato Umberto Ruffino, Livia Frigiotti, Claudia Julia Catalano, Piero Melati, Cecilia Serafini, Tiziana Virgili, Diego Loreggian, Andrea Fabris, Sara Boero, Laura Campion Zagato, Elena Rama, Gianluca Morozzi, Alessandra Costa, Và Twin, Eleonora Forno, Maria Grazia Padovan, Davide De Felicis, Simone Martinello, Attilio Bruno, Chicca Rosa Casalini, Fabio Migneco, Stefano Zattera, Marianna Bonelli, Andrea Giuseppe Castriotta, Patrizia Seghezzi, Eleonora Aracri, Mauro Falciani, Federica Belleri, Monica Conserotti, Roberta Camerlengo, Agnese Meneghel, Marco Tavanti, Pasquale Ruju, Marisa Negrato, Serena Baccarin, Martina De Rossi, Silvana Battaglioli, Fabio Chiesa, Andrea Tralli, Susy Valpreda Micelli, Tiziana Battaiuoli, Erika Gardin, Valentina Bertuzzi, Walter Ocule, Lucia Garaio, Chiara Calò, Marcello Bernardi, Paola Ranzato, Davide Gianella, Anna Piva, Enrico "Ozzy" Rossi, Cristina Cecchini,

Iaia Bruni, Marco "Killer Mantovano" Piva, Buddy Giovinazzo, Gesine Giovinazzo Todt, Carlo Scarabello, Elena Crescentini, Simone Piva & i Viola Velluto, Anna Cavaliere, AnnCleire Pi, Franci Karou Cat, Paola Rambaldi, Alessandro Berselli, Danilo Villani, Marco Busatta, Irene Lodi, Matteo Bianchi, Patrizia Oliva, Margherita Corradin, Alberto Botton, Alberto Amorelli, Carlo Vanin, Valentina Gambarini, Alexandra Fischer, Thomas Tono, Ilaria de Togni, Massimo Candotti, Martina Sartor, Giorgio Picarone, Cormac Cor, Laura Mura, Giovanni Cagnoni, Gilberto Moretti, Beatrice Biondi, Fabio Niciarelli, Jakub Walczak, Lorenzo Scano, Diana Severati, Marta Ricci, Anna Lorefice, Carla VMar, Davide Avanzo, Sachi Alexandra Osti, Emanuela Maria Quinto Ferro, Vèramones Cooper, Alberto Vedovato, Diana Albertin, Elisabetta Convento, Mauro Ratti, Mauro Biasi, Nicola Giraldi, Alessia Menin, Michele di Marco, Sara Tagliente, Vy Lydia Andersen, Elena Bigoni, Corrado Artale, Marco Guglielmi, Martina Mezzadri.

Ho dimenticato di certo qualcuno... Come dico ormai da qualche tempo... ci sarai nel prossimo libro, promesso!

Un abbraccio e un ringraziamento infinito a tutte le lettrici, i lettori, le libraie, i librai, le promotrici e i promotori che accorderanno fiducia a questo mio nuovo romanzo.

Dedico questo romanzo a mia moglie Silvia: perché ogni giorno insieme è come se fosse il primo. E la magia si ripete. E la luce dei tuoi occhi non si è mai offuscata, la forza del tuo cuore è sempre più intensa: grazie per aver scelto me, grazie per avermi regalato un cielo in cui poter volare.

# Indice

PRIMAVERA 1544



ESTATE 1544



AUTUNNO 1544



INVERNO 1544-45